RESUCITADA

Historia verídica

RESUCI✝ADA

Elia Carmina Reyes

Las fuentes de esta obra fueron tomadas directamente de los lugares históricos,
y de museos, después corroboradas en la WEB.
Contiene citas bíblicas tomadas de versiones Reina Valera.
Autora-editora-diseñadora: Elia Carmina Reyes de Echeveste
Impreso en Estados Unidos por Create Space
Primera edición: Julio del 2010
Reservados todos los derechos
Copyright © 2010 por Elia Carmina Reyes de Echeveste
ISBN1453607749
EAN139781453607749

Dedico este libro a Dios,
y agradezco el apoyo de mi esposo Jorge

"Y conoceréis la verdad,

y la verdad os hará libres"

Juan 8:32

Contenido

NOTAS DE LA AUTORA

Esta obra fue escrita por la necesidad de cumplir con una misión para la cual nací, morí, resucité, y para testificar que he visto el rostro de Dios llamándome y enviándome con un mensaje, revelando verdades útiles de conocer, para ello expongo cronológicamente, lo más honestamente posible, mi vida, y hechos sobrenaturales que se dieron por el derramamiento de su Espíritu Santo y la fe.

Fui atacada hasta la muerte, pero aun así, Dios estuvo allí respondiendo a mis oraciones y me resucitó. Así como yo testifico de Dios, su voz resonará en estas páginas en algún momento, testificando sobre mí. El que cree en Jesucristo, aunque esté muerto vivirá, soy testigo, con mi mano sobre la Biblia puedo testificar que viví mi propio asesinato, viajé al mundo de tinieblas, clamé el nombre de Jesucristo por casi una eternidad, y volví a mi cuerpo humano, después de un tiempo vi en visión un mundo de luz y a Dios llamándome y pidiéndome a mi único hijo de 7 años, al que vi entrar a un mundo de luz, dentro del pecho de Dios. Con el propósito de testificar sobre todo esto, que a veces se cree por fe, pero para la gloria de Dios, se dan estas manifestaciones, por el derramamiento del Espíritu Santo, ya que estamos en los últimos tiempos.

En estas líneas desnudo mi alma, compartiéndoles como sobrellevo tomada de la mano de Dios, los duros episodios de la difícil existencia que vivimos los desamparados, los huérfanos abusados y desprotegidos de la sociedad, como una voz que habla por los que no pueden hacerlo, o no son escuchados. Se recomienda discreción en los primeros capítulos, por algunas escenas de abuso. En esta parte se refleja la dinámica de una sociedad cimentada en falsos valores y dogmas humanos, donde la maldad no tiene rostro ni edad, ni religión, y donde a pesar de todo, Dios se manifiesta.

Este libro se me anunció personalmente en visión, y por diversas persona, es mi regalo a Dios y a ti, en el te llevaré hasta lo más profundo del mundo de tinieblas; también al mundo de luz y de amor que nos espera; y luego te llevaré por más de 20 países, donde me llevó Dios, primero en sueño, y luego en la realidad, cumpliéndose lo que se me anunció… descubrirás tesoros culturales, históricos y espirituales que te harán libre, si crees en el que me envió, finalizamos con oraciones y cantos… destino celestial.

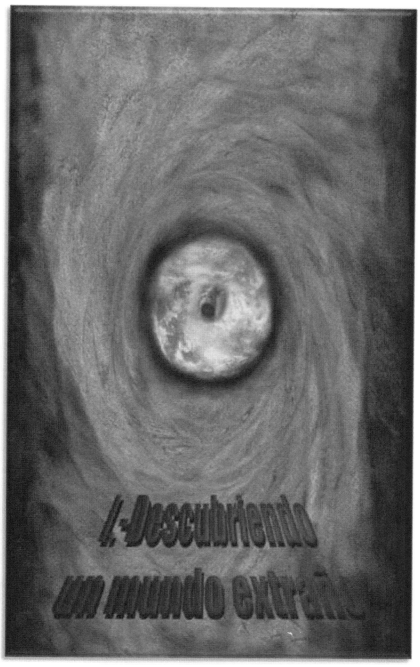

1

*Y todo
lo que pidiereis en oración, creyendo, lo recibiréis" Mateo 21:22*

Primer oración contestada

o vine en muy buenas condiciones a este mundo, por aquellos tiempos mi madre era una hippie adolescente, andaba en un frenético viaje de sexo, drogas y alcohol, y a mi padre ni lo conocí. Mi abuelita fue quien me amparó al encontrarme moribunda con sarampión, y abandonada.

Mis primeros recuerdos son como la luz de un "flash," después se va haciendo más permanente y clara... me veo en una cuna, saltando eufóricamente hasta romperla, dándome el primer golpe que recuerdo; después hay un recuerdo inquietante, con un enorme gato subiendo sobre mi cuerpo, colocando su hocico frente a mis labios, bebiendo mi aliento y dándome el suyo... aterrorizada grité: "¡Mamá!"Al momento llegó mi abuelita, cargándome en brazos me consuela; otro recuerdo con imágenes más claras y amplias, es cuando pasábamos por un oscuro túnel, y al salir había un acantilado con enormes montañas de verdes pinos y encinos de la sierra de Chihuahua. De regreso, ya en La Gloria, municipio de Tijuana, jugaba de forma solitaria explorando en los matorrales de una loma, de pronto escuché gruñidos de un perro y sentí un ardor en mi tobillo. Busqué ayuda y ante mis tíos, primos, y mi abuelita rodeándome, escuché la sirena de la ambulancia, un joven uniformado me cargó en sus brazos y colocándome con delicadeza en la camilla, conversaba compasivo hasta llegar a la clínica. Toda esa atención me dio una sensación de bienestar... que terminó con la vacuna en el ombligo que me dieron en la enfermería.

Después de ahí, mi abuelita se estableció en una enorme casa blanca a las orillas del poblado, detrás se extendía una verde ladera por donde dábamos largas caminatas en las mañanas soleadas, mi abuelita buscaba entre la tierra mojada quelites y espinacas, con los que hacia humeantes sopas, yo perseguía mariposas amarillas o cortaba aromáticas flores silvestres. Los demás días la pasaba en el jardín, me divertía viendo jugar a los niños desde la reja. Sentía que mi vida era casi feliz… solo anhelaba una muñeca para completarla. Uno de esos niños me cuestionaba intrigado sobre mi encierro, mientras yo repetía lo mismo que me contestaba mi abuelita cuando yo le preguntaba a ella: "Estoy muy pequeña para salir a jugar sola, hay perros que muerden." Pedrito insistía asegurando: "No vas a estar sola, yo voy a jugar contigo, estos perros no muerden."

En una ocasión, animada por lo que me decía Pedrito y esperanzada en encontrar una muñeca prestada, busqué la forma de salir. Crucé la calle hacia viejo establo abandonado donde se metían a jugar los niños. Encontré un grupito un más grandes que yo, uno de ellos preguntó extrañado: "¿Y ésta? ¿Qué andas haciendo aquí?" Con la mejor de mis sonrisas contesté: "Quiero jugar." Un niño gordo como de siete años dijo burlesco: "Así que quiere jugar." Acercándose a mí, levantó mi vestido y sentí sus manos lastimándome, desconcertada intenté defenderme, pero él me sometió contra la pared y me babeó la cara, intentando besarme, entre risotadas de los otros niños. Grité asustada que ya no quería jugar y trataba de escaparme inútilmente.

Al llegar Pedrito y verme asustada, gritó: "Déjala "Gordo" no quiere." Se metió entremedio, y mirándome con extrañeza preguntó: "¿Qué haces aquí Carmina?" Asustada le contesté: "Vine a buscarte." Preguntó un tanto alagado: "¿A mí vienes a buscarme?" Los demás niños se burlaban gritando: "Son novios, son novios." Pedrito con una sonrisa tímida tomó mi mano para salir de allí, el "Gordo" gritó: "Hey no te la lleves." Pedrito volteó y con firmeza le dijo: "Vino a buscarme a mí, que no oíste, a mí." Al cruzar la calle me aconsejó: "Mejor ya no vuelvas a salir de tu casa para buscarme, porque esos niños son muy malos, te pueden volver a hacer lo mismo, mejor yo voy a venir a la reja y jugamos, ve por tus juguetes." Corrí contenta por el jardín, abrí la puerta de golpe, atravesé la enorme sala hasta mí recamara, me metí debajo de la cama, saqué un perro, un patito de plástico y volví contenta con Pedrito, pero él extrañado me preguntó: "¿Esos son todos tus juguetes? ¿Viviendo en esta casota y solo tienes eso?" Comenté triste: "Quiero una muñeca, pero no tengo, quiero una." Pedrito me dijo comprensivo: "Algún día vas a tener, todas las niñas tienen, así como las mamás tienen hijos." Esperanzada pregunté: "¿Estás seguro?" Pedrito sacó de la bolsa de su pantalón unas canicas diciendo convencido: "Sí, algún día vas a tener una muñeca." Me sentí tan feliz, tan ilusionada, toda mi vida cambió con esas sencillas y sinceras palabras. Con él aprendí a jugar a las canicas, otros días venía con una bolsita de soldaditos, carritos, o con una pelota. Se sentaba por las tardes en la puerta de la reja a esperarme.

Un día me encontré a mi abuelita haciendo maletas, diciendo tiste: "Nos vamos a ir de aquí, ya nos pidieron la casa, ya no podemos cuidarla." Llevaron las maletas al auto de mi tío Nico… Pedrito llegó corriendo cuando el auto ya estaba arrancando… solo alcancé a levantar mi mano en señal de adiós… él hizo lo mismo, siguiendo el auto por unos momentos.

A unas cuadras de ahí, en un pequeño apartamento que mi abuelita rentó, nos instalamos y ella siguió confeccionando ropa. Las clientas le regalaban la tela que sobraba, de ahí salía mi guardarropa de niña rica, aunque éramos tan pobres, que mi abuelita carecía de dinero para comprarme la muñeca de mis sueños. Creo que eso afectó mis intentos por hacer amistad con Angélica, la única niña que había conocido en el área. Cada vez que intentaba tocar una de sus muñecas, me golpeaba duramente.

Una tarde nublada y fría, unas niñas jugaban a brincar la cuerda doble en un baldío al final de los apartamentos, las observaba de lejos, imaginado que tan difícil podría ser ese juego desconocido. Me acerqué cuando vi que entre ellas estaba Angélica, y la saludé para ver si me invitaba a jugar… no lo hizo, pero las otras niñas sí. Brinqué contenta de poder permanecer sin equivocarme, las niñas más grandes comentaban lo bien que brincaba para mi edad. Creo que esto molestó a Angélica, de pronto se paró frente a mí, y me dijo con un gesto de desprecio: "La cuerda es mía, y tú, ya no juegas." Desconcertada pregunté: "¿Por qué? Lo estoy haciendo bien." Levantando las cejas y con una mueca de burla Angélica dijo: "Porque no tienes papás, ni tienes muñeca." Su mirada y sus palabras fueron como un latigazo a mi pequeño corazón… sentí los ojos cargados de lágrimas… era verdad lo que decía esa niña, me di la vuelta, caminé hacia mi casa. La mayor de las niñas me alcanzó, y abrazándome me dijo compasiva: "No llores niñita, ven a jugar, Angélica tiene envidia porque no puede brincar bien la cuerda." Me sentía lastimada y corrí a mi casa confundida, pensaba que mi abuelita era mi mamá, así la llamaba, no me había dado cuenta que no tenía papá, a mi tío Nico lo llamaba "Papá Nico."

Entre sollozos le expliqué a mi abuelita lo acontecido. Sentándome en sus piernas, con su dulce voz me aclaró que ella era mi abuelita, pero que me amaba como si fuera su hija. Le pregunté angustiada: ¿Dónde están mis papás?" Después de guardar silencio por un momento, me contestó: "Solo

Dios sabe hija." Yo también me quedé pensando por un momento, tratando de comprender, después pregunté: "¿Y dónde está Dios? Mi abuelita mirándome sonriente dijo: "Dios es El Creador, el que hizo todo lo que ves, está en la tierra, el cielo y todo lugar, aunque no le veas, puedes hablar con Él, te escucha, es lo que hacemos en las noches cuando oramos el Padre nuestro, se puede hacer a cualquier hora, siempre nos escucha." Esperé complacida a que mi abuelita terminara de besar mi frente y acomodar mis moñitos, luego me bajé de sus piernas, y me fui a sentar a los escalones del marco de la puerta. No entendí muy bien eso de que Dios estaba en la tierra y todo lugar, pero lo del cielo sí, eso sí lo entendí... ahí permanecí mirando el azul cielo, buscando a Dios... de repente me parecía verlo, pero después notaba que solo eran las formaciones de las nubes... recordé lo que dijo mi abuelita, y decidí hablarle sin verlo, le dije lo triste que era mi vida, lo sola que me sentía, le pregunté por mis padres. Sentí que me escuchaba, que me consolaba.

Ahí descubrí el amor de Dios y su presencia a través de la oración. A mi mente vino la idea de que Él era mi Padre, yo sí tenía papá, Dios era mi Padre, y mi abuelita era mi madre, ella decía que me amaba como a una hija, yo la amaba como a una mamá, por lo tanto era mi mamá. La paz volvió a mi pequeño corazón atribulado, pero aún faltaba algo importante, la muñeca, reinicié mi conversación con Dios, sintiendo fascinada su presencia... de pronto escuché una melodía como de caja musical, me levanté y seguí con curiosidad el sonido. Salía de una pequeña abertura que había entre nuestro apartamento y la casa de los dueños. Me asomé con cautela, había poca luz, pero pude ver muchos juguetes bellísimos, al centro del cuarto estaba una enorme caja musical con un ángel sentado arriba en la tapadera, me hacía señas con sus manos para que entrara y tomara lo que deseara... sentí algo de temor, pero tomé una preciosa muñeca que estaba a mi alcance, él ángel afirmó con la cabeza, e hizo señas con la mano de que la tomara... salí muy emocionada y contenta, volteé al cielo y agradecí a Dios, había contestado mi primer oración.

Era la muñeca más hermosa que había visto, de rojizos rizos, y un hermoso vestidito de encaje. La tomé de los bracitos y empecé eufórica a dar vueltas, hasta terminar abruptamente tropezándome con el dueño de los apartamentos... soltó una carcajada al ver que yo a pesar de que perdía un poco el equilibrio, trataba asustada de ocultar la muñeca. El hombre, al reconocerla me dijo condescendiente: "Te puedes quedar con ella y con todo lo que te sirva de ahí, mis hijas crecieron ya, solo ten cuidado de no lastimarte con la madera al entrar OK?" Sonriente agradecí.

Jugué toda la tarde con mi muñeca nueva, me sentía la niña más feliz del mundo, hasta que me llamó mi abuelita para cenar. Cuando vio la muñeca me preguntó asustada: ¿De dónde sacaste eso Carmina? Al explicarle, me dijo que la devolveríamos. Sentí un golpe en el alma y rompí en llanto desconsolada abrazando mi muñeca. Mi abuelita dijo compasiva: "¿Para qué quieres esta muñeca tan vieja y fea? Te voy a comprar una nueva, ya tengo el dinero." Cuando dijo eso, observé mi muñeca, extrañada por sus palabras… y sí, en efecto, la muñeca tenía la mitad de la cabeza calva, estaba tuerta, su cara rayada, y tenía su vestido descolorido y roto, realmente era una muñeca muy vieja y fea ¿A dónde se fue mi muñeca nueva? No lo comprendí, pero a los días llegó mi madre María con una muñequita nueva, idéntica…regalo de mi cumpleaños.

2

Ladrones de inocencias

A mi abuelita le preocupaba que yo no tenía amigas, contrató a Rosita, una adolescente de unos trece años para que jugara conmigo y me cuidara, mientras ella trabajaba en la máquina de coser.

Un día Rosita me dijo: "Hoy vamos jugar un juego diferente." Me llevó al cuarto de baño que estaba al final de los apartamentos, al entrar me subió en la taza del baño y me desnudó. Ella levantó su blusa y bajó su pantalón, tomó unas pajitas de escoba, la mojó con saliva y la colocó en el orificio de mi pezón, reí por las cosquillas que sentía. Después, hizo lo mismo con el otro, luego me dijo que era mi turno a ver si podía hacerlo bien… hice lo mismo con ella… me repetía que lo volviera hacer porque estaban mal colocadas, después las debíamos colocar con la boca, y juntaba su cuerpo al mío…

Vistiéndome Rosita preguntó: "¿Sabes guardar secretos, o eres chismosa?" Contesté inmediatamente indignada: "Yo no soy chismosa." Rosita acercó su rostro al mío ordenándome: "No debes de decir nada de lo que hicimos aquí, porque hicimos mal, tanto tú como yo, hicimos mal, nos pueden castigar si "chismeas" algo." Repliqué molesta: "Yo no hice nada malo, a mí no me van a castigar." Por un momento Rosita guardó silencio. Después repetía muy triste: "Hicimos mal me van a castigar, ya no me van a dejar venir, no vamos a poder jugar nunca más." Se veía tan triste, me dio pena y tratando de consolarla le dije: "Nadie te va a castigar Rosita, yo sí sé guardar secretos."

A los días llegó Rosita con su hermano, un hombre de unos veinte años que tenía cierto retraso mental. Le pidieron a mi abuelita que le confeccionara unas camisas, ella le tomó medidas, el hombre se despidió y Rosita se quedó platicando con mi abuelita, yo me senté en el escalón de la puerta, ahí me distraía viendo a la gente pasar… de pronto escuché un sonido… venía de entre los arbustos del jardín. Era el hermano de Rosita…

de rodillas entre los arbustos me mostraba dulces, y me hacía señas para que me acercara, pero a medida que me acercaba, él se alejaba más entre los matorrales, hasta que quedamos al centro… me llenó la boca de chicles, los mastiqué contenta, mientras él metía su cara bajo mi vestido… al sentir su barba raspándome, asustada intenté empujar su grasoso rostro, o jalar su sudoroso cabello, pero su enorme mano estaba cerrada en mi cintura.

Cuando comprendí que no había escapatoria me aterroricé… saqué la bola de chicle de mi boca y grité con todas mis fuerzas: "¡Mamaaaá! Me tapó la boca. Rosita y mi abuelita salieron corriendo, gritándole insultos. El hombre me soltó de inmediato y huyó abrochándose el pantalón. Me quedé pasmada, no comprendí con exactitud lo que me había pasado.

Rosita era la que más le gritaba, llegaron vecinos, y escandalizados querían llamar a la policía, pero mi abuelita dijo que no, que primero me revisaría para ver si me había hecho algo. Me metió a la casa… sentí extrañada sus manos lastimándome al revisarme, mientras me lavaba y me hacía preguntas, pero yo seguía preguntando también, una y otra vez: "¿Que me hizo mami? ¿Qué me hizo? " Sin dar respuestas abrió la puerta informando a los vecinos que no me había pasado nada, que se fueran a sus casas. Cerró la puerta, y yo seguí preguntando: "¿Que me hizo mami?" Mi abuelita me dijo algo nerviosa: "No, no te hizo nada, aquí no ha pasado nada."

No comprendí lo que había pasado, pero sentía que todo eso era algo malo, algo sucio y asqueroso que mi pequeña mente no alcanzaba a descifrar aún… pero había una certeza en mí de que me había pasado algo… los ladrones de inocencias se habían llevado algo que me faltaría en el futuro.

3

En busca de un espacio

❧❧❧❧❧❧❧❧❧❧❧❧❧❧❧❧

TIJUANA BAJA CALIFORNIA MÉXICO

Despues del abuso sexual que sufrí, mi abuelita vendió los pocos muebles que teníamos y su máquina de coser. Me dijo que ese lugar ya no era bueno para nosotras, que buscaríamos un lugar seguro. Pasamos un tiempo en la casa de mi tío Nico, en Los Pinos de Tijuana.

Una de las diversiones favorita de mis primos y mía, era subirnos a una colina por donde esperábamos al tren, cuando veíamos que se acercaba, bajábamos corriendo, y entre asustados y divertidos lo seguíamos a un lado de la vía hasta que nos cansábamos. Me parecía como un monstruo gigante y ruidoso que no quería que lo alcanzáramos. Luego nos íbamos a explorar las viejas casas móviles abandonadas. Basura de Estados Unidos que las ciudades fronterizas apreciamos como migajas de pan que cae de la abundante mesa. A veces encontrábamos juguetes dentro.

Un día al asomarme por la rendija de una de las casas, uno de mis primos empujó mi cabeza accidentalmente. Sentí un golpe ardiente en la frente, y quedé atorada frente a la pared, clavada en un clavo... por un momento no sabía que pasaba... quise llorar, pero recordé que a mis primos no les gustaban las niñas lloronas, así que me aguanté... al soltarme sentí ardor y algo tibio que me corría por el rostro... busqué a mis primos y les pregunté: "¿Que tengo en la cara?" El "Güero" al verme gritó horrorizado rompiendo en llanto, mientras Sandra, mi prima mayor, asustada colocó su dedo índice en el hoyito que dejó el clavo, y me dijo preocupada: "Es por tu bien Carminita, aguántate."

Así me llevaba a casa, con la otra mano detenía mi cabeza, caminando apresurada. Yo aguantaba el llanto, mientras Javier le decía preocupado al verme sufrir: "Suéltala Sandra, la estás lastimando más." Sandra insistía en que me estaba desangrando. Javier la tomó del brazo con fuerza, y le dijo: "La estas lastimando Sandra, suéltala ya." Sandra me soltó y molesta le dijo:

"Está bien pero si se muere va a ser culpa tuya." Javier le gritó molesto: "De todo me quieres culpar Sandra, siempre me quieres culpar de todo, de todo, nadie se muere de eso, la estabas lastimando más." Javier sabía mucho sobre ese tipo de heridas, a pesar de sus siete años era el "terror" del barrio, golpeaba a cuanto niño se le ponía enfrente, hasta niños más grandes que él. Así se hacían respetar los niños de los barrios pobres de Tijuana.

Sandra y Javier fueron discutiendo por todo el camino y se olvidaron de mí. Sentía el rostro pegajoso y le decía al "Güero." mi primito un año menor que yo: "Ya no llores "Güerito," no me duele, pero ¿Que tengo en la cara? Dime." Mi primito me miraba llorando, tratando de alejarse de mí, pero yo lo perseguía queriéndolo consolar y preguntándole: "¿Que tengo en la cara "Güero?" dime ¿Que tengo en la cara?" Mientras él lloraba cada vez más histérico, tratando de esconder su rostro de mí.

Después de eso hicimos maletas. Mi tío Nico manejaba a la estación de autobuses… me sentí muy triste, lo veía como a un padre, y a mis primos como a hermanos. Ya no sabía qué hacer para que no me separaran de ellos. Lo intenté todo, hasta me hice la desmayada en el auto… pero no funcionó, porque mi primo Javier dijo: "Mira "Güero," que bonitas están las luces de la feria." Al escuchar eso, me enderecé como resorte, volteando para todos lados pregunté: "¿Dónde, donde Javier?" Ante las risas de todos, al darse cuenta de mi "teatro."

HERMOSILLO SONORA

Mi abuelita y yo, subimos tristes al autobús que nos llevaría a Hermosillo, me prometió que volveríamos en todas las vacaciones de verano y lo cumplió. Era de noche cuando las luces de la ciudad quedaron atrás con mi mundo feliz, resignada recosté la cabeza sobre las piernas de mi abuelita, y dormí para despertar en Hermosillo.

Mi primo Miguel nos estaba esperando para llevarnos a casa de mi tía Elena. Se dedicaban a la compra y venta de metal viejo y chatarra. Cuando vi esas montañas de metal, me pareció un mundo de juguete, ya no me importó que no hubiera primos de mi edad, pasaba todo el día jugando divertida entre tubos, láminas viejas, cascarones de auto, y chatarra de todo tipo. Un día entre mis brincos y carreras, sufrí una caída muy dolorosa. Casi me decapito con una filosa lámina, salí con el cuello y mi hombro derecho muy lastimado, se me abrió la piel, y se me veía el hueso. Con intenso dolor busqué a mi abuelita, ella al verme sangrando me llevó al baño, apresurada tomó un frasco blanco de ácido muriático creyendo que era alcohol… al ver la calaverita en el frasco, le grité que eso no era alcohol… sin entenderme empapó un algodón y limpiaba la herida con el ácido, ante mis gritos… yo había visto a mi tía que lo usaba para limpiar el baño, advirtiéndome que era peligroso, que no lo debía tocar. Ahí conocí el dolor físico en su máxima expresión.

Cuando mi abuelita vio que el ácido hacia espuma y que el algodón se quedaba con parte de mi piel, asustada me enjuagó con agua, y me aplicó una pomada. Sentí que las fuerzas me abandonaban, ante el rostro preocupado de mi abuelita que me dio una pastilla y me acostó en la cama. Pasé toda la noche con intenso dolor. Cuando desperté mi abuelita muy acongojada se disculpó… me recuperé, pero me quedó una cicatriz grande.

SAN BLAS SINALOA

Recuerdo que viajamos también al pequeño pueblo de San Blas, donde vivían mis tíos Miguel y María, con mis primitos Román y Mike. Un fin de semana fuimos de paseo a un rancho de la familia de mi tía. Me divertí correteando entre las milpas de elote, cerditos y pollitos… mi abuelita me enseñó ordeñar vacas, y me aclaró dudas que tenía sobre los animales. En la tarde con horror observé que mataron al papá de los cerditos… hice un escándalo y llorando intenté detenerlos… lo hicieron "carnitas" y "chicharrones" (carne y piel de cerdo frita en su grasa), que después comimos en tacos, con chile y limón, mientras escuchamos alrededor de la fogata a mi tío Miguel, cantando acompañado de su guitarra.

ISLAS MARÍAS NAYARIT

A los días mi tío Miguel nos llevó al puerto de Mazatlán, donde salía el barco militar que nos llevaría al archipiélago de cuatro islas que está sobre el Mar Pacífico a 112 km de la costa del estado de Nayarit. La isla mayor, María Madre, es una prisión donde estaba preso un tío político, pagaba su condena en esa prisión, pero le permitían tener a su familia viviendo con él.

Cuando llegamos a la isla, sorprendida vi que era el lugar más lindo que había visto en mi corta vida, rodeado del azul profundo del mar, con clima cálido y brisa refrescante, había bellas flores de todos colores, palmeras altas con cocos, dátiles, plátanos… un paraíso. Mi tía y mi abuelita lloraron por un rato abrazadas, luego subimos por la calle empedrada, a los lados había casitas blancas con bellos jardines de enormes hojas verdes, cruzamos una placita con palmeras, y una blanca iglesia con campanario y finalmente llegamos a la pequeña vivienda de mis tíos.

Como encargados de la tiendita de abarrotes, vivían desahogadamente con sus tres hijos... por fin conocí una primita de mi edad y jugábamos divertidas todo el día. Esa casa era casi una granja, recuerdo pericos, gallinas, pollitos, patitos, tortugas, cerdos, y creo que hasta un burro y una boa, o no sé si eran de un vecino.

Los domingos asistíamos a la iglesia, de ahí jugábamos en el parquecito, mi prima mayor nos daba alguna golosina, después mi tío nos paseaba en su camioneta repartiendo productos por toda la isla... a veces nos llevaba a la playa a nadar y a jugar en la arena. A mí me parecía que mi tío era muy bueno, no entendía por qué estaba preso, ni como ese bello lugar era un lugar de castigo... era lo más hermoso que había visto en mi vida.

Llegó el día de nuestra partida, entre mi primita y yo, buscamos un lugar en donde esconderme. Después de buscar toda la mañana el escondite perfecto, decidimos que el mejor era debajo del mostrador de la tiendita de mi tía. Allí había unos botes grandes con arroz, fríjol, y azúcar. Me escondí detrás. Ahí permanecí por un rato, sin moverme, no quería ni respirar... podía escuchar los latidos de mi corazón aumentando con los pasos de mis tíos, me buscaban para subirme a la camioneta que nos llevaría al muelle... cuando estuvieron frente al mostrador, sostuve la respiración, mientras observé angustiada que mi primita señalándoles mi escondite, les dijo muy seria: "La Carmina no está ahí."

HERMOSILLO SONORA

Volvimos en el mismo barco militar a Mazatlán, y después a Hermosillo en autobús. En la estación estaba mi primo "Chico," nos llevó a casa de mi tía Elena, donde pasamos un tiempo. Después mi tío Rafael, esposo de mi tía Elena, nos prestó un terreno, donde además de "chatarra" había un cuarto de cartón negro, ahí vivimos mi tío José Luís, mi abuelita, y yo, mientras encontrábamos un espacio propio.

Un día llegó mi madre con su esposo, traían una piñatita, dulces, y un maletín de doctora. Invité a mis amiguitas, rompimos la piñata, y jugamos. Después que mis amiguitas se fueron, mi madre subió el volumen del radio y me enseñó a bailar a ritmo de rock, con una melodía, que creo era "Fortunate Son" de Creedence. Aprendí fácilmente, entre los aplausos de mi madre, su esposo, mi abuelita y mi tío José Luís. Fue un día muy feliz, nunca me habían celebrado un cumpleaños con piñata. Ahí me di cuenta que mi madre si me amaba, solo que le fue difícil hacerse cargo de mí, ya que era muy joven. Al siguiente día la acompañé a la esquina de la cuadra, a tomar el autobús público, y desapareció entre la polvorosa calle.

Me enteré por mi amiga Camelia, que cerca de mi casa había un cuarto pequeño, donde daba clases de preescolar una maestra voluntaria. El curso ya estaba por terminar, pero aun así la maestra me aceptó de oyente. En aquellos tiempos la educación preescolar no era obligatoria. Deseaba aprender a leer ya, así se lo dije a la maestra el primer día que llegué. Ya solo era un repaso, pero ella lo explicaba muy bien, además me regaló unas hojas que estudié en las vacaciones, junto con revistas de selecciones.

Entre el metal viejo había un cascaron de autobús escolar, donde pasaba horas deletreando y jugando de forma solitaria a la escuelita. Era mi única diversión, sin hermanitos, ni televisión, esas revistas que mi tío "Chito" le había regalado a mi abuelita, eran mi tesoro... no existían los videojuegos, ni el Internet.

No sé cómo le hice pero cuando entré a la primaria ya sabía leer. Todo empezó muy bien, pero me sentí diferente... me preguntaban cual era la razón de que solo tenía un apellido, y no sabía que contestar... también notaba que a la mayoría de los niños, los llevaban sus padres y los despedían de forma cariñosa.

En un tiempo creí que debía de sobresalir en todo para demostrar que yo era importante. Me esforzaba en los deportes y festivales artísticos; en el salón de clases quería contestar todas las preguntas del maestro, aunque ignorara la respuesta. Buscaba aceptación, pero solo obtenía cierto rechazo, ya que algunos me consideraban presumida.

MÉXICO DF

Otro de los viajes que hicimos mi abuelita, mi tío José Luís y yo, fue a la sobre poblada ciudad de México DF, nunca había visto tanta gente caminando tan rápido... le preguntaba extrañada a mi abuelita: "¿Que sucedió? ¿Qué les pasa mami? ¿Que tiene toda esta gente? Pero creo que ella estaba tan impresionada como yo.

Después de dar vueltas por la ciudad, el taxista nos llevó al apartamento donde vivía mi tía. Mi abuelita tocó la puerta buen rato sin respuesta, ahí nos quedamos toda la tarde, hasta que llegó la encargada. Cuando la mujer conversó con mi abuelita, sacó la llave de su mandil y abrió la puerta, dijo que mi tía había viajado a Oaxaca por una emergencia. A la mañana siguiente escuché la voz de mi tía... brinqué de la cama para correr a sus brazos.

Los siguientes días me la pasaba en el patio, entretenida por horas observando desde el cuarto piso, la excelente vista... podía ver la gente esperando el transporte; los embotellamientos del tráfico, y las peleas de sus conductores; las largas filas que se hacían en la tortillería; la gente entrando y saliendo de los comercios con regalos. Lo que más me llamaba la atención de todos los regalos que observaba, eran unas muñecotas grandísimas, casi de mi tamaño, deseaba una de esas. Mi abuelita dijo que probablemente si me portaba bien me la traerían los "santos reyes."Me esforcé muchísimo en mi comportamiento los siguientes días.

A los días me llevaron al centro de la ciudad a una plaza donde estaban Gaspar, Melchor y Baltasar, los supuestos tres reyes que le llevaron regalos al Niño Jesús. También subimos a un elevador que nos transportó al mirador de La Torre Latinoamericana. La vista era espectacular, multitud de gente, edificios, autos y casitas diminutas podía observar hacia abajo.

Otro día fuimos a un pintoresco mercado ambulante muy concurrido. Había puestos de comida donde las personas eran muy amables, nos invitaban a pasar a comer sus delicias culinarias, en algunos anunciaban tostadas de chapulines y gusanos de maguey... nosotros preferimos comer en otro puesto, que nos jaló con el olor a taquitos de carne de res asada. Después fuimos a otra área, donde había frutas, verduras y flores de diferentes colores y olores. Recuerdo que corría de una flor a otra, descubriendo el olor de las rosas, las orquídeas, los claveles, las margaritas, los lirios y de cuanta flor había a mi alcance... de pronto olía a sangre, ya entrábamos a un área donde había mesas con cabezas de cabra, vacas, y cerdos, tenían colgadas sus panzas, tripas, piernas, y costillas, también tenían desplumados y colgados del pico, patos y gallinas... me aterroricé... era una horrible carnicería ese lugar.

El 24 de diciembre, las personas que vivían en los apartamentos nos reunimos afuera, caminamos en pastorela con una vela en la mano, cantando: "Eeen el nombre del cieeelo ooos pido posadaaa, puees no puede handaaar mii esposa amaaaaaada..." Al frente una mujer embarazada y su esposo, representaban a la virgen María y José. Tocaron las puertas de casas donde no les dieron posada, hasta llegar a donde nos recibieron cantando: "Entren santos peeeregrinos, peeeregrinos, reciban este rincón..."

Entramos al patio adornado con cadenas de papel china de colores de la bandera mexicana, verde, blanco, y rojo, en las mesas había tamales (masa de maíz con carne, envuelta en la hoja del maíz), buñuelos (tortilla de harina dorada y azucarada), y chapurrado (bebida de maíz, con chocolate y canela). Después de cenar, nos vendaban los ojos, uno por uno pasábamos en medio, y con un palo buscábamos atinarle y quebrar la colorida piñata de barro, que amarrada a una cuerda dos hombres balanceaban. Al caer la piñata, todos corríamos hacia ella, estaban rellenas de tamarindos, tejocote, cañas, naranjas, cacahuates, y dulces.

A media noche, cuando ya casi me dormía, abrazada de mi cono de la piñata relleno de dulces, se acercó una señora con un muñequito de yeso envuelto en una cobijita, diciendo que ya había nacido "El niño Dios." Todos besaban el muñequito. Cuando llegó a nosotras, mi abuelita se negó a besarlo, la mujer insistió, con serenidad y firmeza mi abuelita le dijo: "Discúlpeme pero yo no besaré nada, eso es un mono de yeso hecho por manos humanas, que no ve, ni oye, ni habla, menos va a sentir un beso." El rostro de la señora que traía el muñequito se descompuso, con un gesto cargado de ira dijo: "Pues estas son nuestras creencias, nuestras tradiciones, nuestras raíces." Se retiró indignada para que otros besaran su muñequito. Mi abuelita se levantó diciendo: "Ya es hora de dormir."

La vivienda era pequeña y el delicioso olor de tamales y champurrado se colaba hasta la recamara. Salté de la cama, y después de desayunar, mi abuelita me vistió con ropa nueva. Partimos toda la familia, rumbo al Zoológico de Chapultepec. Había un lago, tortugas gigantes que podíamos montar, cebras, jirafas, monos, y un gorila enorme, que en su jaula fumaba "bachas" de cigarros que la gente le aventaba… como un preso en su celda.

Al salir del metro llegamos al Palacio de Bellas Artes, admiramos los murales de José Clemente Orozco (1883-1949), Diego Rivera (1886-1957), Alfaro Siqueiros (1895-1974). Sus obras reflejan llenas de energía y colores violentos, la cruel y cruda realidad de nuestra injusta y desigual sociedad… me dieron un mensaje esas imágenes, sus autores lograron su propósito en mí, creo, y hubo un tiempo en mi adolescencia que soñaba con cambiar al mundo, guerrear contra los ricos, despojarlos de su capital, y repartirlo entre los pobres… pero después leí a Jesucristo diciendo que a los pobres siempre los tendremos, Él conoce la condición del hombre.

Al salir caminamos hasta llegar a La Plaza Constitución, donde estaban los tres reyes magos, observé que los niños se tomaban fotos con ellos a cambio del dinero de los papas, pero mi abuelita no tenía dinero para mi foto, sospeché con tristeza que esos reyes eran falsos. Entramos a La Catedral Metropolitana donde oré con mi abuelita un "Padre nuestro."

A los días festejamos el año nuevo, después el día de reyes… al despertar tenía a un lado la muñecota de mis sueños. Dijo mi tía Carolina que me la habían traído los Tres Reyes Magos, pero que no la podía sacar de la caja. Dudé de lo que me decía, había visto que las vendían en los puestos de abajo. Eso estaba muy raro, además me preguntaba ¿Si los Tres Reyes Magos las regalan, entonces por que las personas las compran? Salí al patio a jugar, ya tenía días con esa idea rondándome la mente, si eran reyes ¿Por qué cobraban dinero para tomarse fotos con ellos? Y en lugar de tres había como doce, tres en cada esquina de la plaza a donde fuimos a verlos…. no, ese asunto de los reyes magos estaba muy sospechoso, no me convencía, y luego me traían una muñeca que no podía sacar de la caja, y después desapareció ¿Que "trastada" era esa?

Se acabaron las vacaciones. Me inscribieron en una enorme escuela, como con cincuenta alumnos por grupo. Estaba acostumbrada a mi pequeña escuela donde éramos si acaso unas veinte niñas, ahora estaba en un grupo mixto, y tantos, que no podía conocerlos a todos, pero todos me conocían a mí, yo era la novedad, la "norteña." Se portaban muy amigables conmigo, me preguntaban sobre el clima del norte, la comida, las escuelas, los dólares, yo contestaba paciente a todas sus preguntas. Cuando ya me sentía adaptada, mi abuelita vio desde el patio de la azotea, como un conductor atropelló a una niña de mi edad, después retrocedió rematándola. Mi abuelita corrió asustada con mi tío José. Él le explicó que eso sucedía muy a menudo ahí, porque según las leyes de esos tiempos, era más fácil pagar una multa, o unos pocos años de cárcel por homicidio imprudencial, que pagarle toda la vida una pensión a una víctima si quedaba inválida.

HERMOSILLO SONORA

Nos devolvimos a Hermosillo, ahí volví a mi antigua escuela y terminé mi primer año escolar. La buena noticia fue que mi tía Loli abrió una tienda de abarrotes y ayudaba a mi abuelita mandándole una despensa de comestibles semanalmente y algo de dinero, ya que veía que a mi abuelita no le fue muy bien con el negocio de vender ropa en abonos, la gente no le pagaba, y nada más la traían dando vueltas. Cada fin de semana mi abuelita me mandaba a casa de mi tía, así podía jugar con una primita, y el domingo por la tarde regresaba con algo de dinero y una caja de comestibles… que yo a duras penas podía… pero resolvimos nuestra necesidad de alimento.

Ya teníamos nuestro propio terreno, pero la vivienda era muy pobre, en un cuarto de cartón negro, estaba la estufa de leña y una mesa con sillas, y en el otro, una cama y un ropero, el piso era de tierra, el baño afuera, de fosa séptica. Fue una época muy dura, aunque no carecí de alimento, ni techo, gracias a Dios, que usó a mi abuelita y a mi tía Loli para sustentarme. Al fin habíamos encontrado un lugar… había terminado nuestro peregrinaje, ya tenía un espacio donde crecer.

4

En busca de la familia de Dios

❧❧❧❧❧❧❧❧❧❧❧❧❧❧❧

Con mi amiga Lourdes asistí al catecismo, tenía un deseo muy grande de servir a Dios, le comenté a mi maestra que deseaba ser monja, pero dijo que era muy pequeña para tomar esa decisión. Mi abuelita ya no asistía a ninguna iglesia, pero leía mucho la Biblia en casa, decía que la oración y la lectura de forma personal, eran la mejor religión. Estaba muy decepcionada de las últimas iglesias cristianas a las que se había asistido, porque le prohibían fumar y usar pantalón. Ella nunca pudo dejar el cigarro, y le gustaba vestir a veces de traje sastre, tenía un estilo muy digno y a la vez moderno. Cuando le dije que deseaba hacer la primera comunión, pidió una maquina prestada y me confeccionó un hermoso vestidito de encaje blanco.

Después de que hice mi primera comunión ya no había donde ir, intenté seguir asistiendo al catecismo, pero un día mientras estaba de oyente, una maestra adolescente, me dijo molesta: "Y tú qué haces ahí parada, lee el catecismo." Contesté satisfecha: "Ya me lo sé de memoria, ya hice la primera comunión." Ella reaccionó molesta diciendo: "¿Sí? Entonces ¿Que estás haciendo aquí?" El tono de su voz de momento me ofendió, pero a la vez sus palabras me hicieron reaccionar… era verdad ¿Qué estaba haciendo ahí? Después de los rezos, ahí ya no aprendía nada nuevo… me despedí de la encargada y agradecí.

Con mis vecinitas Lupita y Dalila, me inicié en la iglesia apostólica. Me levantaba temprano los domingos, llegaba a casa de ellas, me colocaban un velo en la cabeza y salíamos muy contentas. Caminábamos casi una hora para llegar al templo. Entrábamos primero a la escuela dominical, después al culto general, y luego compartíamos alimentos en el comedor de la iglesia, donde entregábamos el ayuno en oración.

Empecé a tomar en serio la recomendación de la maestra de escuela dominical y leía la Biblia entre semana. El domingo la maestra preguntaba cuántos versículos habíamos leído, algunos niños decían que uno, otros dos, o cinco, pero yo decía diez, o veinte, la maestra me felicitaba, pero mis amigas se molestaban conmigo llamándome mentirosa, no creían que leyera tanto. Pero era verdad, tenía mucha facilidad para leer, ya había leído casi todas las historias de las revistas de selecciones que le habían regalado a mi abuelita. Discutíamos al salir de la clase, me decían: "Tú eres una mentirosa Carmina, nadie lee tanto ¡Mentirosa!" A lo que yo contestaba: "Ustedes son unas perezosa, no les gusta leer ¡Perezosas!" Así regresábamos discutiendo.

Todo empeoró un domingo cuando el pastor preguntó desde el púlpito: "¿Hay alguien aquí que no le tema a Dios? Levante la mano si hay alguien." Levanté mi mano instantáneamente, solo sentía amor por Dios, no le tenía miedo. Extrañada observé que los demás no levantaron su mano. Lupita intentaba bajar mi mano avergonzada de mi reacción, pero yo insistía en subirla, mientras el pastor seguía preguntado.

En mi mente infantil pensé que buscaban un voluntario para una misión especial con Dios, de eso trataba el sermón... o eso entendí. Al salir discutimos otra vez. Mis amigas empezaron a mostrarse más serias conmigo, nunca entendieron que solo sintiera amor por Dios, no temor. Me acusaron con "Cata" su hermana mayor ya casada, y quien estaba a cargo de ellas por ser huérfanas. Me sostuve, solo sentía amor por Dios no temor, y no comprendía la gravedad de mi postura ante ellas... pero eso bastó para que me quitaran el velo de mi cabeza con seriedad, y me aplicaran la ley de hielo. Los próximos domingos, llegaba a casa de mis amigas a la misma hora, pero ellas ya no estaban, se iban más temprano, o me decían que no asistirían, intenté ir sola, pero me sentía triste por la actitud indiferente de mis amigas, hasta que dejé de asistir.

PUEBLOS DE SONORA

El tío Rafael era muy católico, organizaba viajes a diferentes pueblos de Sonora, e invitaba a toda la familia. En uno había una capillita con una figura de yeso de un santo acostado, al que le llevaban flores en su día. Los hombres mataban una res, las mujeres asaban la carne y hacían enormes tortillas "sobaqueras." Extendían la masa desde la mano hasta la axila, de ese tamaño quedaba la tortilla. Las acompañaban con carne asada, chile, frijoles, y barriles de cerveza, entre "bailongos" con música norteña en vivo.

Los niños nos divertíamos montando becerros, o correteando cerditos, patos, o pollitos, o nos íbamos al río a "chapotear".

BAHÍA QUINO SONORA

En Semana Santa organizaba paseos a ríos o a la playa de Bahía Quino. Mis primos adultos Miguel, Chico, y Filiberto levantaban carpas a un lado de las enormes dunas de arena, después con su música norteña a todo volumen, disfrutaban sus cervezas, y deliciosos mariscos, comíamos en grupo, satisfechos frente al cálido mar de Cortez. En uno de esos viajes descubrí la no gravedad que se siente al nadar, una de las sensaciones más placenteras de la vida. Ese día lo pasé feliz dentro del mar, hasta que aprendí a nadar, sentí que descubrí un mundo nuevo, casi espiritual, libre de mi materia, casi en espíritu, para mí fue algo grandioso ese descubrimiento, aunque para los demás no fuera gran cosa... los siguientes días descubrí que el sol quemó toda mi piel, descarapelándome.

SIERRA ALTA DE SONORA

Una vez fuimos en caravana a un pueblo minero en la sierra alta de Sonora. La carretera era tan angosta y con curvas, que fue necesario bajar y caminar a pie, mientras uno de mis primos manejaba el vehículo. Ya nos andábamos volteando por la cantidad de personas que trasportaba en esa área peligrosa. Cuando llegamos al lugar, no había nada, al acabarse el metal, se fue convirtiendo en un pueblo fantasma, ya no vivía nadie, solo había ruinas, pero el tío Rafael deseaba orgulloso enseñarle a sus hijos, y a toda la familia, el pueblo donde había nacido.

Acampamos a orilla del río, y nadamos en un área que por la formación de las rocas hacia una cristalina y luminosa alberca natural entre los vedes y enormes pinos y encinos. Al llegar la noche, dormíamos alrededor de la fogata, bajo las estrellas... de pronto nos despertaron rugidos de leones hambrientos cerca de nosotros... luego un balazo de mi tío ahuyentándolos... los hombres se quedaron en vela, y al día siguiente se fueron a cazarlos, al no encontrarlos decidieron que regresaríamos al pueblo de Sinoquipe... andábamos de invasores, en terrenos de una manada de leones hambrientos.

FRONTERA DE BAJA CALIFORNIA

En las vacaciones de verano, al finalizar el año escolar, mi abuelita, yo, y a veces mi primita, viajábamos a la frontera de Baja California, a las ciudades de Tijuana, Tecate, y una vez fuimos a Mexicali, a visitar a mi madre María. Entraba en la adolescencia cuando vi a una hermosa niñita, corriendo hacia mí, diciéndome emocionada: "Tú eres mi hermana Carmina, tú eres." Me abrazó cariñosa, sentí un gran amor por mi hermanita Berenice, y una gran tristeza a la vez, crecíamos separadas, pero siempre la recordé en mis oraciones. Así pasaba mi vida, vacaciones de verano con mi tío Nico, o con mi tía Carolina; las de semana santa y días festivos en los viajes de mi tío Rafael; y los fines de semana con mi tía Loli. Tenía una familia muy grande, y diversa, con los que compartía, aprendía a vivir, me desarrollaba, los amaba… pero no encontraba en ninguno de ellos la orientación personal y espiritual que necesitaba.

Mi inquietud por conocer sobre Dios, me guió a ir a la iglesia donde se congregaba la familia de mi amiga Ruth, miembros de la iglesia bautista, disfrutaba mucho de las clases y los himnos, todos eran muy educados y amables, pero mi amistad con Ruth terminó un día cuando ella me preguntó sobre su apariencia y peinado. De forma inocente le contesté que ella era muy bonita porque había salido a su papá. La verdad, su mamá no era bonita, el papá era el que tenía bonitas facciones, pero Ruth lo mal interpretó, y con rostro asustado me preguntó: "¿Mi papá se te hace guapo?" Yo le afirmé con la cabeza… al observar su reacción me di cuenta que había cometido un grave error al hablar con tanto desparpajo. Dios sabe que nunca lo dije con mala intención.

Ruth ya nunca me volvió a invitar a su iglesia. Cuando la visitaba, ya me trataban de forma muy fría, ya no era bien recibida ahí, eso me quedó muy claro, después de un par de veces, ya no volví. A su papá me lo encontraba a veces en el camino de la escuela. Me saludaba muy amistoso. Creo que se sentía halagado, pero yo me portaba cortante, aunque no creo que tuviera mala intención, tal vez estaba apenado, y se daba cuenta de la injusticia cometida por su esposa e hijos.

Mi amiga Lourdes me invitó a las clases de socorrista que ofrecían en la cruz roja los fines de semana. Me agradaba la idea de poder ayudar a heridos de guerra. Las clases consistían en instrucción militar, levantamientos de heridos, arrastres para sacarlos de debajo de los autos, o en terremotos; vendajes, torniquetes, entablillar fracturas, curaciones, tomar signos vitales, reanimación cardiopulmonar (resucitación), inyectar, etc. Asistimos por un tiempo, pero después ya no había nada que aprender, todo era repetitivo, por ser menores de edad no podíamos graduarnos de socorristas… así nos fuimos desanimando, al final, de mi grupo solo quedaba yo. Una de las instructoras tomaba el mismo trasporte de regreso, nos hacíamos compañía algunas veces, pero ella se bajaba mucho antes. Un día que me sentí muy sola, pasaba por su casa y se me ocurrió saludarle. Cuando abrió la puerta de su casa, me dijo muy molesta: "¡Qué estás haciendo aquí, estoy muy ocupada, no vuelvas a venir sin invitación!" Apenada di una disculpa, y me despedí, sintiéndome más sola, e incomprendida, y como ya andaba desanimada, con eso, dejé de asistir a las clases de socorrista.

El uniforme militar de la cruz roja, era el mismo que usa la banda de guerra de la secundaria #2, donde cursaba el primer año, así que me inscribí. Empecé a tocar el tambor, por un tiempo me integré, aunque me molestaban las bromas que me hacía el instructor de la banda, me defendía poniéndolo en su lugar, pero parecía que le encantaban mis reacciones.

Un día cuando salí del baño durante la clase de educación física, me encontré con ese enorme y rudo ex militar. Me abrazó de las piernas, subiéndome hasta que mi pecho quedó frente a su rostro, y me dijo con lascivia: "¿Es cierto que no te gustan los hombres? ¿Con este cuerpazo que tienes?" Apretaba mi cuerpo al suyo, y su rostro en mi pecho. Le grité asustada: "Suéltame, ¿De qué estás hablando? ¡Suéltame!" Un alumno de tercero que pasaba por ahí, le gritó: "Suéltala, estas asustándola "Checo," suéltala, es una niña." El abusivo hizo el intento de soltarme poco a poco, de modo que mis glúteos resbalaban en sus manos, apretándomelos con fuerza. Molesta y asustada luchaba por liberarme de sus brazos. Cuando al fin me soltó, me indigné tanto que seguí intentando golpearlo, pero él esquivaba mis golpes burlándose a carcajadas... al comprender lo inútil de mi defensa, lo insulté y me alejé lo más rápido que pude. Hubo rumores en su contra entre los alumnos, y a los días el "Checo" me corrió con el pretexto de que había faltado a las prácticas... poco después en el sepelio de su hermano y amigo mío, me pidió perdón, diciendo: "Carmina perdóname, no me quiero morir con este cargo de conciencia, pero te corrí por tu bien... es que me confundes porque hablas como gente grande y se me olvida tu edad... ¡Me vuelves loco!"

Eso de que no me gustaban los hombres no era cierto, había un niño que me gustaba desde que estaba en la primaria, se llamaba Heraclio. Era el niño más bello y agraciado de mi salón de clases, y yo también le gustaba, pero siempre que él intentaba acercarse a mí, yo hacía algo para alejarlo... ignoraba el porqué de mis reacciones, no me entendía a mí misma. Ahora él estaba en la secundaria #4, pero no lo olvidaba.

No toleraba el contacto físico, porque fui molestada sexualmente desde mi infancia. Ahora sé que esos actos perturbaron mi forma de reaccionar ante cualquier acercamiento, afectando mi forma de percibir y relacionarme. En ese tiempo no lo comprendía. Hubo otros muchachos que se me acercaban, pero los rechazaba de una forma muy intensa, todo lo veía malo, pienso que por eso, en un tiempo algunos pensaron que era "rara."

Los fines de semana con mi tía se fueron apagando. Los primeros años la habíamos pasado bien, jugaba con mi primita a las muñecas, ya más grandes nos salíamos todos a patinar a las plazas, pero a medida que crecíamos, también crecieron diferencias entre nosotros. Los niños a veces son crueles dentro de su inocencia. Ya casi no visitaba la casa de mis primos… mi primita me ignoraba cuando llegaba, buscaba su rostro al intentar conversar con ella y no lo encontraba, me contestaba a veces con monosílabos y cortante, otras veces no contestaba nada, como si yo estuviera muerta, me sacó de su vida. Ella asistía a una escuela donde había niñas de clase media vestidas a la moda y a mí se me notaba mi origen muy humilde, tal vez por eso. En ese tiempo no entendía porque se me cerraban las puertas, por una o por otra razón… ¿dónde estaba la familia de Dios de la que hablaba la religión? ¿Dónde estaba mi familia? ¿Dónde estaba mi grupo? ¿A quién pertenecía e importaba? ¿Con quién identificarme?

Los fines de semana con mi tía se fueron apagando. Los primeros años la habíamos pasado bien, jugaba con mi primita a las muñecas, ya más grandes nos salíamos todos a patinar a las plazas, pero a medida que crecíamos, también crecieron diferencias entre nosotros.Los niños a veces son crueles dentro de su inocencia. Ya casi no visitaba la casa de mis primos... mi primita me ignoraba cuando llegaba, buscaba su rostro al intentar conversar con ella y no lo encontraba, me contestaba a veces con monosílabos y cortante, otras veces no contestaba nada, como si yo estuviera muerta, me sacó de su vida. Ella asistía a una escuela donde había niñas de clase media vestidas a la moda y a mí se me notaba mi origen muy humilde, tal vez por eso. En ese tiempo no entendía porque se me cerraban las puertas, por una o por otra razón... ¿dónde estaba la familia de Dios de la que hablaba la religión? ¿Dónde estaba mi familia? ¿Dónde estaba mi grupo? ¿A quién pertenecía e importaba? ¿Con quién identificarme?

Resucitada

II-muerte y resurrección

Resucitada

5

Escape fallido

❧❧❧❧❧❧❧❧❧❧❧❧❧❧❧❧

usqué amigas con dos, o cuatro años mayores que yo, un día en Semana Santa, nos fuimos a nadar a las playas de Bahía Quino, cuando regresé a casa, me encontré con la mirada acusadora de mi madre. Había llegado a visitarnos. Me acosó con preguntas, la ignoré saliendo al patio trasero a colgar mi traje de baño en el tendedero de mecate. Escudriñó mi traje de baño cuidadosamente, luego volteó mirándome con dureza y dijo: "Hay arena en el traje Carmina ¿A dónde fuiste?" Le contesté enfadada: "A nadar con unas amigas." Preguntó: "¿Acabas de cumplir catorce años y ya te vas a la playa con amigos?" Me defendí aclarando que no había hecho nada malo."

Mi madre me regañaba de forma tan alterada que no comprendía bien lo que me estaba diciendo, pero sus gestos eran desagradables. No sabía que decir, no le tenía ningún respeto como madre, ya tenía tiempo sin verla, ni ayudaba económicamente a mi abuelita, y ahora que viniera con regaños y malos tratos, me pareció fuera de lugar.

Queriendo acabar con la discusión, dándome la vuelta le dije indiferente: "Me vale "shit" (excremento)." Casi al instante sentí que mi madre me jalaba con fuerza de los cabellos, su rostro estaba descompuesto por la furia al preguntarme, "¿Qué me dijiste? ¿Que valgo "shit"? ¿Qué crees que no te entendí? Yo te voy a enseñar a respetarme." Cayó sobre mí a golpes, con puños cerrados golpeaba mi estómago y mi cabeza, y tirándome al suelo me tomó por los cabellos y estrellaba mi cabeza contra el piso... estaba aterrorizada, creí que me mataría. Con el ruido de los impactos llegó mi abuelita, con dificultad la quitó de encima, me llevó al baño y me aconsejó que me lavara la cara. Me fui de la casa, me sentía muy mareada, y adolorida física y emocionalmente, no podía apartar de mi mente, el rostro cargado de odio de mi madre cuando asentaba cada golpe... caminé por horas viendo las calles de Hermosillo más tristes que nunca… el cielo más gris… mi destino más negro y desolado.

Cuando llegué a casa de mi tía, mis primos veían la televisión sentados en la alfombra… sin decir nada de lo que me había pasado, me senté con ellos. Mis ojos estaban rojos de sangre. Secreteaban entre ellos, mi primo me preguntó burlesco: "De cual fumaste Carmina, mira como traes los ojos, has de andar bien marihuana, encima de "prieta," ¿Ahora marihuana?" Fueron a acusarme con Araceli, mi prima mayor, ella se dio cuenta que eran golpes… intenté hablar pero el llanto me lo impidió… me llevó a su recamara y abrazándome me preguntó otra vez preocupada: ¿Que te pasó Carmina? Entre sollozos le conté lo sucedido, mientras ella me abrazaba compasiva. Al llegar mi tía, se indignó, y me dijo que permaneciera ahí unos días. En la noche, no podía respirar del dolor en las costillas, además, hacía un ruido extraño con la garganta, ya me había pasado varias veces, pero ignoraba la razón. Mis primos decían que lo hacía para llamar la atención. Mi abuelita decía que eran los bronquios, me acostaba y me daba tés calientes. Era asma.

Ese acto por parte de mi madre me sumió en una profunda tristeza… no estaba acostumbrada a malos tratos, esa golpiza, cada noche la revivía, me sentía tan infeliz, tan dolida… el odio y desprecio que vi en sus ojos, me atormentaban, mi mente giraba con ideas deprimentes, me preguntaba una y otra vez: "¿Para qué nací? ¿Para qué vine a este mundo si ni tengo familia? Nadie me quiere, mejor sería morirme, irme de este mundo." Pasaba todo el tiempo llenándome de esas ideas, alimentando peligrosamente mi tristeza, despreciando la vida que me tocó vivir, rechazándola, metida ya en una ilusión del enemigo… finalmente creí que podría escapar de esta vida tomando todas las pastillas y jarabes que encontré, y me escondí bajo la cama.

Mi tío José Luís vio los frascos vacíos, me encontró ya moribunda, pero a tiempo para salvarme. Corrió por cuatro cuadras hasta la casa de mi tía Elena a buscar ayuda, ellos tenían autos. Recuerdo que cuando desperté una doctora me preguntó de forma fría, e indiferente: "¿Por qué tomaste todas esas pastillas? No abrí mis labios, me intimidó. No tenía deseos de hablar con nadie. La doctora no insistió, sin embargo le informó a mi abuelita que yo debía llevar un proceso psicológico.

De regreso a casa, mi prima Judith, que manejaba el auto, me miraba con profundo desprecio y cuando le preguntaba algo me ignoraba. No entendí en ese momento su actitud. Con el tiempo me enteré que había pensado que yo era drogadicta, ya que nunca confesé que había intentado suicidarme. Algunos miembros de la familia me empezaron a tratar con desconfianza, aumentando así mi aislamiento.

Poco después volví intentar suicidarme cortándome las venas de mi muñeca izquierda. La navaja que encontré no tenía filo, me dolió tanto que no intenté cortarme la otra mano. Esta vez me fui a la escuela secundaria donde estudiaba. Era domingo y no había nadie. Brinqué la cerca, busqué mi lugar favorito y con dificultad corté mis venas. De pronto llegó un joven que no supe de donde había salido. Preguntó sobre mi herida, pero le dije que me había cortado al brincar la cerca. Me aconsejó compasivo, pero a mí me parecía que no sabía nada de la vida, ni de mi sufrimiento... sin embargo me dio la atención que necesitaba, y desistí de mi intento.

Regresé a casa adolorida. A mi abuelita le volví a repetir la misma mentira, que me había cortado con la cerca. Mi pobre abuela siempre creyó todo lo que le decía. Cada vez me sentía más sola e incomprendida, crecía en mí una rebeldía ante la vida que me había tocado, ante las injusticias, abusos, rechazos. En mi mente vagaba con ideas negativas, y me preguntaba constantemente: ¿De qué servía que fuera aplicada y sacara buenas calificaciones? No tenía ningún estímulo y de todos modos pensaban lo peor de mí, así que cuando me ofrecieron drogas en la secundaria, decidí portarme mal, y las acepté. Me desagradó la sensación idiotizante, pero no la complicidad y la sensación de pertenecer al grupo.

Mi tío José Luís tenía poco tiempo de haber salido de la cárcel, después de purgar una condena de cinco años. Testificaba de Jesucristo a todo mundo. Después de los alimentos me hablaba sobre los milagros y las enseñanzas de Jesucristo y los apóstoles, al escucharlo las ideas de suicidio perdían fuerza, y mí necesidad de saber de Dios aumentaba. Fue así que empecé a salir de ese círculo de ideas negativas que me estaban secando el alma... comprendí que no había escape al sufrimiento, fallaría de cualquier forma, había que vivirlo y superarlo... tal vez eran pruebas... tal vez inexplicablemente necesarias para mí formación.

6

*"Pero recibiréis poder,
cuando haya venido sobre vosotros el
Espíritu Santo, y me seréis testigos en Jerusalén, en
toda Judea, en Samaria, y hasta lo último de la tierra. Hechos 1:18.*

Investida con poder desde lo alto

En las vacaciones de verano mi amiga Graciela me invitaba a trabajar en la recolección de la uva. Aceptaban trabajadores desde doce años. Así ahorraba para comprarme ropa bonita, tenis y mochila para la escuela. Cuando llegaban las clases intentaba hacer las dos cosa a la vez, pero era muy pesado. Me levantaba a las 3 AM, el camión nos recogía a las 4 AM, llegábamos a los sembradíos a las 5 AM, terminábamos la jornada a la 1 PM. Corría a la llave del agua, me bañaba ahí mismo con la manguera, y la ropa puesta, llegábamos a las 2 PM a "La Ley," mi barrio, corría a la casa de mi primo "Chico," donde viví en ese tiempo. No tenía tiempo ni de comer, solo me ponía el uniforme y llegaba corriendo a la escuela, retrasada, cansada, con hambre y aún tenía que soportar las llamadas de atención de los maestros. No les aclaraba la razón de mis retrasos, temía que hablaran con mi abuelita y me prohibieran trabajar. Me atrasé en las materias, y hasta el maestro de matemáticas me corrió.

Cuando cumplí mis quince años, mis familiares me celebraron con fiesta sorpresa, casi todos mis tíos y primos estaban ahí al llegar de la escuela… disfrutamos una buena cena, y de un pastelito, fue un día muy especial porque pensé que nadie se acordaba de mi cumpleaños. Mientras comía observaba sus rostros sonrientes, me di cuenta que me amaban, solo que no podían hacer nada para cambiarme la vida, ellos tenían las suyas propias, sus propios afanes, pero aun así, se había tomado un tiempo para celebrarme. Entre otras cosas me regalaron dinero, con eso me compré una cámara fotográfica y una bicicleta de cinco rayos (BMX) de aluminio. Hacía tiempo que practicaba con bicicletas prestadas. Con esa bicicleta recorrí casi toda la ciudad, me gustaba explorar lugares nuevos, a veces con mi amiga Graciela. En ocasiones ella no conseguía bicicleta, me iba a explorar sola.

Me había convertido en una joven muy popular, mi cuerpo llamaba poderosamente la atención, donde entrara hombres y mujeres volteaban a verme, y eso me hacía sentir poderosa, pero a pesar de esa popularidad y aparente seguridad, seguía teniendo problemas para relacionarme sentimentalmente, sentía la necesidad de compañía y de que alguien me amara, pero no toleraba ningún tipo de contacto físico, ni siquiera que me tocaran la mano, menos que me besaran, cuando había algún intento, sentía temor, la idea de que era algo malo y sucio, paralizaba mis emociones, una parte de mí lo deseaba, pero otra me decía que eso era malo. A mis pretendientes solo los aceptaba como amigos, pero luego se desilusionaban y se alejaban. La necesidad de compañía humana a veces nos lleva a cometer errores, espiritualmente sentía que Dios estaba conmigo siempre en la oración, pero mi humanidad pedía compañía humana, amor humano.

En esa búsqueda fue como empecé a ir a un club nocturno donde tocaba una banda de rock en vivo. Era menor de edad, pero me dejaban entrar porque me acompañaba Carmen, una amiga que era cuatro años mayor. Extrañamente se llamaba igual que yo, Carmen Carmina. Más que amiga ella fue mi peor enemiga, me hizo varias crueldades… una de ellas ocurrió en la última quincena de la temporada de recolección de uva, ella cobró por mí, y nunca me dio el dinero. Otra de sus maldades fue cuando me llevó con una señora que cortaba cabello en su casa, cuando llegamos, observé que le secreteó algo al oído, y le dio un billete, las dos rieron, pero no entendí la razón. Cuando la señora terminó de cortarme el pelo, me asusté al verme en el espejo, me dejó como una pulgada de cabello, no me había dado cuenta, leía confiada una revista de modas. Con el tiempo me enteré que había sido una más de sus maldades…estaba tan entusiasmada de tener una amiga mayor de edad… no imaginaba que después ella cometería contra mí, una de las peores bajezas de las que puede ser capaz un ser humano.

Un día mi tío José Luís me llevó a una cancha deportiva donde se realizaba una campaña evangelista de la Iglesia de Dios. Presentaban la película basada en hechos de la vida real de un pandillero y un predicador, al final pasó al frente un ministro que predicó del amor de Dios de una forma que sentí que me estaba hablando a mí directamente, diciéndome que Dios me amaba tan intensamente, que había enviado a su hijo a morir por mí, por mis pecados, para que tuviera vida eterna. Me impactó esa noticia, siendo que ante mis ojos yo no valía nada, como era posible que su hijo Jesucristo, ese ser sublime, lleno de amor y bondad hubiese sido martirizado, crucificado, y asesinado, todo por mí, por amarme tanto. No cabían en mi corazón las intensas emociones que semejante revelación me estaba generando… profundo dolor por lo que Él había sufrido; arrepentimiento de mis pecados, por ser la culpable de su sacrificio; y una dulce placentera sensación de amor y agradecimiento por haber sido perdonada.

Cuando un amigo de mi tío José Luís me preguntó si deseaba aceptar al Señor Jesucristo como mi Señor y Salvador, le contesté emocionada: "Sí, yo quiero todo con Jesucristo." El ministro de inmediato colocó sus manos sobre mi cabeza, y me guió en una oración… repetí sus palabras: "Señor Jesucristo gracias por morir por mis pecados, perdóname, estoy arrepentida, te acepto como mi Señor y Salvador para vida eterna y te invito a morar dentro de mi corazón, y guiar mi vida, amén." Al momento de decir amén sentí como si una fuerte energía hubiese caído sobre mí con poder, atravesándome la cabeza y retumbándome en los pies, quedé aturdida por unos segundos. El ministro preguntó asombrado: "¿Sentiste eso? Fue como un rayo, el Señor te llama al ministerio."

Mi tío José Luís intervino diciéndole que no me confundiera, que yo estaba muy chica. El ministro le dijo que yo era llamada al ministerio a una misión especial, que había sentido la fuerza del Espíritu Santo de una forma sobrenatural. El brazo del ministro estaba alrededor de mi hombro con amor de Dios, no de hombre, yo lo sabía, habíamos compartido una experiencia espiritual, pero mi tío pensó mal del ministro y le dijo molesto: "Suéltala, estas mal en emocionarte tanto con ella, está muy niña, vete a orar por otras personas, hay muchas personas que necesitan oración, y tú te estas "hondeando" con mi sobrina." El ministro volteó a verlo muy triste, y le dijo: "¿Qué te pasa José Luís? ¿En qué estás pensando? ¡Dios Santo!" Y se fue a orar por otras personas, estábamos impresionados por la experiencia que acabábamos de vivir; ambos sabíamos que no era nada entre nosotros, sino que era una manifestación del Espíritu Santo, quién me invistió con poder, para que pudiera vencer las batallas que habrían de venir. En ese momento solo sabía que Dios me había dado algo, pero no sabía qué era, por qué, ni para qué.

Fuimos a la casa de un pastor a cenar, celebrando el cierre de campaña. El ministro se acercó, interesado en mi preparación, fue respetuoso, pero a mi tío parecía que se le había metido el diablo, todo lo malinterpretaba, discutió con el ministro y nos marchamos. En el camino mi tío decía molesto aun, que él personalmente me enseñaría todo lo que necesitaba aprender sobre Dios, que ese ministro andaba mal intencionado. Estaba confundida por la situación, pero no estuve de acuerdo con su opinión. La cancha deportiva volvió a ser la misma, ya no supe ni donde estaba la iglesia de la campaña, ni volví a ver a ningún miembro de ella.

Se me fue pasando el interés religioso y me olvidé de lo que me dijo el ministro, pero no de Dios, todas las noches agradecía por la salvación otorgada a través de Cristo, por los bienes materiales y espirituales, por ser escuchada, por ser amada por Él, le pedía perdón por mis transgresiones, y le pedía que me ayudara a ser de su agrado. Sentía que estaba atrapada en un círculo de amistades que no me ayudaban, y no había encontrado otro.

Inicié el ciclo escolar en la nocturna, para trabajar en el día. Necesitaba un cambio. Algunos de mis amigos se estaban enviciando mucho en las drogas; mis amigas tenían conductas muy negativas, una hasta me robó un anillo de oro que mi abuelita me había regalado cuando cumplí mis quince, e intentó venderlo a Hilda, quien me informó. Además fue el año de peor rendimiento escolar, hasta reprobé matemáticas, por eso me cambié a esa escuela nocturna. Quedaba más retirada de mi casa, pero me habían dicho que era muy buena.

Estudiaba de seis a diez de la noche, y me recuperé académicamente. Durante el día buscaba trabajo, pero me decían que estaba muy chica, que debía tener mínimo dieciséis años… esperaba con ilusión cumplirlos… en las noches recordaba como fui investida con poder por el Espíritu Santo de Dios, preguntaba en oración, sobre ese rayo que sentí de la cabeza a los pies… sin saber los que me esperaba.

7

Asesinato vivido

"Yo soy la resurrección y la vida, y el que
cree en mí, aunque esté muerto, vivirá" Juan 11:25

❧❧❧❧❧❧❧❧❧❧❧❧❧❧❧❧❧❧❧❧❧❧❧❧❧

Desperté esa mañana con una sensación de tristeza, nostalgia y melancolía… al entrar a la cocina vi a mi abuelita sentada a la mesa limpiando frijoles… me pareció tan tierna, tan viejita y frágil, la abracé con todas mis fuerzas, besé su cabecita diciéndole con ternura: "Mamita te quiero mucho, mucho mamita, nunca lo olvides." Mi abuelita palmeó mi brazo y me dijo: "Yo también hijita." Siguió concentrada en lo que hacía, siempre estaba haciendo algo, y cuando descansaba estaba leyendo la Biblia, así se quedaba dormidita… seguí todo el día triste, meditando en mi vida, y en la tarde me fui a casa de mi amiga Carmen. No tenía deseos de salir, pero ya había acordado que la acompañaría al club nocturno de rock, en ese mes, acababa de cumplir los 16, pero así entraba, sin identificación.

Me encantaba el rock, sentía que la música se me metía en todo el cuerpo al bailar, entraba en otra dimensión, como si las notas musicales se agitaran con ímpetu, con energía propia dentro de mi ser, haciéndome olvidar no solo mi materia, sino todos mis pesares, me sentía liviana, casi en el aire, con dominio total del espacio y atmósfera, dueña de ellos, esa sensación que se me hizo vicio, me fascinaba, era una euforia muy parecida a la felicidad, y me olvidaba de todo. Había personas bailando alrededor de mí, tenía la atención de todos, y además me decían que bailaba muy bonito, y eso me hacía sentir aceptada, aprobada, feliz.

Cuando cerraban el club, los que no teníamos auto regresábamos caminando en grupos. Esa noche venía con mi amiga Carmen, se acercó el "Charo," un joven de mi edad con el que coincidí algunas veces en la alberca pública. Con él venían otros dos hombres ya mayores, pero se quedaban atrás conversando entre ellos. Me sentía muy bien platicando con él, tampoco conocía a su padre, su madre lo había abandonado en la casa de una amiga desde niño. Sentí una conexión muy especial, nunca había conocido a alguien con tantas similitudes. Al escucharlo expresar su soledad, desamparo y sufrimiento, me vi en él, y deseé amarlo, aliviar su dolor, protegerlo, hacerlo feliz... sin medir las consecuencias, en ese momento mientras él hablaba, miré hacia el negro cielo, y en mi mente le pedí a Dios en oración: "Quiero todo con este muchacho, quiero que me pida que me case con él, concédeme eso Dios mío, él es como yo, él sí comprende mi sufrimiento." Al terminar esa pequeña oración, seguí la conversación, sintiendo que algo grande estaba por suceder. Había en mí una emoción que no alcanzaba a descifrar, como si ese momento ya lo hubiese vivido, o visto, como si me estuvieran repitiendo una película.

Al acercarnos a casa de Carmen, noté que ella platicaba con uno de los hombres mayores, le pregunté: "¿Que te dijo ese hombre?" No contestó en el momento, meditativa dijo como en secreto ante mi insistencia: "Andan bien locos."El "Charo" también les dijo algo a sus amigos y discutían en secreto. Luego se acercó a mí, y continuamos conversando. Cuando llegamos a casa de mi amiga, ella me dijo: "Quédate a dormir." Me negué preocupada diciendo: "No pedí permiso para dormir fuera, me tengo que ir a mi casa." Se acercó el mayor de los hombres dándole a mi amiga un puño de billetes. No entendí por qué, en un principio. Carmen los metió en la bolsa de su pantalón, volteó hacia mí, y me dijo despacio: "Quédate aquí a dormir." No entendía lo que estaba pasando, y le dije cansada: "No, se va a enojar mi abuelita, ya me voy." Con insistencia me tomó del brazo, diciendo: "Te puede pasar algo malo." La rechacé diciéndole muy segura: "No me va a pasar nada ¿Qué te pasa? Estás bien rara." El "Charo" también me dijo como en secreto: "Quédate aquí con tu amiga." El hombre lo jaló y le secreteó algo alterado.

Lo único que yo sabía era que tenía que llegar a mi casa a dormir para que no se preocupara mi abuelita. Me despedí de mi amiga y seguí mi camino. Deseaba seguir platicando con el Charo hasta llegar a mi casa, pero él ya estaba muy serio, el que estaba muy amable era su amigo ofreciéndome tomar de una botella, pero lo rechacé... me preguntó: "¿Falta mucho para llegar a tu casa?" Yo negué desconfiada. Cuando llegamos a la esquina de la cuadra, vi que volteaba para todos lados...

La noche olía a tragedia... de pronto sentí un brazo alrededor de mi cuello y una mano sobre mi boca... el pánico me paralizó por unos instantes... uno de ellos me tomó de los pies, y entre los dos me jalaron a un terreno baldío tirándome al suelo, y sujetándome entre los tres.

Al darme cuenta de lo que estaba a punto de pasarme, grité y me defendí con uñas y dientes, pero no podía con ellos… una lluvia de puños caía sobre mi quijada y cabeza… por momentos sentía como que perdía el conocimiento pero me esforzaba con todas mis fuerzas por luchar… el hombre mayor me desnudaba tocando mi cuerpo, mientras les ordenaba molesto: "Tápenle la boca está gritando mucho." Uno de ellos le contestó: "Tápasela tú, nos está mordiendo, a mí ya me sacó sangre." Cuando me tapó la boca el hombre, intenté morderlo también… me miró con furia demente y con rostro descompuesto dijo: "Yo te voy a callar pa' siempre ¡@#$%^&/=*!." Sentí sus enormes manos cerrándose en mi garganta como tenazas frías y una desesperación desquiciante se apoderó de mí al faltarme el oxígeno. La desesperación, el terror y la angustia, al principio están más allá del dolor físico que envuelve el acto de estrangulamiento. Es algo que solamente aquel que ha pasado por lo mismo sabe de lo que estoy hablando.

El verdugo soltó mi cuello por un momento y luchaba con el "Charo," creo que intentó detenerlo, al vencerlo fácilmente, ese psicópata volvió a mi cuello… lo siguió apretando…y apretando… y apretando con macabras y sombrías intenciones. Fueron momentos de un horror indescriptible. Luego sentía un dolor intensamente agudo en mi cabeza, como si se me quemara por dentro… fue aumentando…y aumentando… tanto que ahora ya no sentía la falta de oxígeno, solo ese creciente dolor… una debilidad me envolvía, inmovilizándome… de pronto sentí como si un hilo se hubiese roto dentro de mi ser… desapareciendo el dolor completamente…ya no sentí nada en absoluto…pero aún pude ver el rostro del asesino como a través de dos ventanitas con un velo muy transparente… luego sentí como si me movieran una pantalla. Creo que el asesino soltó en ese momento mi cuello, luego cercó su rostro hacia mí, observando fríamente mis ojos, luego volteó hacia otro lado, y lo escuché diciéndole: "Órale llégale, todavía está calientita." También vi el rostro del "Charo," lloraba asustado escudriñando mis ojos… observé su mano frente a mí. Creo revisaba mi nariz para sentir si respiraba. Volteaba hacia el asesino y luego hacia mí, y le gritaba: "¡La mataste "wey" la mataste!" Luego creo que colocó sus dedos sobre mis ojos… sentí como un telón grueso y pesado iba cayendo ante mí… lentamente… hasta que todo fue oscuridad… de pronto sentí que una fuerza o ángel de la muerte me sacaba bruscamente de mi cuerpo, como de un guante… por unos instantes no supe que pasaba, luego vi mi cuerpo inerte en el suelo, y a ellos rodeándome como buitres… comprendí con tristeza.

Esa fuerza me elevaba lentamente por unos metros, podía verlos y también los techos de las casas... después sentí un fuerte tirón, aumentando la velocidad... todavía veía las luces de la ciudad por momentos... luego sentí otro tirón, más intenso aún, que me llevaba casi a la inconsciencia por la velocidad, sin embargo sentí como que íbamos como por una especie de túnel negro... luego atravesábamos algo material, creo... bajó instantáneamente la velocidad al llegar a un mundo de tinieblas, no había luz, ni colores, todo era negro en diferentes tonalidades en brillo y opacidad. Creo que era por la distancia. Montañas negras, una tras otra... ante un silencio ensordecedor. Fui arrojada en un lugar donde entré en una especie de transporte, como un teleférico transparente y sin cables. Dentro iban varias personas sentadas, alcanzaba a ver desde niños grandes, hasta ancianos. Todos vestidos con túnicas negras, que les cubrían de la cabeza a los pies... no se les distinguían facciones, solo una terrible y dolorosa expresión.

Al ver sus rostros me trasmitieron un gran dolor en el alma, una profunda tristeza, un desaliento atormentador, como nunca he visto, ni sentido en este mundo. Ese sufrimiento no es de aquí, solo existe allá, es el saber que te han separado para siempre de tu Creador... lo comprendí completamente... intenté gritar, pero no pude, no hay sonidos... entonces clamé con todas las fuerzas de mi espíritu y con mi mente: "¡Sácame de aquí Señor Jesucristooo! ¡Señor Jesucristo, sácame de aquíiii!" Las almas volteaban inquietas y extrañadas. Allá no hay pensamientos ocultos, todo está expuesto.

A un lado estaba un demonio grande y fuerte. Era algo así como el chofer, o carcelero. Sentí que gritaba a mi mente, como en telepatía algo así como: "!Noooo! ¿Qué es estoooo? ¿Porque clamas ese nombre? ¿Quién eres? ¡Ese nombre, no se nombra aquí!" Su comunicación me lastimaba, sentía desgarrarme de terror por dentro, pero en lugar de obedecer, seguí clamando al Señor Jesucristo.

Sentí que caían sobre mí muchos impactos, y como latigazos que me atravesaban hasta el alma. Arrodillada con mi cabeza en el suelo, seguí clamando ignorándolos, clamaba con todas mis fuerzas: ¡Sácame de aquí Señor Jesucristooo! ¡Señor Jesucristo sácame de aquíi!" Así permanecí por un momento sin tiempo... no había ninguna respuesta aparente... cuando cesaron los impactos, levanté mi rostro... solo silencio y oscuridad había... todos habían desaparecido. Por alguna razón sabía que Jesucristo me estaba escuchando. Volví a cerrar los ojos, incliné mi cabeza entre mis rodillas para seguir clamando: "! Sácame de aquí Señor Jesucristo, Señor Jesucristo sácame de aquí! Sácame de aquí Señor Jesucristo, Señor Jesucristo sácame de aquí." Para mí fue casi una eternidad, fue como un momento sin tiempo, como un instante eterno, el que pasé clamando a Cristo... y resucité.

Regresé a mi cuerpo humano, sintiendo que algo caliente y pegajoso salía de entre mis piernas... el "Charo" gritó asustado: "¡Haaay¡... ¡Revivió, revivió "weyes," volvió!" Escuché la carcajada del asesino diciéndole: "Jajaja, no seas bruto, no ha de haber estado muerta, sabe que "fregados" le pasó." Me enderecé y abroché mi blusa, con un embotamiento extraño.

Unas personas al final del baldío nos gritaban insultos, pero no me ayudaban... El hombre dijo inquieto: "Hay que llevarla más adentro, nos están viendo." Al ver los fríos ojos de ese psicópata" me invadió el terror. El "Charo" me tomó del brazo para adentrarnos en otro baldío más escondido. Lo abracé llorando suplicándole: "Por favor "Charo" déjame ir." Sentí que le trasmití amor de Dios, porque él también lloró, diciéndome: "Perdóname, me dijeron que me iban a agarrar a mí, si no te lo hacía, tuve miedo, perdóname."

El "Charo" volteó hacia el hombre y le dijo: "Hay que dejarla ir, nos vamos a meter en un problema, ya nos vieron." El hombre volteó a verlo extrañado, dejó de acomodar los cartones en el suelo y contestó irritado: "¿Estas *@#%!&$, o qué? Como tú ya te agasajaste ¿No?" Luego fue y levantó una piedra enorme y la colocó a un lado del cartón. El "Charo" le gritó asustado: "¡Nooo, ya sé lo que quieres hacer, ya sé lo que quieres hacer!" Sin hacerle caso ese asesino se volteó para acomodar la piedra más cerca del cartón.

El otro hombre estaba sentado en el suelo con una botella tomando. El "Charo" me susurró en el oído: "Corre." Yo seguía un poco aturdida, y le pregunté: "¿Que dices?" Angustiado, con voz más alta dijo: "¡Que corras te va a volver a matar!" Emprendí la carrera más desesperada de mi vida... al atravesar la casa abandonada tropecé con un alambre de púas, caí al suelo raspándome la rodilla... volteé, el asesino se había dado cuenta y venía hacia mí corriendo. Me levanté con dificultad. Sentía que mi cuerpo pesaba demasiado... seguí corriendo hasta llegar a la calle, las fuerzas me abandonaron y volví a caer, al levantar mi rostro vi que Verónica, la hermana de Carmen, venía corriendo hacia mí, me extendió los brazos y levantándome me preguntó asustada: "¿Que tienes Carmina? ¿Qué te pasó?

Qué extraño, sentí que una voz me ordenó venir a ti." Tras de mí, ese depredador también había tropezado con el alambre de púas, cuando llegó a la calle se devolvió despavorido al ver que estaban: Verónica, Camelia, y Nioro con sus novios. Ellos también venían llegando de una fiesta. Eran ex compañeros de la escuela. Me limité a contestar sus preguntas negando la violación. Marcos les dijo enojado a sus amigos: "Vamos por ellos, se pasaron de "lanza." Los otros jóvenes se quitaron las chamarras y dijeron decididos: "¡Vamos!" corrieron hacia el baldío que daba a la unidad deportiva… los buscaron por un rato, inútilmente.

Mis amigas me preguntaron si quería que le hablaran a la policía. Me negué, no quería que se enteraran de lo que me había pasado, además estaba aturdida, cansada, y adolorida, solo deseaba irme a mi casa a dormir, me dolía todo, el alma, el cuerpo. No quise que nadie me acompañara. Quería que todo y todos desaparecieran.

Me encaminé sola hacia mi casa. Al llegar a la esquina estaban las tres personas que me habían visto primero. Un joven amanerado se acercó a mí, preguntando: "¿Hey, eras tú la que estaba ahí con los hombres?" Le contesté cansada: "Si era yo." Con aparente preocupación dijo: "Vimos que saliste corriendo por el otro lado del baldío, ¿Qué te hicieron?" Yo seguí caminando, quería alejarme de todo eso, pero le contesté enfadada: "Me golpearon," Insistente y estorbado mi camino, me dijo: "Espérate ¿O sea que no estabas por tu propia voluntad?" Negué con cansancio, y seguí mi camino. Pero el joven interrumpía mi paso y con cierta expresión de pena me dijo: "Nosotros pensamos mal."Pasó una patrulla. Me negué a que la llamara, me sentía avergonzada de lo que me había pasado.

Cuando la patrulla se alejó, caminé a mi casa. No dije nada a mi abuelita, solo levanté la cobija de mi cama, me cubrí hasta la cabeza, quería huir, esconderme, de todo y de todos. Elevé una triste oración a Dios reclamándole. No entendía por qué había permitido que me pasara todo eso. Sentí que me escuchaba y un desvanecimiento vino sobre mí… desperté con el rostro angustiado de mi abuelita frente a mí preguntando preocupada: "¿Que te pasó hija? Dime ¿Qué te pasó?" Me dolía el alma y cada hueso de mi cuerpo; tenía las marcas de los dedos en el cuello; en todo mí rostro había pequeños puntos rojos, por la presión de los vasos sanguíneos al reventarse; los ojos con sangre; moretones en los senos y en las muñecas de mis brazos; mi cabeza inflamada por los golpes recibidos; la quijada adolorida con bordos y moretones. Ellos me golpearon mucho la quijada, y azotaban mi cabeza contra el suelo, para que perdiera la conciencia y dejara de gritar y defenderme… pero nunca dejé de gritar, ni de luchar, me defendí hasta la muerte… mi cuerpo… solo muerto lo tuvieron.

A mi abuelita le inventé una historia que me había peleado con una mujer muy brava, intentó creerme, pero cuando mi tío José Luís vio las marcas que tenía en el cuello, me dijo enojado: "Esto me huele a brabazo." Se fue a buscar entre los vagos de la colonia, pero nadie sabía nada, no habían sido ellos, sino los de la Valderrama.

A mediodía me levanté adolorida, aún traía la misma ropa, me metí al baño y me di cuenta que tenía sangre en mi ropa interior. Sentí una tristeza infinita por haber perdido mi virginidad de esa forma. Me parecía tan injusto, tanto que me cuidaba, no quería ser una mujer fácil como decían que era mi madre, y ahora me pasaba eso. Sentía que ya no valía nada. Estaba perturbada, de forma inconsciente pretendí comportarme como que no hubiese pasado nada… ignorando lo sucedido, minimizaba el daño sufrido. Me dirigí a casa de mi amiga Carmen, necesitaba hablar con alguien. Cuando llegué, me preguntó molesta: "¿Qué haces aquí? Mira como estas, vete a tu casa." Dándose la vuelta se encaminó hasta la recamara. Sus hermanas se acercaron interrogándome otra vez sobre lo sucedido. Susana la mayor, me dijo preocupada: "Mi hermana te vendió, denúnciala, trae mucho dinero, creo que se lo dieron los que te hicieron eso, ya tiene tiempo que no trabaja y ahora trae mucho dinero, te vendió, denúnciala, yo cumplo con decírtelo porque no quiero cargar con eso en mi conciencia."

Por alguna razón que no me explico, me negué a creer lo que me decía, la defendí, y le dije: "No creo, porque ella quería que me quedara a dormir aquí, no le hice caso." En eso se acercó Carmen y le preguntó molesta: "¿Sigues con lo mismo Susana?" Su hermana le respondió angustiada: "Es que fue monstruoso lo que hiciste, mírala, es una niñita todavía, yo sé que tú tuviste algo que ver con lo que le pasó." Seguí defendiéndola de las acusaciones, recordé que ella me había pedido que me quedara a dormir en su casa, y me dijo que me podía pasar algo malo. En ese momento no recordaba que el asesino le había dado un puño de billetes y ella se lo había metido a la bolsa de su pantalón. Pienso que tal vez, Carmen no deseaba que me pasara nada malo, pero se le hizo fácil guardarse el dinero y meterme a su casa a dormir, sin que me pasara nada, cuando vio que yo me fui y escuchó los gritos, no quiso llamar a la policía, por miedo a que la encontraran cómplice.

Crucé la calle hacia la unidad deportiva, les contaba a mis conocidos que me habían golpeado. Algunos se alejaron asustados, sospechando lo sucedido. Creo que en mi mente aturdida buscaba justicia en el lugar incorrecto. Estábamos viendo un partido de fútbol, de pronto noté que uno de los miembros del partido me miró con insistencia, como queriéndome reconocer. Era el asesino, me había reconocido, y yo a él. Salió de la cancha alejándose a toda prisa, mientras yo busqué en el suelo algo con que atacarlo. Solo encontré unos clavos oxidados. Mi amigo el "Jessy" me preguntó: "¿Qué te pasa? ¿Para qué quieres esos clavos?" Yo le contesté nerviosa y asustada: "Ese es el hombre que me atacó." El "Jessy" dijo extrañado: "¿Estás segura de que es el mismo? No creo que sea tan tonto de venir aquí, los que te hicieron eso han de estar escondidos."Dudé por un momento, pero cuando volvió a voltear a verme antes de atravesar la puerta del parque, desapareció mi duda, era él, estaba segura, no podía confundir ese neurótico rostro. Quise correr tras él y hacerle pagar lo que me había hecho, pero por alguna razón incomprensible, mis pies no respondían. Los sentía pesados y pegados al suelo… podía escuchar mis latidos… mi respiración se acortaba… sentí que las fuerzas me faltaban y solté los clavos... reaccioné cuando él "Jessy" muy conmovido me dijo: "Pobrecita, ya cálmate, mira, si estás segura que él fue, si quieres al rato le hacemos algo, pero tienes que estar segura, en este momento no estás bien, mejor vete a tu casa a descansar, luego hablamos." Después de un momento, reaccioné y me fui a mi casa.

Me metí en la cama y me cubrí hasta la cabeza, necesitaba, escapar de todo, y de todos. Pasaba horas en silenciosa oración, reclamándole a Dios lo que me había pasado. Me parecía injusto que después de todo lo que había sufrido en la vida, encima hubiese sido golpeada, estrangulada, violada, y atormentada en ese mundo de tinieblas. Le preguntaba a Dios en oración una y otra vez: "¿Por qué morí de una forma tan horrible Señor? ¿Por qué permitiste semejante brutalidad hacia mí Padre mío? ¿Por qué fui llevada a ese lugar de tinieblas? ¿Por qué volví Padre? ¿Por qué?" A mi parecer, no le había hecho daño a nadie, si acaso a mí misma, además si era por mi condición humana de pecado, Jesucristo ya había pagado por mis pecados, ¿Qué no debería ir al cielo? Ya era salva, Jesucristo me había redimido al morir por mis pecados en la cruz, y yo creí en Él, y su Espíritu Santo me selló. No comprendía, por qué cuándo le pedí que me sacara de ese horrible lugar ¿Por qué no me dejó entrar al cielo? ¿Por qué me había devuelto a este mundo? donde mi vida era tan miserable, e infeliz, ¿Que quería de mí? ¿Por qué me hacía esto? Me cansaba de llorar y reclamarle, y así me quedaba dormida, sintiendo a pesar de todo que Dios me amaba, consolaba…y hasta me arrullaba.

Un día al salir de la escuela, llegando a una esquina de la cuadra, salió el "Charo" a mi encuentro, diciéndome que se quería casar conmigo, que porque yo era virgen, y que él había sido el único, que aunque yo no le creyera, se había enamorado de mí. No podía creer que se atreviera a decirme semejante barbaridad. Empujándolo con todas mis fuerzas, le dije furiosa: "¡Me violaste idiotaaa! ¿Cómo crees que puede haber algo entre nosotros? Estás mal de la cabeza, asqueroso demente." Él "Charo" me dijo suplicante: "Ya te expliqué, me dijeron que me iban a agarrar a mí si no te lo hacía y tuve mucho miedo, mucho miedo, ni podía ni hacértelo del miedo, estabas muerta, bien muerta, yo te cerré los ojos con dificultad, tenías los parpados bien duros, y eso no es normal, estabas bien muerta… ¿Cómo le hiciste para volver? Por favor perdóname, después que te dejé escapar, ya me andaba con el "flaco," andaba como loco, me puso una "madriza," perdóname por favor… traigo un dolor aquí adentro que no me deja vivir."

Lloraba arrepentido, recordé que me había dejado escapar, que el perdón no se le niega a nadie… lo vi tan cobarde y despreciable, que le dije con firmeza: "Te perdono con una condición, imbécil, que no te me vuelvas acercar en mi vida ¡Idiota!" Empujándolo con toda mi fuerza, lo quité de mi camino. Él dijo con el rostro descompuesto: "Sí, empújame, pégame, hazme lo que quieras, mátame si quieres." Apresuré mi paso y le dije mirándolo a los ojos con todo el desprecio que me inspiraba: "No me sigas, ni te vuelvas a acercar en mi vida, si quieres que te perdone." Me alejé, deseando no volver a saber nada de él, nunca en mi vida.

Un sábado fui al club, ya por inercia, por un intento desesperado de pretender que no me había pasado nada y todo seguía igual… me encontré al "Temo," un ex compañero de la secundaria, muy respetado y temido. Se sentó conmigo muy serio y me dijo: El "Charo" me contó lo que te hicieron…anda muy mal, está como loco, me pidió que lo golpeara…y lo hice, me dio mucho coraje, tú eres mi amiga… lo más "loco" que dice, es que el "Flaco" te ahorcó…que te mató…dice el "Charo" que ya no tenías pulso, ni respiración, que él mismo te cerró los ojos, y que tú volviste de la muerte ¿Cómo estuvo eso?" Le contesté inexpresivamente: "Es cierto, pero no quiero hablar de eso." Los dos guardamos silencio por un momento…

luego levantándose de la silla me dijo: "Si quieres hacerles algo, cuenta conmigo, tú eres muy especial para mí ¿OK?" Y dándome la mano se despidió. Después lo volví a ver, insistía en hablar del tema, y yo me negaba, al final bromeó con una risa nerviosa diciendo: "Por algo volviste Carmina… algo vas a hacer… a los mejor un libro… jeje."

Los días se habían tornado muertos, grises, sombríos…totalmente apagados y tristes… mi vida estaba muerta… me levantaba de la cama hasta la tarde solo con tiempo de comer algo, e irme a la escuela nocturna, por insistencia de mi abuelita. Al siguiente día lo mismo, o muchas veces, ni lograba levantarme.

Mi hermanita Berenice llegó a pasar una temporada con nosotras, me ayudó un poco a salir de mi depresión el verla tan necesitada de atención. Intentaba jugar con ella y hacerla feliz por ratos, pero la mayor parte del tiempo me aferraba a cerrar los ojos a este mundo… dormía y dormía, y volví a dormir… y cuando no dormía, seguía con los ojos cerrados cuestionando a Dios y quejándome con Él. No volví a intentar contra mi vida, aunque todas las noches le pedía a Dios que me llevara de este mundo. Mi tío José Luís me había explicado que los suicidas se condenan. Ya sabía a dónde van los condenados, y por ningún motivo quería volver allá, deseaba irme, pero con Dios…

Los días muertos siguieron, uno, tras otro, y yo aun en mi cama, con los ojos cerrados, ahora escuchando música dejaba volar mi mente, fantaseando, que era otra muchacha…que vivía en otro lugar…que tenía una familia con padres y hermanos amorosos que me cuidaban mucho, y me daban todo lo que necesitaba; otras veces fantaseaba que era la artista que cantaba las canciones que escuchaba en la radio; o que me salían alas y viajaba a otros países, paseando en castillos y paisajes bellos, o que era una princesa viviendo en ellos, o que llegaba un hermoso príncipe azul y en una bella carroza explorábamos tierras lejanas tomados de las manos. Así dejaba pasar el tiempo… con los ojos cerrados… formándome un mundo imaginario… y en ese mundo imaginario, yo era feliz…o imaginaba que era feliz… eran sueños encadenados, uno, tras otro… formando una dulce realidad…de sueños vividos, en mi mundo imaginario.

8

Abuso destinado

꧁ꕥ꧁ꕥ꧁ꕥ꧁ꕥ꧁ꕥ꧁ꕥ꧁ꕥ꧁ꕥ꧁ꕥ꧁ꕥ꧁ꕥ꧁ꕥ꧁ꕥ꧁ꕥ꧁

Parecía que inconscientemente me exponía al peligro, o una fuerza maligna me dirigía... o me perseguía. Una noche al salir de la escuela nocturna, un joven guapísimo como de unos veinte, o vertidos años, bajó la velocidad de su auto a un lado mío. Bajando la ventana, me dijo con una sonrisa encantadora: "Súbete, te llevo a tu casa." Al voltear a verlo, me pareció buena persona, tenía un rostro amigable. Me sentía sola, mi casa estaba muy lejos, así que se me hizo fácil subirme al auto. Me preguntó dónde vivía, platicamos de nimiedades. Era muy educado, pero me pareció rara la ruta que tomó. Al notar mi inquietud, el joven me dijo muy tranquilo: "Solo voy a llevarle una medicina a mi tía y te llevo a tu casa, es que ellos se duermen muy temprano.

De pronto salió de la carretera y Metió su auto por el monte, sentí un golpe de miedo y pregunté intrigada: "¿A dónde vamos? ¿Dónde está la casa de tu tía? No veo casas por aquí." Él me dijo con una sonrisa malévola: "Tienes un cuerpazo, tú y yo nos la vamos a pasar muy bien, lo haremos por las buenas o por las malas, tú decides... yo por la malas soy muy, muy malo, puedes salir muy mal de esta...o no salir, jajá...tú decides." Sentí un frío paralizante en el alma, no podía creer que me fuera a pasar otra vez lo mismo.

Traté de convencerlo de que me dejara ir, argumentado, tratando de hacerle ver que no estaba bien lo que me estaba pidiendo. Estacionó el auto y se quitó la camisa. Inexplicablemente sentí que no tenía nada valioso porqué luchar, ya no era virgen, no quería que me golpearan, o me estrangularan otra vez. El joven repetía amenazante lo mismo, mientras desabrochaba mi blusa y besaba mi cuello: "Lo haremos por la buenas o por las malas, tú decides." Lo sentí entrar y salir de mí, lastimando mi carne, pero bloqueé mi mente viéndolo como un animal depredador, que si lo dejaba tomar un poco de mí, se marcharía sin lastimarme.

Ya estando en casa meditaba confundida, me desconocía ¿Por qué no me defendí? Era un solo hombre, tal vez habría podido con él ¿Por qué fui tan cobarde? Me desconocía. Al parecer era como si en el primer ataque hubiese perdido todo mi carácter, toda mi fuerza y valor.

A veces creo que la violación es también una especie de posesión espiritual demoníaca, solo la oración a Dios puede liberar y sanar el espíritu, si no el espíritu de la víctima se debilita, y va por el mundo poseído por legiones de demonios esclavizando su alma, dirigiendo su vida, destrozándola, y a veces usándolo para destrozar a otros. Mis pláticas nocturnas con Dios fueron sanando mis heridas, aunque no tenía respuestas aparentes a todas mis preguntas, sentía fuertemente su presencia al hablarle, su comprensión, su amor, su consuelo. Después de esos dos ataques terminé el año escolar con muy bajas calificaciones, abandoné los estudios, y busqué trabajo.

Seguí mi amistad con Carmen, ella tenía una amiga que le decían la "Güera" su primo era chofer de camión de carga. Nos platicó que viajaba seguido a Ensenada donde había muchas fábricas y trabajo, nos invitó. Necesitaba alejarme de Hermosillo, no estaba segura ni en mi casa, había tenido un problema con mi tío José Luís, y en la discusión me aventó con un martillo, golpeándome.

Ya tenía dieciséis años, de esa edad ya contrataban en las fábricas, así que me aventuré, en un viejo camión de caga salimos, Carmen, su novio, el chofer, la "Güera" y yo. El primo era un hombre grande, obeso, con los dientes podridos, muy desagradable. Cuando ya estábamos en carretera me enteré que ese hombre deseaba tener relaciones sexuales conmigo. Carmen y la "Güera" intentaban convencerme ofreciéndome dinero, pero me negué asqueada, ofendida de lo que me estaban pidiendo.

ENSENADA BAJA CALIFORNIA

Llegamos después de catorce horas de viaje, sin haber dormido. Íbamos apretados, e incómodos, no había camarote. Al llegar a la casa donde supuestamente nos hospedaríamos, la "Güera" regresó diciendo que sus familiares no nos aceptaron, y la maltrataron, así que tuvimos que rentar un hotel para dormir. En la tarde nos fuimos a un supermercado a comprar comida. Murmuraban maliciosamente algo entre ellos, pero no entendí en ese momento. Después de unos minutos en los que me distraje viendo unos cosméticos, los busqué con la vista y ya no los encontré.

Permanecí en ese supermercado hasta que lo cerraron con la esperanza de que fuera una broma. Me quedé afuera sentada en la banqueta, toda la gente fue desapareciendo una, a una...hasta que todo quedó solitario...con tristeza me convencí de que no volverían por mí...

Caminé buen rato sin rumbo fijo, sin saber a dónde ir, sin dinero, ni para llamar por algún teléfono público. Cuando me dolieron los pies me senté en la ventana de un local abandonado, a ver pasar los autos y la gente, luego levanté mi vista hacia la inmensidad del cielo estrellado, sabía que no estaba sola, busqué a Dios en oración, pidiéndole que me mandara un ángel que me ayudara. Tenía hambre, sed, frío, cansancio, miedo... y dolor en el alma... si alguien me podía ayudar era Dios.

Se acercaba caminando apresurada una joven como de unos dieciocho años, vestida toda de blanco. Parecía un ángel en la oscuridad de la noche. Me miró extrañada, y devolviéndose, me preguntó: "Disculpa, pero ¿Qué estás haciendo aquí a esta hora? Ahí se meten muchos vagos a drogarse, te puede pasar algo malo, además aquí no se para el autobús, y ya no hay, es tarde, ¿Lo estabas esperando?" Yo esperanzada de que ella fuera el ángel que le pedí a Dios, le platiqué todo lo sucedido. Verónica, era estudiante de enfermería y también era nacida en Sonora. No podía creer que me hubieran hecho semejante maldad.

Llegamos a una casa móvil, cenamos, me bañé, me prestó una bata y me regaló una camiseta para el día siguiente, preparó un sillón con cobijas y ella se acomodó en el otro. Conversamos un rato sobre su sueño de ser enfermera. Antes de dormir me dijo: "No tengo dinero en este momento, pero mañana te consigo para que compres el boleto de autobús a Tijuana, donde viven tus tíos, solo son dos horas de aquí."

Cuando desperté, Verónica ya andaba de voluntaria a una colecta de la cruz roja. Su hermana sirvió el desayuno y me dijo: "Tú eres la tercer niña que trae a la casa para ayudar, a veces me da miedo que traiga alguna persona peligrosa, pero en fin, ella está a tres cuadras de aquí, me dijo que te mandara para allá." Fui a buscarla para preguntarle si le podía ayudar en algo para que me diera lo de mi pasaje. Cuando la encontré, me saludó risueña, preguntándome si había desayunado, después le dijo a su compañera: "Mira ella es la muchachita de la que te hablé." La joven al principio me miró con desconfianza, pero una vez que le conté mi historia, se conmovió.

Entre risas nerviosas, y escondiéndose sacaron billetes de los botes de la colecta, me dieron lo suficiente para comprar un boleto de autobús a Tijuana. Verónica le dijo muy seria a su compañera: "Dios sabe que es para una buena obra." Con plena convicción le dije: "Tú eres un ángel Verónica, una bendición de Dios." Nos despedimos con un sincero abrazo, y me fui a tomar el autobús.

POPOTLA BAJA CALIFORNIA

La ruta Ensenada-Tijuana es bellísima, va por la orilla del azul mar del Océano Pacífico. El autobús llegó a una comunidad de descanso para americanos retirados, donde trabajaba mi tío Nico. Le di mis datos al seguridad, y caminé bajo las palmeras de la avenida hasta llegar al restaurante y crucé hacia el muelle, donde me senté a esperar a mi tío.

Ante el tranquilizante y arrullador oleaje del inmenso y azulado mar, la fresca brisa marina llenado mi ser, y la dorada puesta del sol iluminándome con sus últimos rayos, empecé a sentir consuelo, mi espíritu se regocijó, vi a Dios en la naturaleza y le agradecí por haber escuchado mi oración, por haberme librado del peligro, por haberme mandado ayuda a través de esa angelita, o enfermera, y por todo lo que hacía por mí. Estaba sumida en oración cuando llegó mi tío. Con rostro visiblemente preocupado me preguntó: "¿Qué te pasó hija? ¿Qué andas haciendo por acá tú solita? ¿Cómo llegaste aquí? Lo abracé, las lágrimas vinieron a mí sin querer. Le expliqué que me había perdido en Ensenada, me daba pena decir que mis amigas me habían abandonado. Dijo diligente: "Voy a avisar que me tengo que ir y te llevo a casa."

TIJUANA BAJA CALIFORNIA

Al llegar, lo primero que hizo fue avisar por teléfono a mi tía Loli. Al siguiente día recibí una llamada telefónica de mi abuelita, para decirme que ahí me quedara, que ella viajaría a Tijuana para verme. Me sentí feliz... amada. Cuando llegó mi abuelita, esperaba un pequeño regaño, me había marchado sin permiso, sentida porque mi tío José Luís me había lastimado. Ella me abrazó con ternura, y me dijo sonriente: "No sigas triste hija, estamos de vacaciones." Después de unos días, nos fuimos a la ciudad de Tecate, a casa de mi tía Carolina, me invitó a vivir con ella una temporada para que trabajara en una fábrica de chapas para puerta, donde solicitaban personal desde dieciséis años, mi abuelita se despidió, y cada quincena le mandaba mi sueldo completo.

HERMOSILLO SONORA

Se acabaron las vacaciones de verano y volví a Hermosillo. Entré a estudiar una carrera comercial para secretaria contable, pero solo terminé un año, mi abuelita hacía demasiados sacrificios para pagarme la colegiatura al terminarse mi dinero, además ya me había acostumbrado a ser independiente económicamente. Cuando le informé a mi abuelita, que me devolvería a trabajar a la frontera, se afligió, la vi triste, me duele haberle causado esa tristeza.

TIJUANA BAJA CALIFORNIA

Viajé a Tijuana con mi amiga Blanca, una joven mayor que yo, hermana de Carmen, llegamos con sus tíos, pero no nos recibieron bien. Blanca conoció un muchacho que nos consiguió un cuarto donde vivir, en casa de un anciano alcohólico y solitario que vivía cerca de la fábrica de ropa donde trabajábamos. Me sentía insegura en ese lugar. El cuarto tenía hoyos en las paredes y puertas. Yo insistía en regresar, pero Blanca, deseaba quedarse un tiempo más, pero no sola. No entiendo a ciencia cierta por qué, pero me porté abusiva con ella, si no sé hacia lo que yo decía, empezaba a amenazar con irme a Hermosillo, ella cedía a todo para mi beneplácito y cuando no lo hizo, la acusé con la supervisora de la fábrica de haberme desobedecido y hacer algo incorrecto. No debí haberlo hecho, actué de mala voluntad, porque me desobedeció, lo reconozco. A veces pienso que inconscientemente ahora intentaba ser yo la abusiva, por ser hermana de Carmen, otras veces pienso que en el fondo buscaba que nos despidieran, ya deseaba regresar a Hermosillo, extrañaba a mi abuelita y me sentía insegura en esa casa.

Nos regresamos después de un accidente de taxi, en el impacto me lastimé las costillas, la cabeza, y con el tablero me partí el labio… quedé aturdida por el golpe, sentí que un joven me sacaba del taxi porque se incendiaba. Me metieron en una camioneta y me llevaron al hospital. Pensaron que estaba muy grave por la sangre que salía de mi boca. Me dieron dos puntadas en el labio superior y vendaron mis costillas.

HERMOSILLO SONORA

Ya en Hermosillo, Blanca se negaba a hablarme, trataba de contentarla, pero me ignoraba, su indiferencia me lastimó, cansada de rogarle, yo también la lastimé pidiéndole que me devolviera los tenis de marca que le había regalado. Al siguiente día llegó a mi casa con una prima y sus hermanas Carmen, Verónica, y Minerva. Me pidieron los tenis, alegando que

Blanca los había mandado arreglar por lo tanto le pertenecían. Por no hacer el problema más grande, se los regresé. De todas formas me insultaron, Carmen me gritaba: "Por todo lo que le hiciste a mi hermana, ahora voy a decir quién eres, tan santa que te crees y ya no eres virgen, que todo el mundo sepa que ya no eres virgen." Gritaba fuerte para que todos los vecinos escucharan. Salió mi abuelita enojada, gritándole: "Cállate india panzona, tú que puedes saber ¿Acaso le serviste de colchón?" Ella le contestó irrespetuosa: "Pues yo sé cuándo, dónde, y cómo (la violación), además usted no se meta ya está muy viejita, el problema no es con usted." Sentí que la sangre me hervía, le estaba faltando el respeto a mi abuelita, la tolerancia que había tenido hasta ese momento se esfumó. Tomé una varilla de metal, y salí decidida a callarla. Mi abuelita se interpuso en la puerta, jalándome la varilla me decía preocupada: "No hija, no vale la pena, es basura revoltosa, no te ensucies con ella." Vi su carita suplicante y le solté la varilla. Mi abuelita cerró la puerta, diciéndome: "Yo no le creo nada a ella hija, siempre te ha tenido envidia, pero tú no entiendes." Me sentí bien por su comprensión y porque salió valiente en mi defensa, los vecinos no importaban mucho, solo la opinión de mi abuelita me preocupaba. Preparó un té, y nos sentamos a disfrutar de nuestra novela favorita, comentando sobre los protagonistas.

Trabajé en una zapatería un tiempo, los fines de semana salía a bailar, un día conocí a una joven madre soltera que me invitó a una disco muy exclusiva. Se sentó en nuestra mesa un hombre guapo, maduro y muy elegante, muy interesado en mí, haciéndome preguntas personales sobre mi familia, luego me ofreció dinero a cambio de sexo. Me negué ofendida. Ante mi reacción, dijo que era una broma y empezó a secretear con mi amiga.

La mujer me trajo una bebida. Al tomarla me sentí un poco extraña, de inmediato les dije que iría al baño. En cuanto me levanté, me di cuenta que me habían drogado, conocía el efecto del alcohol, y esto era algo diferente. Mi "amiga" me alcanzó en el pasillo, queriéndome sacar del lugar, la rechacé con violencia, y al darme cuenta que no tenía fuerzas para lanzar golpes, encajé mis uñas en su brazo y en su cara para que me soltara. Sabía que ella tramaba algo en mi contra... deteniéndome de las paredes, viendo borroso y pidiendo ayuda, con la lengua pesada y con torpeza, llegué al baño de mujeres. Les decía desesperada a las demás jóvenes "Ayúdenme la bebida tenía pastillas, ayúdenme por favor." algunas me ignoraban, o no me entendían y me miraban con desconfianza. Me provoqué un vómito en la taza del baño. Seguí pidiendo ayuda, solo una joven se compadeció de mí y acercándose me preguntó cómo me podía ayudar. Le dije que me subiera a un taxi seguro. En el trayecto luché por no caer dormida, en mi mente pedía fortaleza a Dios y le agradecía.

Sentía que tenía que huir de Hermosillo, parecía que una fuerza maligna se había instalado en ese lugar, y me perseguía e intentaba dañarme, destruirme, poseerme través de personas. El abuso sexual es la forma más efectiva de destruir a una persona… el enemigo lo sabía, por eso me persiguió desde mi nacimiento, a través de sus esclavos… los ladrones de inocencias.

TIJUANA BAJA CALIFORNIA

Con mi amiga Graciela viajé a Tijuana. Llegamos a casa de mi tío Nico. Entramos a trabajar a una fábrica de partes para computadoras. Con nuestra primera quincena rentamos un cuartito, y los fines de semana salíamos a bailar a las a tardeadas de "La Odisea 2000," no vendían alcohol, solo bailábamos. Ahí conocimos a Mario y Efrén, paisanos sonorenses de Obregón. Nos gustaron y nos hicimos novios. Después de un corto romance, Mario confesó que me había sido infiel con mi amiga Graciela, que ella lo acosaba porque quería que me dejara para que anduviera con ella, que lo había amenazado con contarme lo que había pasado entre ellos, por eso prefería decírmelo él, que me quería, que lo perdonara. Sentí que se desmoronó ante mis ojos la poca confianza, e ilusiones que nacían en mí. Sabía que mi amiga era sexualmente promiscua, y que había actuado así con otras amigas, pero nunca pensé que me traicionara a mí. No sabía que me dolía más, si la traición de Mario, o la de Graciela.

Llegué al cuarto e hice maletas, al llegar Graciela me preguntó nerviosa: "¿A dónde vas? ¿Qué pasa? ¿Porque me miras así?" La tomé del cuello y la estrellé con fuerza contra la pared, mirándola con dureza le dije: "Tu sabes lo que pasa, ya Mario me contó." Me había vuelto algo agresiva desde la golpiza que me dio mi madre. En un principio me volví defensora de los débiles, pero por mí misma nunca había buscado pleito, hasta entonces, me consideraba una joven muy racional. Graciela lloraba negando lo sucedido, sin que le diera detalles, era muy tonta para mentir… la solté con desprecio, volví a Hermosillo melancólica, a refugiarme con el cariño de mi abuelita. Había ahorrado algo de dinero, con lo que permanecí por un tiempo sin trabajar… no había trabajo.

Sufrí otros abusos en mi infancia y adolescencia que no cuento aquí, por ya ser innecesarios. Parecía que una fuerza maligna insistía en poseerme, dañarme, destruirme a través de diferentes personas. Todo era un aprendizaje cruel de la vida, no llegaba a la mayoría de edad, y ya había aprendido en mi propio cuerpo, que la maldad no tiene rostro, ni edad.

Volví a Tijuana, a casa de mi tío Nico. Busqué trabajo de mesera, me habían dicho que las meseras con cuerpo bonito ganaban mucho dinero en propinas. Renté un cuartito, así permanecí por un tiempo, solitaria, trabajando y ahorrando. Un día me encontré a mi primo Javier, y me informó que mi abuelita estaba enferma, que había viajado a buscarme a Tijuana, al no encontrarme se había regresado a casa.

HERMOSILLO SONORA

Al llegar a Hermosillo, vi a mi abuelita más delgada y pálida que nunca. Vino hacia mí con sus bracitos extendidos y temblorosos, diciendo llorosa: "Pensé que ya no te volvería a ver hija, nunca habías durado tanto tiempo sin venir, estoy enferma, ya no te vayas, ya no voy a durar mucho." Besando su cabecita le expliqué parte del motivo que me hacía escapar de Hermosillo: "Quería ahorrar más dinero para no estar yendo y viniendo tan seguido, por eso duré más tiempo, pero ya no me voy a ir, me voy a quedar aquí para cuidarte mamita."

Entré a trabajar en un centro comercial de cajera, ya tenía la edad suficiente. Al poco tiempo la enfermedad de mi abuelita se agravó y una noche llegué a casa y ya no estaba, se la habían llevado a casa de mi tía Loli para cuidarla mejor. Me sentí abandonada en esa casa sola, vi su cama vacía, su Biblia abierta a un lado, no había comido el batido de vegetales que le hacía antes de irme a trabajar. Sentí una gran tristeza, algo en mí me decía que ella ya no volvería, dormí sintiéndome más sola que nunca. Se apagaba su vida, se extinguía el ser que más me había amado en este mundo. Mi tía me pedía que me fuera a vivir a su casa, pero me negué. Creo que estaba tontamente celosa de que se la hubiera llevado, aunque por otro lada sabía que estaba mejor cuidada.

Llegó la época navideña, me sentí tan sola y melancólica que acepté la invitación de mis compañeras a la posada de la empresa. De pronto veo un rostro conocido… era el violador del auto. Cuando me vio su rostro cambio radicalmente a un nerviosismo tan evidente, que mis compañeras me dijeron: "Hey mira lo impactaste Carmina, no te deja de mirar, mira como lo pusiste, bien nervioso, quiere bailar contigo, mira te hace señas." Muy asustada, sin saber cómo reaccionar les dije: "Yo no voy a bailar con él, por favor no me dejen sola con ese estúpido." Mis amigas se extrañaron de mi reacción, ya que el hombre era uno de los jefes, y muy guapo. Las jóvenes me preguntaron extrañadas: "¿Por qué? ¿Qué te pasa?" Ya no oculté la verdad, les dije atropelladamente lo que había pasado. Él se venía acercando para intentar evitar que yo hablara. Una de mis amigas me dijo: "Te va a sacar a bailar, acepta, de aquí lo vamos a observar disimuladamente a ver qué hace."Con cierto temor, acepté, cuando empezamos a bailar, él se adentraba entre la gente que bailaba en la pista nervioso, yo le reclamé todo lo que me había hecho, y él me suplicaba que por favor no dijera nada, me ofreció dinero, y ayudarme en la empresa, lo rechacé. Mis amigas vieron toda la escena, dijeron que su rostro lo decía todo, se convencieron de que era culpable. Pero una denuncia ya no procedía. El violador era casado, una de mis amigas conocía a su esposa, dijo que siempre se veían muy enamorados, que lo acusaría con ella de que era un violador. Es difícil creer que un hombre feliz, guapo, y exitoso, sea capaz de cometer semejante vileza. La maldad es indescifrable a simple vista, eso ya lo había aprendido muy bien.

Mi abuelita sabía que iba a morir, a todos sus hijos les dijo que no me desampararan. La vi un día antes de su muerte en el hospital, le di su comidita, la peiné, mientras platicábamos recosté mi cabeza sobre ella, acarició mis cabellos aconsejándome cariñosa dijo: "Hija, ya me voy a morir, probablemente vas a quedarte sola, tienes que ser muy fuerte, Dios me concedió el deseo de vivir y verte convertida en una mujercita trabajadora y esforzada de dieciocho años, siempre se lo pedía en mis oraciones, tienes que ser muy fuerte y siempre encomendarte a Dios, en todo lo que hagas, ¿Sí?" Le dije muy segura: "Sí mamita, pero tú te vas a aliviar, nos vamos a ir a casa, solo tienes que comer bien y tomarte tus medicinas, te vas a aliviar." Murió en la madrugada…

Mi tío José Luís fue a darme la triste noticia. Me quedé ahí, perpleja, sin saber que decir, algo en mí me decía que no pasaba nada, que no era cierto. Dormí tranquilla y al amanecer, me fui al trabajo. Platicando con una compañera de la empresa, le conté lo que me había dicho mi tío, pero que yo no sabía si era cierto. Se dieron cuenta que no andaba bien, y me dijeron que debía buscar a mi familia. Caminé extrañamente tranquila en ese estado, rumbo a la funeraria. Durante el sepelio, misa, y entierro, sentía como si solo fuera la espectadora de una película.

Después del entierro nos reunimos en casa de mi tía Elena. Habría reunión familiar para tratar un asunto muy importante, pero me fui a recostar, no me interesaba nada, para mí ya nada era importante. Seguía sumida en esa rara apatía, con mis emociones dormidas, extrañamente, relajada y serena. Recostada en la recamara de mi primita Nidia, sentí que abrieron la puerta. Mi tía me dijo: "Carmina ¿Qué haces aquí? ¿No te dije que tenemos reunión familiar? Vamos a tratar un asunto muy importante, anda levántate, ya estamos todos, solo faltas tú." Le contesté adormilada: "Ya sé, pero no me interesa, discúlpenme, después me cuentan." Insistió, e insistió. Nos dirigimos a la elegante sala, donde solo sobraban dos asientos.

Yo era el asunto importante de la reunión… me pidieron que decidiera con quién deseaba ir a vivir. Hubo un largo silencio, mientras escudriñaba sus rostros… unos miraban el suelo, otros tenían una expresión de angustia y preocupación. Cuando observé el rostro de mi tía Loli, ella afirmó con la cabeza, con una sonrisa de aceptación, pero yo ya había sufrido muchos desprecios con mis primos, temí volver a pasar por eso, así que seguí con mi recorrido visual; cuando llegué al rostro de mi tía Carolina, también acertó con la cabeza, pero con cierto titubeo nervioso; observé a mi tío Nico, estaba triste, resignado acertó con su cabeza; todos los demás miraban el piso, un tío no soportó la angustia, y dijo desesperado: " ¿Con quién Carmina?¿Con quién te quieres ir? ¡Dinos ya!" Tomé aire, y les dije serena: "Les agradezco a todos su ofrecimiento, pero ya tengo dieciocho años, ya soy mayor de edad, desde muy chica trabajo, soy independiente económicamente, así que puedo salir adelante sola. A casi todos les volvió el color al rostro, respiraron tranquilos, y sus facciones se relajaron. Un tío abuelo protestó, diciendo que no estaba de acuerdo que una muchacha tan joven viviera sola, que era peligroso. Algunos le dijeron que tenían que respetar mi decisión, otros lo ignoraban y se portaban comprensivos conmigo diciéndome, que yo era muy trabajadora, muy madura. El tío abuelo se enojó mucho, dijo que él era el mayor de la familia, la cabeza, y que no estaba de acuerdo, empezó a gritar. Dijeron que estaba borracho, y todos respetaron mi decisión, dispersándose.

Por unos días viví sola, pero sin mi abuelita era tan triste esa casita, hasta su jardín la extrañaba, ya no florecían los rosales. En el trabajo me despidieron sin razón aparente. Decidí irme a Tijuana. El buen primo "Chico" y mi tía Elena me llevaron a la estación de autobuses, y dándome una ayuda económica, se despidieron tristes, presentí que iba a pasar mucho tiempo sin verlos… fueron nobles conmigo.

TIJUANA BAJA CALIFORNIA

En Tijuana inmediatamente encontré trabajo y fui entrenada como asistente dental. Mi tío Nico me recibió muy bien, pero a mi tía Manuela y a mi prima Sandra las noté más distantes, salían a pasear y no me invitaban, ya casi no se comunicaban conmigo, me ignoraban. No había rentado porque me sentía muy sola, deseaba recuperarme del duelo antes de irme a vivir sola. Hice amistad con una de sus amigas, Alma, una madre soltera. Vivía en la misma cuadra, a veces le cuidaba sus niños y me quedaba a dormir en su casa. Un día después de dormir en la casa de Alma, al entrar a casa de mi tía, mi maleta estaba en la sala, y ella diciendo: "Llévate tu maleta estoy haciendo limpieza general." Ella sabía que yo no vivía con Alma, solo me quedaba a dormir de vez en cuando. Me estaba corriendo. Sentí un golpe en el pecho, tomé mi maleta y me fui a casa de Alma.

Después de unos días mientras dormía una siesta, en mi día de descanso, el hermano de Alma, entró a la recamara y me tocó un seno. Al sentir la agresión, desperté furiosa, tomé su mano con fuerza, y la torcí mirándolo con todo el desprecio que me inspiran los abusadores, lo insulté, ante sus quejidos, lo solté, y huyó asustado. Alma no me creyó al principio, dijo indignada: "Estas loca has de haber soñado, mi hermano es un hombre muy guapo, su novia es preciosa, ellos tienen relaciones sexuales, no tiene necesidad, soñaste." Cuando Alma habló con su hermano, el joven confesó, diciendo que fue al cuarto a recoger unas cosas que había dejado cuando vivía ahí, que yo estaba dormida con los brazos hacia atrás, y que mis senos casi se salían del escote, que no pudo aguantar la tentación y me tocó, pero que ya había pagado su error, porque yo era muy agresiva y le lastimé mucho su mano. Alma me dijo muy seria que la disculpara, pero que me tenía que buscar otro lugar donde vivir. Había gastado casi todo mi sueldo en ropa, no me alcanzaba ni para pagar un cuarto de hotel.

Me encontré de pronto en la calle, sin tener a donde ir, ni a quién acudir. Fui a buscar a mi amiga Graciela, a un club donde me habían dicho que trabajaba de bailarina. Me recibió R.V. el gerente del lugar, hombre maduro, atractivo y encantador. Me contó que Graciela se había casado con un americano y vivía en Carolina del Norte, escuchó paciente y comprensivo mi historia, al final me invitó a vivir en su casa. Me inspiró confianza, además no tenía mejor alternativa. Me respetaba, pero no ocultaba su interés en mí.

Nunca había conocido un hombre tan guapo, inteligente, culto, y respetuoso, a pesar de sus cuarenta idos años, era jovial. Su mirada era un verde océano profundo y misterioso en el que me sumergía... no podía calcular su edad ya que no tenía ninguna arruga, creí al principio que tenía si acaso unos treinta años. Nos hicimos pareja, con él conocí el sexo, aunque no el amor. Su estilo de vida era muy bohemio, empecé a vivir una vida muy agitada, le gustaba que me vistiera muy sexy y presumirme con sus amigos en los bares... yo trataba de agradarlo en todo, además notaba con complacencia, el poder que ejercía mi sensualidad y facilidad de palabra en la gente mayor. Él tenía muchos amigos, de diferentes niveles socioeconómicos y culturales, desde políticos, empresarios, gente de la farándula, mafiosos, policías, vagos, travestís, a todos trataba con el mismo encanto que lo caracterizaba, a pesar de que su familia su puestamente era de abolengo, él no hacia diferencias. Mi vida dio un giro total... pero en la misma línea de abuso.

Creía que no podía embarazarme... R.V. estaba feliz, dejé de acompañarlo a sus parradas... me compré un libro sobre cuidados prenatales porque amé a mi bebé desde que me enteré de su existencia en mí, y oraba a Dios pidiéndole que todo saliera bien. El recibir a ese angelito sonrosado en mis brazos, fue el momento más feliz de mi vida, pasaba horas arrullándolo, sintiéndome intensamente feliz y completa, su dulce sonrisa y sus ojitos era dos tiernos luceros que iluminaban mi vida, con él recibí todo el amor que me faltó, sentí que fue la recompensa a todos mis sufrimientos y agradecía a Dios todos los días.

Negros acontecimientos empezaron a empañar mi felicidad. Una tarde, cuando el bebé tenía dos años, R.V. y yo fuimos a una de las fiestas de su primo, un júnior excéntrico y homosexual que celebraba su cumpleaños. Ahí vería una de las peores escenas que he visto en mi vida: Era tarde, R.V. dijo que dormiríamos ahí, que ya había avisado a mi cuñada que cuidaba el niño, porque no quería un accidente por ebriedad. Me extrañó, nunca faltábamos a dormir a casa. Molesta insistí: "Tenemos que recoger al niño, además yo ya estoy cansada ya no deseo seguir esta fiesta y no puedo dormir si no estoy en mi cama." R.V. insistió y su primo vino a mí con dos pastillitas, diciendo meloso: "Es mi cumpleaños y yo mando, abre la boca, estas pastillas son muy buenas para dormir, anda, anda vete a dormir." Me negué, pero él insistió diciendo: "Es mi cumpleaños no seas "aguafiestas," abre la boca." Ya todos estaban volteando a verme, R.V. también insistió, diciendo: "Tómatelas para que te duermas, nosotros todavía vamos a seguir la fiesta rato." Fernando metió dos pastillitas en mi boca, al sentirlas las acomodé bajo mi lengua, me despedí, y caminé hacia la recamara de huéspedes, al cerrar la puerta las escupí. Por nada del mundo pierdo la conciencia, la vida me ha hecho muy desconfiada. Recostada meditaba, preocupada por mi niñito.

En la madrugada apagaron la música, dando por terminada la fiesta. Al rato entró R.V. a la recamara, por un momento. Luego salió cerrando la puerta con cautela. Después de pasar un tiempo, me extrañó su ausencia, salí a buscarlo... pasé por la sala, todo estaba en silencio ya... una joven lesbiana dormía en el elegante sillón... fui por el pasillo del baño, no estaba ahí... de la recamara de Fernando, se escucharon unos quejidos... abrí asustada la puerta... ante mis ojos se presentó una de las escenas más impactantes que he visto en esta vida... estaban desnudos en la cama en pleno acto homosexual.... sentí un golpe en el estómago y cabeza... me pareció abominablemente asqueroso y antinatural... Su primo se cubrió hasta la cara con la sabana... R.V. brincó de la cama vistiéndose apresurado y me gritó enojado: "¿Qué haces aquí? Sal de aquí, vete." Asustada corrí, tomé mi abrigo y mi bolsa, salí a la calle y me le atravesé al primer auto que pasó. El chofer se detuvo, me metí cerrando la puerta con seguro, mientras R.V. salía gritándome.

El hombre me preguntó asustado: "¿Que te pasó muchachita, que te hicieron? No sabía que me hicieron, solo sabía que tenía que huir de ese lugar, me dolía la cabeza, el estómago, y el corazón. Estábamos en una zona residencial, sin trasporte público, así que le pedí que me llevara a la calle principal para tomar un taxi. El chofer siguió hablando, pero yo no podía prestar atención, en mi cabeza se repetía una, y otra vez la asquerosa escena, golpeado mis sentidos, turbándome el alma.

Legué a casa de mi cuñada contándole lo sucedido, no supo que decirme al principio, estaba tan impactada como yo. La invité a orar, necesitaba dirección divina. R.V. vino después a buscarme, diciendo con solemne seriedad: "Mi niña aunque no lo creas eres la única mujer que yo he amado, he tenido muchas, tu sabes la fama que tengo, lo que viste con mi primo solo fue una locura, estaba borracho, pero no quiero que me dejes, debemos seguir juntos por el niño, tu puedes seguir tu vida de soltera, hasta te voy a dejar que tengas novio si quieres, yo no te voy a tocar si no lo deseas, pero vuelve conmigo, me voy a alejar de los vicios y de los amigos." No le creí nada de lo que me dijo, pero a pesar de todo, tenía la idea fija que mi hijo habría de crecer con sus padres, intentaba evitarle esa sensación de abandono y de soledad que sufrí, así que acepté.

Al principio R.V. se esmeraba en su comportamiento, pero después de un tiempo, teníamos discusiones, venía de su trabajo en la madrugada, con "Kike," un narco, jugaban a las cartas, embriagándose y usando cocaína. Me encerraba en la recamara con mi niño. Una noche R.V. me despertó asustado, me dijo: El "Kike" se está "pasando" ayúdame. "Corrí a verlo, estaba tirado en el suelo con las muñecas y los dedos de las manos retorcidas. Pedí que llamara a la ambulancia, mientras intentaba reanimar al obeso hombre, dándole masaje cardiovascular (resucitación). R.V. le metió unas pastillas en la boca. Hice una oración, y su cuerpo se aflojó... estaba en las manos de Dios. R.V. se negó a llamar a la ambulancia, dijo que nos podían meter a la cárcel. No tenía teléfono a la mano y no me dejó salir de mi recamara. En la tarde el "Kike" despertó como si nada. Todo eso me hizo tomar una decisión, debía alejarme de ahí, temía que mi niño creciera en ese ambiente. Planee todo para abandonar a R.V. pero sucedió algo que cambiaría mis planes...

Una mañana después de desayunar, R.V. me dijo muy triste: "Tengo algo que decirte mi niña, tu sabes que desde los doce años fumo... últimamente he tenido una tos con sangre que no se me quita, por eso me hice unos estudios... tengo cáncer pulmonar." Sentí una punzada en el corazón y los ojos pesados de lágrimas, comprendí que le tenía amor, como un familiar, como a un padre, no sé... deseaba sacarlo de mi vida pero no de esa forma, no deseaba que muriera, deseaba que fuera feliz en su mundo. Dejó de trabajar, el doctor le prohibió los clubs nocturnos, por el humo, él nunca ahorró para una emergencia, en ese tiempo era muy orgulloso para pedir ayuda de su familia, o amigos... así que fui yo, quién pagó trabajado de bailarina exótica, su costoso tratamiento.

Empezamos la lucha contra el cáncer en la clínica de Francisco Contreras, uno de los mejores oncólogos de México, ex compañero escolar de R.V. nos dio esperanzas, ya que el cáncer solo estaba en el pulmón izquierdo. R.V. se enfrentó con valentía al cáncer, fue disciplinado con su tratamiento de radioterapia, quimioterapia, y medicina alternativa.

Todos los fines de semana me desvelaba trabajando para pagar el tratamiento y los gastos de la casa, él cuidaba a mi niñito. No me pesaba, pero sí era difícil el ambiente nocturno, era muy joven y sentía que me enfrentaba a una parvada de lobos, dispuestos a destrozarme si me descuidaba. Me comportaba encantadoramente agresiva, para disfrazar mi temor. En la danza sacaba toda mi fuerza y agresividad, quería que me percibieran poderosa e inalcanzable, para no ser lastimada. Desarrollé muy bien mi personaje… y funcionó.

Llegaba en la madrugada a mi casa, mi espíritu sufría intensamente ese doblez. Oraba a Dios pidiéndole que cambiara mi vida, que resolviera mi situación económica, pedía perdón por haber tenido conductas inmorales, pero me justificaba pensando que todo lo hacía por mi niñito, y daba gracias a Dios por ese angelito que compensaba todos mis sufrimientos, rogaba por él para que nunca sufriera lo que sufrí, pasando buen rato enumerando los posibles peligros y rogando lo librara de eso… y lo hizo.

Por un tiempo estuvimos bien, me convertí en una de las estrellas del club, la danza se me daba de forma natural, eso solucionó la parte económica, pero después la situación se tornó insoportable. R.V. se volvió adicto a los medicamentos controlados, tenía varios doctores que le surtían recetas, así podía tener suficiente, inclusive para vender, o intercambiar por otras drogas. Ya no sabía qué hacer, todo se me salía de las manos, no le podía exigir que dejara la droga, sufría de dolor de cáncer, y esos medicamentos lo mantenían estable.

El trabajo de bailarina, era el único trabajo que me daba suficiente para vivir bien. Con dos noches de trabajo a la semana, ganaba para mantener los gastos de la casa, el tratamiento de R.V. y además podía pagar mis estudios y los de mi niño en colegio particular. Estudiaba para analista de sistemas computacionales, deseaba salir de esa complicada existencia, donde mi único consuelo y felicidad era mi niñito.

Resucitada

9

Es tuyo Señor

"Y después de esto derramaré mi Espíritu
sobre toda carne, y profetizarán vuestros hijos y vuestras hijas;
vuestros ancianos soñarán sueños, y vuestros jóvenes verán visiones."Joel 2:28

Un día conocí a David, un extraño y enigmático americano, con el que se podía entablar interesantes conversaciones, hicimos buena amistad. En una ocasión mientras conversábamos en un bar, experimenté una visión. Me vi con un libro sobre mi cabeza, y una guitarra en mi mano, vi primero a un lado, un mar de gente odiándome y queriéndome destruir, luego vi que del otro lado, había otro mar de gente que estaba conmigo. Me asusté, cerré los ojos y seguía viendo lo mismo, guardaba silencio pensando que David había hecho algo para que tuviera esa visión.

David después de unos segundos, asustado preguntaba de lo mismo que yo veía: "¿Qué es eso? ¿Quién es? ¡Eres tú! ¿Qué haces en esa visión? Esa gente está furiosa ¿Qué hiciste? ¡Cuidado! te quieren dañar... pero tú estás bien, hay mucha gente contigo...algo te protege ¿Dios? ¿Y ese libro? ¿Qué libro es? ¿Una Biblia? ¿La lees?" Le contesté: "No, no la leo desde niña." David preguntaba y preguntaba: "¿De qué es ese libro? ¿Y la guitarra? ¿Tocas la guitarra? ¿Lees La Biblia?" Yo veía la visión atemorizada y pidiéndole a Dios que me librara del mal. Le contesté impaciente a David que seguía, y seguía preguntando: "Ya te dije que no, yo no sé nada de música, solo bailo y no leo La Biblia ¿Qué me hiciste David? ¿Por qué estoy viendo esto?" David dijo: "No, mira, no es una Biblia, esa visión nos está mostrando otro libro que dice Biblia... a ese otro libro no se le puede ver el título ¿Es tuyo? Está sobre tu cabeza ¿De qué es?" Yo le volví a preguntar intrigada: "¿Que me hiciste David?" Él dijo con firmeza: "La visión es tuya, no me culpes a mí, ¿Qué hiciste tú? ¿Quién eres? ¿Por qué estás en esa visión? Cerraba los ojos pero seguía viendo asustada la visión, rogando a Dios que me librara.

Todo volvió a la normalidad. Me levanté asustada y molesta con David. Creí que él había hecho algo para que experimentara esa visión. Me despedí dirigiéndome al estacionamiento, y él me siguió explicándome preocupado por mi reacción diciendo: "Yo no tengo nada que ver con eso, de verdad, es algo de Dios, a veces puedo ver el futuro... soy profeta... jajajá, un profeta muy perdido ¿Verdad? Jiji." Intentando cambiar la expresión de su rostro me dijo ya serio: "Mira, yo no lo pedí... pero se supone que tengo que explicarte la visión... pero no la entiendo jajaja... déjame pensar... déjame pensar...." Abrí la puerta de mi mustang, prendí el motor, David dijo: "Ese libro es tuyo." Me alejé, negándome a escucharlo. Después hicimos las paces, me intrigaba lo de la visión y deseaba saber más... lo dejé que me leyera las cartas... entre otras cosas David me dijo que yo sacrificaría mi hijo a Dios... me molesté, pero no lo tomé en cuenta al principio, era una locura... después lo aborrecí... mi niño era lo más sagrado que tenía, me ofendía que me hubiese dicho semejante locura y le comenté mi malestar a Víctor, un enamorado, quien le dio una paliza después, sin mi consentimiento.

Esporádicamente asistía a iglesias cristianas y a una donde se congregaba mi cuñada Abigail, pero me decepcionaban, pues nadie me podía ayudar a resolver mi situación, no había solución, estaba como atrapada en una vida que me desagradaba en mucho. Los dogmas de la iglesia no aceptaban mi trabajo, lo consideraban inmoral, e indigno, pero tampoco me daban un centavo para resolver mis necesidades económicas, ni me ofrecían trabajo, ni solución. Me hacían sentir desesperanzada. Sola y desamparada, lo único que amaba de mi vida era mi niñito, y sentía que estaba siendo afectado por nuestro estilo de vida. El niño ya empezaba a darse cuenta de todo. Le explicaba que su papito estaba enfermo de cáncer, y orábamos juntos, intentaba prepararlo. Ricardito era un niño muy especial, aprendió la oración de El Padre nuestro de memoria, a los tres años de edad... es un angelito.

Un día me dijo entusiasmado: "Mamita yo si soy el angelito de tu cabecera, como tú me dices, ayer lo vi como en una película en el aire, sí soy un ángel, sí soy mamita." Yo lo abracé, lo besé en su cabecita y le dije: "Si mi niñito, tú eres el angelito de mi cabecera." Era tan tierno, tan lindo... cuando dormía rogaba intensamente a Dios por él.

Un domingo, mi niño llegó de la iglesia muy contento y entusiasmado, ya tenía siete años, yo estaba en la cama desvelada. Solo trabajaba viernes y sábados pero hasta las cinco de la mañana, los domingos se me acumulaban las dos develadas y el cansancio, no tenía fuerzas para salir, pero mandaba a mi niño a la iglesia con su tía Abigail. Ese domingo, muy risueño trajo su sillita y se sentó a un lado de la cama, diciéndome: "Mamita, ya entró Cristo en mi corazón, y desde ahí me hace cantar, mira yo le puedo poner música a todos los salmos de la Biblia, mira." Abrió su Biblia, los leía a tono de canto, se veía muy tierno y lleno de gracia. Lo escuché por un rato, sintiendo que me arrullaba con sus dulces y angelicales cantos, luego le dije adormilada: "Ahora ve a la recamara de tu papá, y canta para él, para que escuche lo bello que lo haces. Ricardito corrió contento a cantarle a su papá. Al rato regresó corriendo con un radio en las manos, y me dijo: "Mamita nuestra canción está en la radio." Subió el volumen, y bailaba con un ritmo muy gracioso. Me llenó de ternura el alma, sentí que era una niño excepcional, él hubiera merecido una familia más feliz; sentí un deseo muy fuerte en mi corazón de expresarle cuanto lo amaba. Cuando terminó la canción, lo senté en mis piernas, lo besé, y le dije desde lo más profundo de mi corazón: "Tú eres el mejor niñito del mundo, tú te hubieras merecido una familia mejor, una mamita mejor, un…" Él se levantó, parándose frente a mí, interrumpiéndome diciendo con una dulce sonrisa: "Mamita ¿Qué estás diciendo? Tú eres la mejor mamita del mundo, tú eres." Me dio un beso que lo sentí en todo mi ser… le dije apesadumbrada: "Pero los fines de semana no te puedo cuidar bien, a veces te regaño, y una vez muy nerviosa te di unas "nalgadas" que tú no te las merecías ¿Recuerdas? ¿Me perdonas?" Sé que ese momento fue especial, preparado por la misericordia de Dios, para que no tuviera ningún remordimiento después, por lo que se avecinaba. Ricardito me contestó sonriendo con ternura: "Mamita ni me dolió, además como tú dices, estabas malita de los nervios… tú eres la mejor mamita del mundo…tú eres… sí." Empezó a bailar graciosamente, y me levanté a acompañarlo.

Al día siguiente, Ricardito regresó del colegio con calentura, dijo que le dolía la cabeza. Le di aspirinas para niño, y se acostó a dormir. Despertó llorando con fiebre. Estaba lloviendo muy fuerte, temí que empeorara si lo sacaba así, pensé llevarlo al día siguiente al doctor. Esa noche fue la más cruel de nuestras vidas. La pasé corriendo del refrigerador a la cama, orando y poniéndole compresas frías en la frente. Las calentaba muy rápido, y no le bajaba la temperatura, lo metí en agua, pero tampoco cedía esa fiebre. Su llanto me partía el corazón…. vi en sus ojos algo que me estrujó el alma… un trueno en el cielo golpeó mi ser con un presentimiento… como con un mensaje… fui a la recamara de R.V. y le dije alarmada: "El niño está muy mal, ven a verlo por favor." Levantando la cabeza con dificultad me dijo: "Mañana." Yo insistí desesperada: "Ven a verlo, mira sus ojos, está muy mal, por favor levántate." Lo tomé del brazo, sacándolo de la cama. R.V ya casi era un esqueleto, y se levantó con movimientos torpes, muy drogado. Lo ayudé para que llegara a mi recamara, inclinó su cabeza para ver al niño, y casi le cae encima al perder el equilibrio. Lo detuve y lo aventé enfadada... salió del cuarto diciendo con voz pasmosa: "Sssi, tiene caleeentura, cuáaando amanesssca lo llevaaamos con elll doooctor, no esssh naaada graaave." lo alcancé en el pasillo y le pregunté: "¿Viste sus ojos? Está muy mal." El volvió a decir: "no tieeene naaaddda." Vi su rostro desfigurado por la droga que se inyectaba... comprendí que estaba sola...

Volví con mi niño a cambiarle las compresas frías. Los rayos quebraban el cielo con sonora fuerza y la tormenta se desbocaba. Fue una noche fúnebre... donde el cielo entero cayó sobre mí. Al ver los ojitos de mi niño apagándose, sentí morir de angustia. Caí de rodillas pidiendo a Dios que le quitara ese sufrimiento, clamaba con todas las fuerzas de mi mente, mi corazón, y mi espíritu... coloqué mi mano derecha sobre su frente y al instante mi niño dejó de llorar. Su expresión se llenó de paz y le pregunté sorprendida: "¿Se te quitó el dolor mi niñito?" El volteó a mirarme y me contestó cansado: "Sí mamita." Contenta agradecí a Dios, y le di en su boquita algo de cereal... fue nuestra última cena...

De pronto sentí que perdía todas mis fuerzas y me desvanecía... luego sentí como si una oscura y colosal plancha me aplastara sin misericordia. No podía respirar de la opresión, ni podía moverme, ni oír, ni ver. Sentí morir otra vez de asfixia ante la fuerza de una presencia maligna. Creo que era el ángel de la muerte. En mi desesperación empecé a orar El Padre nuestro en mi mente... luego sentí que una pequeña mano tocaba la mía, creo que era mi niño, pero no estoy segura. Al instante se desvaneció esa oscura plancha, y quedé liberada ante una fulgurante luz. Oí un ruido como de muchos aplausos a Dios, y un viento fuerte golpeaba mi rostro. Eran las faldas blancas del Señor que se movían con fuerza, haciendo ese aire. Un gran temor se apoderó de mí ante su presencia. Cerré los ojos, y me postré a pedir perdón por todos mis pecados. Una, y otra vez le explicaba a Dios el porqué de mi comportamiento y errores, tratando inútilmente de justificarme... después de un tiempo ya no había ruido, ni viento... guardé silencio por un momento, asustada, esperando mi castigo... pero no pasaba nada... entonces abrí mis ojos, levanté lentamente mi rostro con temor... ¡Ahí estaba Dios!

Inmenso… del tamaño del cielo… abarcaba toda mi vista. Por un instante le vi una expresión como de divertido, como que no creía en mis justificaciones. Extrañada le pregunté: "Padre ¿No estás enojado?" Sus ojos brillaron con un amor tan grande como difícil de describir… pero es parecido a lo que sienten dos personas cuando se enamoran, que sienten un flechazo con la mirada y se llenan de amor, la sensación es parecida, pero multiplicada millones de veces más intensa y más puro el amor.

Quedé enamorada de Dios, pero amor de hija a Padre… su sonrisa y mirada me eran tan familiares… como si siempre hubiera estado conmigo… como si lo conociera de siempre. Dentro de ese éxtasis de amor, sentí como si Dios comunicara a mí ser mil cosas, y yo a Él, luego extendió la mano llamándome… deseaba ir, pero me dolía dejar a mi niño solo, le comuniqué preocupada: "Pero que hago con mi niñito Señor, está enfermo." Él movió la mano hacia mi niñito comunicándome: "Dame a tu niñito, yo me hago cargo de él." En ese instante volteé a ver a mi amado niño, y lo vi enfermo, apagado y moribundo. A pesar de que mi niño era toda mi vida y adoración, en ese éxtasis de amor que experimenté con Dios, comprendí que todo era de Él, no se lo podía negar. Así que sonriente le dije a Dios llena de amor: "Señor, es tuyo." Al instante vi como el alma de mi niñito se elevaba, resplandeciente como un angelito bello. Tardó unos segundos en llegar hasta Dios, y metiéndosele en el pecho hizo una explosión de luz…como un sol… por un momento solamente… luego ya no lo vi, solo el pecho de Dios, entonces pregunté asustada: "¿Dónde está mi niñito?" Dios me mostró que estaba dentro de Él, vi a través de su manto, como a través de un velo transparente, ahí estaba mi niñito, reía lleno de una dicha celestial, y flotaba dando graciosos giros. Creo que sintió que lo estaba buscando, o se acordó de mí, no sé, pero se acercó, y a través del manto de Dios, me buscó con la mirada. Al verme sonrió invitándome con su manita, haciendo señas. Todo se desvaneció en ese momento, pero alcancé a ver que había otras almas en ese maravilloso mundo de luz.

De pronto ya estábamos en mi cuarto, tirados en mi cama y mi niño decía asustado: "El Reino de Dios se ha acercado, El Reino de Dios se ha acercado, hay dos aros, mamita, hay dos aros (¿O oros?)." Desconcentrada por la visión y llena de temor, al principio quise creer que era un sueño, y que el niño hablaba por la fiebre. Acaricié su cabecita y le dije: "Tranquilo mi niñito, ya está amaneciendo y vamos a ir con el doctor, te vas a aliviar y después te voy a llevar a comprar el juguete que más te guste." El volteó a verme y me preguntó preocupado: "¿Mamá me voy a morir? Siento que me estoy quemando por dentro." Sentí que el corazón se me rompió en pedazos. Sabía dentro de mí que sí, que mi niño se iría al cielo, al seno de Dios ese día. Dios me había llamado a cumplir con una solitaria misión, y Él se haría cargo de mi niño. Inexplicablemente se lo había dado. Siendo que mi niñito era la razón de mi vida, mi adoración, lo único que tenía en este mundo... se lo di ¿Cómo era posible? No entendía que me había pasado. En mi mente clamé a Dios con un gran dolor en mi corazón: "Señor dame palabras ¿Qué le digo?" Y tomando su manita la besé, diciéndole con firmeza y convicción, mirándolo a los ojos: "No, no morirás, tienes vida eterna, Jesucristo te dio vida eterna, no morirás." Él se quedó muy serio, y dijo casi con voz de adulto: "Yo sé de lo que estás hablando mamá... sí, tengo vida eterna... Jesucristo me dio vida eterna."

En ese momento estaba muy impactada por la visión, y no me daba cuenta que mi niño también la vivió. Lo envolví en una cobija y salimos, R.V. manejaba, ya se le había pasado el embotamiento. Mi niño ya no lloraba, no sé si Dios le quitó el dolor, o le dio fuerza para tolerarlo, iba muy serio, consciente de su situación, pero sin fuerza para moverse, no había brillo en sus ojos, ni color en su piel, su cuerpo era como un cadáver inerte y pesado... sentía que cargaba el cadáver viviente de mi hijo. El espíritu de vida aún lo tenía en su carne, y de repente repetía: "El Reino de Dios se ha acercado." Creo que solo para anunciar eso, permaneció unas horas más en este mundo. R.V. lo escuchaba y Abigail mi cuñada, pero pensaban que estaba delirando por la enfermedad, no sabían de la visión que habíamos tenido.

Los doctores de ISTECALI rodearon al niño asombrados haciéndole preguntas, él contestaba correctamente a todas. No entendían el cuadro patológico de mi niño. Según los análisis que le habían practicado, el niño estaba siendo atacado por un virus o bacteria, que le estaba destruyendo de forma anormal todas sus venas, se estaba desangrando por dentro. Era parecido a la meningitis, pero mucho más potente y destructivo. Los niños que padecen de meningitis duran más tiempos enfermos con mucho dolor, dificultades en el habla, y después inconscientes antes de morir. Mi niño estaba muriendo sereno, y contestando a todo lucidamente. Nunca entendieron que pasó. Pero mi niño y yo sí. Me habían pedido que saliera del cuarto, yo estaba orando en el pasillo con el corazón destrozado, pidiéndole a Dios que me diera fuerzas para no enloquecer de dolor.

Resucitada

Como a las dos de la tarde salió un doctor a decirme, que no habían podido hacer nada por el niño, que todos los doctores del hospital lo habían visto, y estaban asombrados por que el niño había desarrollado una especie de anestesia interna para controlar el dolor, y que permaneció lúcido de forma incomprensible para ellos, ya que el virus que pensaban que lo había atacado, (meningitis) afectaba el cerebro. Después pensaron que pudo haber sido un virus o bacteria nueva, y alarmados tomaron medidas, cerrando el área del hospital, y mandando fumigar el colegio. Sí sabía en parte lo que había pasado, pero me encerré en mí misma en oración, mientras a R.V. le aplicaban un tranquilizante, gritaba desesperado: "Soy yo el que debe morir, yo soy el que tengo cáncer ¿Por qué él "Chuyito"? Soy yo el que tiene que morir."

Cuándo caminé por ese largo pasillo que me llevaría a la morgue donde yacía el cuerpo de mi único hijo, sentí que las fuerzas me abandonaban, mis pies se hacían más pesados en cada paso que daba... cuando llegamos a la puerta, me detuve un momento... cerré mis ojos, pidiéndole a Dios en mi mente, que me diera fuerzas para soportar el dolor, que aceptaba su voluntad, pero ahora necesitaba su ayuda, no podía con eso en mis fuerzas humanas, suplicaba que me diera valor para lo que verían mis ojos, y que me ayudara a comprender lo que había pasado, el por qué de esa visión, lo del llamado que me hizo, el por qué me pidió a mi niño, entender por qué me estaba pasando eso. No entendía completamente en ese momento.

Abrí la puerta con temor... ahí estaba mi niñito, en una camilla, cubierto hasta el pecho con una sábana blanca... inerte... por un momento pensé que no era real lo que estaba viendo... toqué su pecho... después acaricié su frente, su cabellito...sí, era mi niñito... le dije suplicante: "Despierta mi niñito ¿Sí? despierta chiquito... despierta mi niño bonito." Así permanecí por un rato rogándole que despertara. Extrañamente lo fui sintiendo calientito, y le dije a R.V.: "Mira está calientito ¿Por qué?" Lo tocó y le habló a la enfermera, quien dijo al tocarlo: Que raro que todavía esté tibio, a lo mejor porque tenía fiebre." Se marchó indiferente... seguí acariciando su cabecita... al besar su frente sentí amor, sentí que estaba ahí. Escuché su vocecita cariñosa entre triste y consoladora diciéndome: "Mamita." Ante esa expresión de amor, levanté la cabeza asustada. Volví a escuchar: "Mamita." Clamé a Dios diciendo en mi mente: "¡Oh Dios! me estoy volviendo loca... ayúdame Señor Jesucristo," volví a escuchar su vocecita cariñosa: "Mamita." Empecé a rezar El Padre nuestro asustada... salí por el pasillo con paso apresurado y vacilante…escuché otra vez su vocecita, más lejana ya, diciéndome: "Telepatía, mamita… telepatía." Me fui preguntándome ¿De dónde sacaba mi niño esa palabra? tenía siete años, pero sí, su voz la escuchaba en mi mente, no en mis oídos, como en telepatía.

En la visión, cuando Dios me comunicaba algo, no abría los labios, solo sonreía, comunicaba con una fuerza en su expresión, hacia mi mente. Era una comunicación divina, parecido a lo que nosotros llamamos telepatía. Por eso es importante la oración en la mente, en espíritu, porque es el lenguaje de Dios. Entonces mi niño trató de explicarme la forma cómo se estaba comunicando conmigo para consolarme, ahora lo sé, en ese momento estaba sufriendo tanto, estaba tan atribulada con lo que estaba viviendo, que no lo comprendí totalmente, solo sentía temor de enloquecer, por ese profundo dolor que laceraba mi ser. Porque era un dolor físico también, no solo emocional, sentía una herida viva y ardiente en mi pecho, como si me hubieran arrancado el corazón de un tirón, y me hubieran dejado un puñal.

Mi cuñada Martha me llevó a la funeraria más exclusiva de Tijuana, donde me explicaban los servicios que ofrecían y costos. Ella interrumpió diciendo que ya le habían explicado todo por teléfono y que estábamos interesados en una incineración, ya que el doctor lo había recomendado. Me horrorice cuando la escuché hablar. Grité llorando: "¡No, no quiero que quemen a mi niñito, no quiero!" Martha me dijo muy seria: "El dinero que tienes no te alcanza, solo para una incineración, además es lo más apropiado en estos casos." Desesperada le imploré: "Pero tú me puedes prestar, lo voy a pagar, te lo prometo." Volteó a ver a R.V. y le dijo seria: "No tengo, de verdad no tengo." El me abrazó y me dijo: "La incineración es lo mejor." Volví a gritar: "¡No, no quiero que quemen a mi niñito!" Martha me dijo enfadada: "Ya no está allí."Al ver sus ojos fríos y su rostro inexpresivo, me di cuenta con desaliento que estaba sola, nadie me ayudaría, y era verdad mi niño ya no estaba ahí, estaba en el seno de Dios.

Firmé con tristeza mi consentimiento para una incineración… lo único que podía pagar con mi poco dinero en esa elegante funeraria. Martha dijo diligente: "Eduardo puede hacerlo deducible de impuestos, la factura puede estar a nombre de él, y te puede regresar lo que pagaste." Eduardo era el hermano menor de R.V. esposo de Abigail. Nunca vi ese dinero. Ya no me importaba nada, quería terminar ese doloroso trámite para salir de ahí, e irme a la soledad de mi recamara a hablar con Dios, estaba devastada, desalentada. Pasé la noche orando, adolorida, pidiendo fortaleza, y así me quedé dormida.

Al velorio de mi hijo fue gente de sociedad, familiares y amistades de Martha y de R.V. De mi familia solo llegó mi tía Manuela con mis primos Javier y el "Güero," consolándome momentáneamente. Al siguiente día en la funeraria me dieron la cajita con los restos de mi niño, me subieron al Mercedes Benz de Marta, rumbo a la iglesia de su familia para una misa, y después al panteón. Ahí estaban casi todos los compañeritos del colegio, preguntando dónde estaba Ricardito y por qué yo no lloraba. Estaba muy adolorida, pero serena… mi conversación interna con Dios, me sostenía, aunque no comprendía la vida que me tocó vivir… sentía que de alguna forma, tenía un pie aquí, y otro en el más allá…

10

Efesios 6:11-12
"Vestíos de toda la armadura de
Dios, para que podáis estar firmes contra
las asechanzas del diablo. Porque no tenemos
lucha contra sangre y carne, sino contra principados,
contra potestades, contra los gobernadoresde las tinieblas de este
siglo, contra huestes espirituales de maldad en las regiones celestas."

Duelo, tribulación, y ataque

inieron los días más muertos y oscuros de mi vida, pensé que con el tiempo sería más soportable ese el dolor por la pérdida de mi único hijo, pero no fue así, caí en cama, sin ánimos para levantarme, solo deseaba morirme, era lo que le pedía a Dios con todas mis fuerzas, que me llevara con mi niñito, que tuviera misericordia de mi intenso sufrimiento. Era como si el dolor se hubiese instalado en mi pecho, sentía su peso, me ahogaba, me mataba lentamente, atormentándome, como una herida viva… mientras la vida pasaba muy lento… como si el tiempo suspendido en mi dolor, hubiese olvidado su camino.

Mientras permanecí en ese estado, sufrí pesadillas. A veces sentía que un demonio grande y pesado subía sobre mi cuerpo inmovilizándome; otras veces eran demonios oscuros y enanos, sin piel, pegajosos; o sentía que mi cuerpo se elevaba, sin mi consentimiento, o solo sentía una presencia maligna, una sombra. Oraba un Padre nuestro, despertando al decir amén.

Algo extraño estaba por suceder, sufrí una misma pesadilla toda la noche, oraba dentro del sueño y despertaba, volvía a dormir y entraba en la misma pesadilla, volvía a orar y otra vez despertaba. Al amanecer ya estaba cansada, nunca habían sido tan intensos los ataques. En mi desesperación me levanté y me fui a recostar al sillón de la sala. No había terminado de acomodarme cuando esa sombra negra empezó a girar con fuerza y velocidad alrededor del sillón, y por encima de mí, aterrorizándome. Inicie la oración del Padre nuestro... de pronto, antes de terminar, el demonio desapareció. Estaba en el suelo. El espíritu de mi niño le tenía puesto el pie encima, aplastándolo mientras se burlaba de él a carcajadas. Entre más se burlaba, el demonio se hacía más pequeño. El espíritu de mi niño medía más de dos metros, pero tenía su carita igual, de niño. El sufrimiento del demonio era tan intenso, gemía desesperado, y ya estaba como del tamaño de un ratoncito. Inexplicablemente sentí misericordia de su fragilidad y sufrimiento, y le dije a mi niño: "Ya "Chiquis," déjalo." Como cuando lo veía hacer travesuras. Al instante mi niño quitó su pie, y el demonio corrió como cucaracha asustada, haciéndose más pequeño cada vez, y desapareciendo en la pared. El espíritu de mi niño hizo algo todavía más extraño. Me sonrió y levantó su manita en señal de adiós. Exactamente como está en la imagen en una foto que le tomaron en el festival de día de las madres, donde me saludaba mientras bailaba. De pronto mi niño ya estaba en la foto gigante, y luego se fue quemando haciéndose ceniza.

Por años he meditado en ese hecho sobrenatural. Creo que el mensaje era que mi niño era un ángel cuidándome y enseñándome lo insignificante que son los demonios sin nuestro temor; también se preocupó por despedirse y explicarme que cuando incineraron su cuerpo, solo se había quemado una imagen material de él, no su esencia… corrí hacia mi cuarto y busqué una empolvada Biblia, solo Dios podía ayudarme ante lo sobrenatural, e inexplicable. Me quedó claro que estaba viviendo experiencias sobrenaturales. Pasé días enteros leyendo los evangelios, sintiendo el Espíritu de Dios guiándome a la verdad.

Volví a ser atacada en pesadillas por unos demonios que eran como enanos negros, pegajosos, sin piel, al principio, solo oraba y al decir amén despertaba. Esa noche, me sentí fuerte, confiada y poderosa espiritualmente. Luché con uno de ellos, mientras seguía orando. El demonio se me resbalaba entre las manos en la lucha, hasta que lo tomé del cuello, presioné con fuerza mi dedo pulgar… sentí que era de una carne muy dura que tronó al penetrarla, hundí con fuerza y coraje mi dedo… salió un viscoso líquido negro, como sangre molida. Al instante el demonio se rindió aflojando su cuerpo, y los demás huyeron asustados… no estaba muerto, estaba consiste pero inmovilizado, a merced mía, con la otra mano lo tomé de una pata. Noté que eran más pequeños de lo que pensaba cuando luchaba contra ellos. Lo aventé por la ventana con fuerza. El demonio se fue tapándose la herida con la mano, lloriqueando, quejándose, y renegando de lo que yo le había hecho, señalándome y acusándome con los miles de demonios que había afuera. Ellos estaban indignados por mi atrevimiento, se suponía que yo no podía atacarlos de esa manera, pero lo hice, y me dejaron en paz. Ya no los he vuelto a soñar. Gloria a Dios, que me ha librado, me libra, y me librará.

Comprendí que Dios permitió ese ataque, por mi deseo de muerte, y para enseñarme que no era suficiente orar, sino también mover mi voluntad para vencer el temor y luchar. Aprendí que yo misma les abrí la puerta, que nuestro temor los alimenta, los hace crecer, que el temor viene de la ignorancia ante lo desconocido y lo sobrenatural; que para obtener herramientas para luchar, o comprender parte de lo sobrenatural, el libro más poderoso es La Biblia; que para tener dominio sobre el temor, y mis emociones humanas, el arma indestructible es la oración en espíritu; y sobre todo, que para pelear contra los demonios y vencerlos, solo necesito la fe, y mi voluntad. Cristo ya ganó ésta guerra, Satanás y sus ángeles están vencidos, solo tenemos que creerlo, burlarnos de sus nulos intentos, y ponerles el pie encima.

También experimenté sueños extrañamente maravillosos, que me llevaban hasta el tercer cielo, revelándome misterios... o sueños que me avisaban sucesos futuros... en uno de ellos soñé que un demonio movía la cortina de mi recamara, espiándome... desperté y mirando la ventana hice una oración en la oscuridad de mi recamara...de pronto vi una mano recorriendo la cortina, y el rostro de mi vecino asomándose... grité asustada con todas mis fuerzas... el joven también gritó asustado y soltó la cortina, al siguiente día su mamá se disculpó conmigo, diciéndome que su hijo se había embriagado mucho y cayó en la tentación de espiarme, que lo perdonara y que no volvería a pasar. Desde entonces creo que los demonios suelen poseer a las personas por momentos, o permanentemente, dependiendo del estado espiritual del poseído. Otro sueño extraño fue uno donde estoy en la calle, frente a la iglesia, un marro gigantesco cruzó el cielo gris hacia el norte, aplastando dos columnas... el suelo retumbó con potencia bajo mis pies... después vi una hoz gigante en el cielo... el ataque a las torres gemelas de New York fue después de ese sueño. Un sueño aún más extraño, fue donde yo era una gigante rara y fuerte, que caminaba por el mundo a grandes zancadas aplastando y atormentando a diminutos demonios. No soportaban las oraciones a Dios, ni mis palabras testificando del poder de Jesucristo sobre la muerte, y sobre lo de mi resurrección, se tapaban los oídos, atormentados, desesperados, desquiciados, me aborrecían, me odiaban por ese tormento, lanzando insultos llenos de odio... y yo, me burlaba de ellos.

11

El corazón de Cristo

❧❧❧❧❧❧❧❧❧❧❧❧❧ஜஜஜஜஜ❧❧❧❧❧❧❧❧❧❧❧❧

*U*na iglesia bautista estaba a una cuadra de mi casa, sentí que esa era la iglesia elegida por Dios, para iniciar mi preparación en el ministerio. Hablé con el pastor sobre lo que había pasado con mi niño, y sobre la visión de Dios. Sentí que no me tomó en serio. Cuando llegó Semana Santa me negó el bautizo, por no haber llevado el curso bautismal, le expliqué que ya había leído todo el Nuevo Testamento de La Biblia varias veces, pero el pastor era un hombre inflexible, y me daba la impresión de que no creía en mis palabras y le ofendía que dijera que Dios me pidió a mi hijo. Hay muchos supuestos siervos de Dios que desconocen su obrar, su soberbia les impide ver, y piensan que Dios debe actuar solo como ellos lo conciben, ignoran que los caminos de Dios son inescrutables para el hombre.

Pasé Semana Santa en oración y ayuno, estaba confundida, aunado al sufrimiento por la pérdida de mi hijo, la actitud indiferente del pastor ante mi llamado y paso de obediencia para el servicio del Dios, me desalentaba. Preguntaba en oración sobre lo incomprensible de mi situación. Dispuesta estaba, pero sentía que el pastor de la Iglesia no me tomaba en serio. Pensé que ya no tenía nada que hacer en este mundo, le insistía a Dios que me llevara al cielo, con mi niñito, que me librara de la muerte, y me dejara empezar a disfrutar de la eternidad que Jesucristo me había otorgado por fe.

Estando en mi cama, en el tercer día de oración y ayuno, sentí que la fuerza del Espíritu Santo de Dios abrió mis brazos y piernas, como para recibir algo. Después sentí una fuerza atravesando y levantando mi pecho de la cama al arrancar mi corazón y colocando uno nuevo… creo que fue en milésimas de segundo… al mismo tiempo sentí en mis labios cerrados, como si me los tocara levemente, como quien besa a un niño. Un inmenso gozo surgió dentro de mí, una felicidad indescriptible, un éxtasis espiritual de amor, sentía el pecho lleno de ese sublime amor. Dios me había quitado mi corazón destrozado, casi muerto de tanto sufrir, y dejó uno nuevo, fuerte y lleno de amor, para su obra. Sentía que tenía a Cristo en mi corazón. Desde entonces siento a veces que mi corazón arde con un fuego placentero cuando oro, canto, leo, escucho su palabra, o hago su voluntad… en este momento está ardiendo. Tiempo después cuando le platiqué a un pastor, sobre el ardor en mi corazón al comunicarme con Dios, me preguntó muy serio: "¿No serán agruras?" Yo le contesté molesta: "Es exactamente en el corazón, no debajo, o a un lado." Con el tiempo me enteré, que algunos bautistas no creen en manifestaciones del Espíritu Santo de Dios.

Aún estaba oscuro cuando me levanté para asistir al servicio de resurrección de las cinco de la mañana. Ya no me importó la actitud indiferente del pastor. Seguí con mi misión, trabajaba para Dios, no para el pastor, así que no necesitaba ni de su invitación, ni ser bautizada en ese momento. Me compré un paquete de folletos y empecé a repartirlos y a predicar del amor de Cristo a cuanta persona se me atravesaba. Como deseaba bautizarme en semana santa, esperé al siguiente año, y llevé el famoso curso bautismal…que nada nuevo me enseñó, solo que me enfrentaba con detestables reglas, y dogmas de fariseos contemporáneos… aprendí a seguirlas con humildad y obediencia, por amor a Dios. La iglesia a veces sigue tradiciones y leyes de hombres como dogmas estrictos, seguidos de forma ciega e irreflexiva, sin comprender la causa inicial de ellos, o sin importarles, se escudan en falsas interpretaciones de la Biblia, hechas por maestros de la ley, que a veces solo tienen de la palabra de Dios, la tinta, y no la esencia del Espíritu Santo…estos fariseos contemporáneos, forman a otros maestros de la ley, y así por generaciones, empañando y estorbando la gracia que Dios nos dio a través de nuestro Señor Jesucristo…. arrepentimiento y fe, es todo lo que se necesita para ser bautizado.

R.V. el padre de mi hijo, murió unos meses después… el cáncer finalmente le ganó la batalla…también murió Víctor, ejecutado con un balazo en la frente….nunca lo acepté en mi vida, aunque lo amé, ya que entre el padre de mi hijo y yo, ya no había nada, después de encontrarlo en pleno acto homosexual, ya solo un cierto cariño enfermizo como de hija a padre. Así que en menos de un año, Dios se llevó a mi único hijo, al padre que me busqué, y a mi enamorado, a los tres de un jalón, dejándome un gran vacío, que ahora estaba llenando con el amor de Él, por mi absoluta dependencia y sometimiento a Él. Fue como si Dios hubiese arrancado todas las hojas del libro de mi vida, para escribir uno nuevo.

En la iglesia nadie creyó en mi llamado al principio. Estaban acostumbrados a pensar que Dios solo llamaba a varones hijos de pastor, o de alguna familia con trayectoria cristiana, o a algún joven con mucho tiempo asistiendo a la iglesia. No a una desconocida, sin esposo, sin hijos, sin padres, ni hermanos, ni amigos, que de repente llega diciendo que Dios la llamó en visión y en su casa. Llevé todos los cursos que me dijeron, concentrada en el estudio de La Biblia de forma personal, y en el primer año ya la había leído completa.

Entré en un proceso de fortalecimiento mental, espiritual, y físico. Mi mente con la lectura de La Biblia y estudio secular; mi espíritu lo fortalecía con la oración y meditación de su palabra, la alabanza, y el ayuno; mi cuerpo lo fortalecía con una buena alimentación, bendecida por Dios en memoria de Cristo, y levantando pesas en el gimnasio... castigué tanto mi carne, que en poco tiempo logré un excelente tono muscular, y hasta saqué mi diploma de Entrenadora Personalizada de Fisicoculturismo, estudiando con José Luis Rentería, campeón nacional y nutriólogo.

Dios me había llamado para trabajar de tiempo completo, pero aunque trabajaba para Dios en todas las actividades de la iglesia, y las que sentía que el Espíritu Santo me dirigía, carecía de sueldo, fui vendiendo poco a poco, mis cosas de valor, ya que visitaba cárceles, centros de rehabilitación, hospitales, orfanatos, llevándoles feliz, no solo la palabra de Dios, sino bendiciones materiales. Después de un tiempo, algunos hermanos me tomaron en serio, como el hermano Felipe, que me aconsejó que si tenía el llamado de Dios, debía ir al seminario de Mexicali. Nadie me había dicho que existía un seminario hasta entonces. De cualquier forma no podía pagármelo. Con el tiempo vino un seminario teológico por extensión a la iglesia, allí estudié hasta que lo cerraron. El hermano Felipe fue compañero de estudios y de misiones de evangelismo. Su amor a Dios lo convirtió en pastor, aunque después, cayó también... como todos los pastores humanos que he tenido... porque son humanos como yo, y no hay nada más divino en ellos, que lo que hay dentro de mí. Yo más que pastores humanos, lo único que necesitaba, era ese corazón nuevo que Dios me dio, desde donde el Espíritu Santo me guía, como brújula interna, llevándome a mi destino. Entre ese mar de gente empezaba navegar... algunos eran nobles como el hermano Felipe, pero humanos al fin, imperfectos somos todos.

Tormentas pequeñas y grandes empezaba atravesar... en ese mar oscuro de la religión... donde a pesar de todo, se vislumbrara a Jesús, como faro de luz y meta... hay una sola tierra a donde llegar, la tierra preparada por El, desde los inicios de la humanidad...vamos en diferentes barcas pero el que tenga la brújula llegará.

12

"Jehová es mi pastor,
nada me faltará."Salmo 23:1

Los pastores de la
Iglesia corren presurosos

os quedamos sin pastor, se fue diciendo que le habían ofrecido una beca en Arizona para prepárese mejor. Los diáconos de la iglesia, mandaron llamar a tres pastores. Los tres acudieron casi al mismo tiempo, la iglesia decidió que estarían en observación hasta que eligiéramos a uno de ellos.

El pastor C.A. era un excelente predicador con licenciatura en psicología clínica, además de sus estudios teológicos, volvía a México después de haber pasado algunos años en España, como pastor de una pequeña iglesia; casado, con tres hijos varones y a pesar de sus 45 años, no perdía su jovialidad; amante del tenis, y del buen vestir, tenía una excelente presentación... y lo más importante, estaba lleno de amor y sabiduría de Dios...y así lo expresaban en sus poderosos sermones.

El pastor I.H, nacido en el Estado de Oaxaca, hombre de 33 años, pero avejentado por su obesidad, hijo de pastor de trayectoria, casado, y con una hija. Era inteligente a mi parecer, pero le faltaba experiencia, y buena salud. Su obesidad lo hacía algo perezoso e indiferente... sus predicaciones a veces eran bien elaboradas, pero me daba la impresión de que no decía nada que nos moviera por dentro.

El pastor D.T. había estudiado para ministro de música en el seminario, su esposa no tenía reparo en declarar que era ella quien preparaba los sermones que él predicaba. Técnicamente estaban bien, pero su personalidad era muy simple, en mi opinión predicaba con voz muy débil, me parecía un ratoncito asustado.

Para ese tiempo, yo servía a Dios como secretaria de la iglesia, había una sola oficina para los tres, se turnaban para atenderla, los conocí de cerca. Con el hermano D.T. sufrí experiencias incomodas, era algo morboso. En una ocasión mientras estaba esperando que iniciara la clase de jóvenes, se acercó a mí y me dijo riendo maliciosamente: "Carmina, ve a tu casa y te cambias de brassier, así no puedes estar en la clase de jóvenes, se te nota que es más oscuro que tu blusa." No podía creer lo que estaba escuchando. Terminé de perderle el respeto cuando después de haber asistido a un seminario de música, tocaba mi guitarra afuera de la oficina, y se acercó muy serio y me dijo: "Carmina sígueme, quiero hablar contigo." Lo seguí al segundo piso de la iglesia, donde nos reuníamos en horarios de servicio. Estaba poco iluminado, se sentó en una banca y me señaló un lugar al lado de él, diciéndome: "Ven siéntate aquí." Algo en su actitud me desagradaba, pero me senté a escucharlo, tomando cierta distancia de donde él me había señalado. Se acercó, y pasó la mano por detrás de la banca casi abrazándome, meloso preguntaba que si como me sentía, según él le preocupaba mi soledad, y repetía que todos necesitábamos amor… de pronto colocó su mano sobre mi muslo izquierdo, lo retiré enseguida y lo miré con dureza y desconfianza… él titubeó un poco ante mi reacción y me dijo: "¿No te molestaste verdad? No lo hice con mala intención, es por la confianza." Observé que cambió su cara de benevolencia, hablaba nervioso sobre el seminario de música, al final me dijo: "Te voy a decir algo que no te va a gustar Carmina, tú no eres música, nunca vas a aprender a tocar ningún instrumento, ni cantas, no es lo tuyo, te lo digo por tu bien, ¡No eres música!" Para mí eso ya había sido suficiente, me levanté y le dije alejándome: "Gracias por el consejo, pero no lo voy a tomar en cuenta."

No sabía si burlarme, u ofenderme por lo absurdo de la situación. Pero le perdí el respeto. Las iglesias están llenas de impostores, fariseos contemporáneos, maestros de la ley, lobos rapaces que no conocen al Dios vivo… solo conocen de las escrituras la tinta y el papel y de eso están llenos… por eso no tienen temor de Dios, muchos son ateos encubiertos, que escogieron ser pastores a veces por tradición familiar, o como cualquier otra carrera que les dará prestigio, y les resolverá sus problemas económicos.

Con el hermano I.H. sobrellevé una relación de respeto, nunca me faltó, se mostró muy comprensivo cuando le confié lo de mi niño y mi llamado, se conmovió hasta las lágrimas. Dios le estaba dando amor de hermano en su corazón, pero él lo confundió, su último día en la iglesia, mientras yo estaba en la máquina de escribir, se acercó por detrás de la silla, colocó sus manos sobre mis hombros, y me dijo grave: "Carmina, quiero hablar contigo de algo muy importante antes de irme de esta iglesia." Dejé lo que estaba haciendo y le dije muy apenada: "Siento mucho que tenga que irse hermano, pero en esa iglesia seguramente Dios le tiene preparado algo muy especial, no es justo que habiendo iglesias sin pastor, nosotros tengamos tres, lo vamos a extrañar y estaremos orando por su ministerio." Me interrumpió con melancolía diciendo: "Carmina, te amo... te amo." Me tomaron de sorpresa sus palabras, luego reaccioné y pensé que era una broma de las que acostumbraba, y le dije algo tensa ya que no sabía que decir: "Con el amor de Dios porque somos hermanos ¿Verdad?" Él negó con una sonrisa tímida: "No Carmina, con amor de hombre te amo... no, no te asustes, tranquila, no intento nada, ni espero nada de ti, solo quiero que lo sepas antes de irme, nunca había sentido esto, por eso quiero que lo sepas."Yo insistí en que era amor de hermanos, amor de Dios, estaba muy nerviosa, temía ofenderlo pero nunca me había atraído en lo más mínimo como hombre, además era casado, me caía bien y trabajábamos en equipo en las misiones, pero hasta ahí. Se metió a su oficina diciendo: "Solo quería que lo supieras antes de irme, quizás ya no volvamos a vernos."

Si volví a verlo, pero pasó tiempo, fue en la universidad, él estaba por terminar la carrera de psicología, yo estudiaba en la facultad de idiomas, nos saludamos, y me alejé lo más pronto que pude, no deseaba un acercamiento, y él lo atendió. Después me enteré por Nidia, una joven de la iglesia, que el hermano había viajado de vacaciones a su lugar de origen, y había muerto por complicaciones de una operación para adelgazar (Bypass). El Señor lo tenga en su gloria.

Como ya se había decidido que no podía haber tres pastores, con tres sueldos, se llevó a cabo una votación por parte de los miembros de la iglesia, donde salió triunfador el pastor C.A. El hermano D.T. también se fue a otra iglesia. Lo sentí por su esposa, mantuve amistad con ella, era una mujer inteligente, aunque infeliz, para aumentar su desdicha, poco después, su único hijo de dos años se ahogó con un pedazo de manzana. Cuando fui a verla, me dijo destrozada: "Ya sé lo que sentiste cuando perdiste a tu hijo Carmina, dijiste que yo no lo podía entender, ahora lo entiendo." La pobrecita sufría tanto que al abrazarla sentí una punzada intensa en el corazón... me estaba trasmitiendo literalmente su dolor... me asusté... no quería ese dolor otra vez... me refugié en la oración, pidiendo por ella y por mí.

Al pastor C.A. tampoco le fue bien, tuvo que dejar el ministerio, aunque al principio sí, después que se fueron los otros pastores él llevo la iglesia de forma excelente, derrochaba sabiduría en cada uno de sus sermones, en su consejería, visitación, en todo, su grandeza espiritual era evidente, lo nombraron presidente de la Convención Nacional Bautista de México, escaló el nivel más alto a donde puede llegar un bautista mexicano, pero aun así, no me pudo conseguir nada cuando terminé las clases del seminario, y las de la preparatoria abierta, estando lista para misionera.

Ya estaba lista para que me enviaran a trabajar para Dios en las misiones. Sentía que ya había acabado en Tijuana, ya no me bastaba, sentía que debía viajar a otras ciudades llevando el evangelio de Cristo. Pero al parecer, aún no me tomaban en serio, el pastor no me encontró trabajo en ningún lado, a pesar de que logré el promedio más alto del grupo que graduó conmigo en el seminario... seguí trabajando de secretaria del pastor. Por diferentes circunstancias, cuatro pastores corriendo presurosos de la iglesia a donde Dios me mandó... pero yo tenía mi pastor personal, Jesucristo, el buen pastor...que la vida da por las ovejas.

Mí primer viaje misionero, de cierta forma fue a Mexicali Baja California, con el propósito de testificar a mi madre María y a mis hermanos Berenice y Gerardo, pero me decepcioné al no encontrar lo que esperaba, decidí alejarme por un tiempo, y cuando volví a buscarlos ya se habían cambiado de casa, nunca me informaron de la nueva dirección... lo entendí, yo casi era una desconocida para ellos... aunque para mi resultaban tan familiares por tenerlos muy seguido en mis oraciones. Me sentía humanamente sola, sin dirección, pero con el corazón de Cristo ardiendo dentro de mí, llenándome de amor por su obra... sin hijo, ni esposo, sin familia, y sin pastores humanos que me apoyaran, seguí mi camino de luz y verdes praderas, por donde me llevaba Jesucristo, mi buen pastor.

13

Sierva de la iglesia

Empezó a entrar en mí una rebeldía ante mi situación, al acudir obediente al llamado que me hizo Dios para su servicio, solo había llegado a ser secretaria del pastor, y recibía la mitad de un sueldo mínimo. Técnicamente trabajaba solo cuatro horas al día, aunque muy seguido trabajaba hasta dieciséis, en diferentes actividades de la iglesia, y en las misiones que Dios me dirigía, aun así, ganaba doscientos cincuenta pesos mexicanos, unos veinte dólares americanos a la semana, eso solo me alcanzaba para la gasolina de mi auto... yo acostumbrada a ganar bien trabajando como bailarina, este cambio era muy duro, sin embargo permanecí por un tiempo, esperando que la iglesia reaccionara y me mandaran de misionera a algún lugar.

Me había empobrecido sobremanera, ya había vendido hasta mi vestuario, vivía en un cuartito sin luz que me prestaba don Daniel, el dueño de los departamentos grandes donde vivía antes. Ése dulce ancianito se conformaba aparentemente con que lo visitara una vez por semana, y le leyera salmos, o entonara algunos cantos con mi guitarra, apreciaba mis conversaciones y yo de su presencia paternal...él decía que con eso le agradecía y pagaba la renta... hasta que un día mostró intereses oscuros.

Por un tiempo intenté tener aparte un trabajo de ocho horas de vendedora y cajera en una prestigiosa tienda, para ayudar mi economía, pero salía tan cansada, que ya no me quedaban energías para cumplir con mi trabajo para Dios. En un acto desesperado dejé todo, y me encerré en oración y ayuno, para que Dios me señalara el camino, me sentía sola, desamparada, y sin dirección. Me parecía que era tiempo de cambiar de rumbo. Cavilaba en mi mente, hasta donde mi compresión alcanzaba en esos tiempos preguntándome, si estaba obedeciendo al llamado que Dios me hizo, ¿Por qué los pastores no habían creído en mí? Dios me había pedido a mi único hijo y yo se lo había dado, todo para qué, no me tomaban en serio, trabajaba como misionera pero sin nombramiento oficial, ni sueldo de misionera, siendo que Dios me llamó personalmente, y ya tenía tiempo en la misma situación. Una parte de mi estaba feliz de servir a Dios, el pastor y la iglesia estaban muy contentos con mi trabajo, pero otra parte de mi estaba desanimada, cansada, me sentía como esclava de la iglesia, sentía que ya había cumplido con todo y ya era tiempo de irme con Dios. Recostada en mi cama, mi mente recorría recordando los ministerios en que había servido a Dios, me preparé estudiando días enteros, llevé alimento físico, y espiritual a los presos y a los enfermos, en centros de rehabilitación; fui voluntaria en orfanatos, llevándoles bendiciones materiales, y espirituales, dándoles el amor de madre que había en mi corazón; llevé el evangelio puerta por puerta, en diferentes colonias de Tijuana, repartí miles de folletos en sus calles, plazas, y parques, con mis familiares, y vecinos; en la iglesia trabajé como maestra de niños; como ministro de misiones y evangelismo; trabajé como secretaria pastoral; serví en la limpieza, decoración y mantenimiento de la iglesia. Recorría en mi mente una a una, las actividades que había realizado durante esos años y llegaba a la conclusión de que ya había cumplido con todo.

Rogué a Dios que me llevara de este mundo, o si me quería aquí, que me mandara a otra misión, donde pudiera trabajar en mejores condiciones. Era hora de cambiar de rumbo, ya la marea estaba muy alta. Aunque era su Espíritu Santo el que me guiaba a trabajar en su obra, era también con mi cuerpo, con mis fuerzas, en mi pobre humanidad... y este cuerpo necesitaba comer para tener fuerzas, vestir dignamente, medios económicos para comprar material de estudio y enseñanza, un techo seguro donde vivir... la iglesia no me daba nada de eso... y yo había renunciado a todo mi bienestar económico por amor a Dios, y por obedecer su llamado para servir de tiempo completo.

Un sueldo digno solo se le da a un pastor. Según el dogma humano de las iglesias bautistas, yo no podía ser pastor, por ser mujer, solo podía ser misionera, y para que encontrara trabajo y me tomaran un poco en serio, tenía que estar casada con un misionero, y antes haberme internado en un seminario que no podía pagar, y la iglesia tampoco ofrecía pagármelo. Mis esperanzas en abrirme un camino en el ministerio de la iglesia eran nulas. Me rebelaba ante mi situación, y ya tenía dos días en oración y ayuno, pidiéndole a Dios que me llevara, o me hablara con claridad.

Cuando me venció el sueño, sentí que mi espíritu se elevaba de la cama, ya me había pasado otras veces, oraba un Padre Nuestro y despertaba. Pero en esta ocasión decidí soportar el temor que me producía la levitación y no oré ¿Qué me podía pasar que no me hubiera pasado ya? Mi espíritu se elevó lentamente hasta el techo... cuando lo atravesé, tomé una intensa velocidad hacia el universo infinito. Por un momento me sentí en la semiinconsciencia, después me recuperé.

A medida que me esforzaba por ver lo que había a mi alrededor, la velocidad bajaba de intensidad... estaba en un túnel cubierto de letras, como si hubieran hecho un cilindro con páginas de un libro... era el libro de mi vida... al final se veía una luz. A medida que me acercaba a esa luz, me sentía más pesada, como si un imán poderoso me jalara hacia abajo... me esforzaba por llegar... pero esa fuerza me estaba debilitando mucho... me seguía esforzando con todas mis fuerzas... por fin me acerqué, pero no lo pude atravesar. Sentí un desvanecimiento, y vi como el circulo de luz se alejaba de mí, y yo de mi conciencia...abrí los ojos en mi cama... sentí como un pequeño hormigueo en mi cuerpo, como vibración picante con electricidad... solo por unos segundos... me arrodillé, pidiendo discernimiento y sabiduría a Dios para entender lo que había pasado, y si era un sueño sin sentido, o si era una respuesta de Él, comprender su mensaje... a veces se requiere de oración intensa y aguda concentración, otras veces la respuesta es tan simple y obvia.

Después de meditar un rato llegué a la conclusión, que como el túnel era de escrituras, al parecer de mi vida, el mensaje era que debía escribir el libro de mi vida. Ya me había soñado escribiendo mi vida en un mural también. Debía escribir ese libro que se me anunció de diferentes formas. Mi misión no había terminado como yo creía, por eso no podía salir del túnel hacia la luz. Cuando terminara de escribir ese libro, estaría lista podría atravesarlo. Escribir un libro me parecía algo sumamente difícil, pero le creí a Dios. Pensé que el siguiente paso era dirigirme a la universidad, debía prepararme, debía tener una licenciatura por lo menos, si no ¿Quién me leería?

14

"¡¡Oh profundidad
de las riquezas de la sabiduría y
de la ciencia de Dios! ¡Cuán insondables son
sus juicios, e inescrutables sus caminos!"Romanos 11:33

Llamada a una extraña misión

n psicólogo es lo más parecido a un pastor, ya que ambos trabajan con el alma, ayudando a las personas a mejorar su calidad de vida, así que esa fue la carrera que elegí para servir a Dios, además mi condición humana me hacía dudar en ocasiones y deseaba investigar si mi mente podría producir las experiencias sobrenaturales que había vivido, también pensé que me ayudaría para el análisis psicológico que se requiere para escribir un libro. El problema era ¿Cómo pagaría esos estudios? Oré, esperando la respuesta de Dios.

A los días asistí a un seminario que se llamó "La contextualización del evangelio." Básicamente se trataba de la forma efectiva de evangelizar otros grupos culturales, otras comunidades diferentes. El maestro explicaba que para ser efectivo, se debe adoptar un poco sus costumbres, forma de vestir, buscar ser parte del grupo, ser uno de ellos, que se identificaran con nosotros, vivir entre ellos, y que de esa forma confiarían en nosotros, y podemos trasmitir nuestra fe.

A medida que escuchaba al misionero, una idea fue rondando por mi cabeza… evangelizaría a las bailarinas, pero siendo parte de ellas, me metería en su contexto, en su medio, me vestiría como ellas, trabajaría de bailarina, sin dejar de trabajar para Dios, así pagaría la universidad. Allí sí que tendría un buen sueldo, todos me decían que tenía cuerpo de bailarina, y lo era, pero me reprimía por el temor a ser latigueada por el rechazo, los prejuicios y la falsa moral de la sociedad. Por eso en la iglesia no hablé sobre mi antiguo trabajo de bailarina, porque sabía que me rechazarían en cuanto se enteraran… y así fue.

El volver como bailarina misionera a la farándula, se me hacía una idea descabellada al principio, una locura, la iglesia me crucificaría sin juicio indudablemente... pero el gozo que había dentro de mí, y el ardor en mi corazón, me confirmaba que era Dios el que me estaba enviando a ese grupo, para llevar su mensaje... ya tenía una nueva misión...una extraña y descabellada misión.

Después de un tiempo le informé al pastor. No estuvo de acuerdo, las personas religiosas, o con prejuicios, tienden a relacionar ese ambiente, con sexo, drogas, alcohol, de imágenes que ven en las películas, o en revistas donde las mujeres pierden la dignidad. Piensan que todas las bailarinas van a actuar de la misma forma, pero la realidad es que en el espectáculo hay de todo tipo de personalidades, como en cualquier trabajo.

Mi estilo de vida era muy disciplinado, no me iban a influir al mal como decía el pastor, yo las iba influir al bien, trasmitiendo mí fe y amor, además me enviaba Dios. Aunque el pastor no lo comprendiera, Jesucristo me dirigía con un ardor en mi corazón. Duramos buen rato dialogando sobre el bien y el mal. Tenía la firme convicción de que bailar no era malo, amaba bailar, desde niña había destacado en concursos.

Los reyes de la biblia tenían bailarinas. Tampoco creo que sea malo mostrar el cuerpo al bailar, si es un bello cuerpo y si expresa y trasmite lo que quiere comunicar a través del lenguaje corporal de la danza, es arte, un espectáculo para admirar. Los caminos de Dios son inescrutables, e incomprensibles a veces para los hombres, porque la mente del hombre, no es como la mente de Dios. Él Dios que yo conozco, no comparte los falsos conceptos morales de la sociedad, Él ve dentro del ser humano y pesa los corazones. Desde la visión que experimenté, donde vi a Dios a su rostro, creo ver todo con más claridad cada día.

La conversación se estaba alargando mucho, veía que el pastor insistía, aunque carecía de argumentos nuevos. Él sabía en el fondo que no me haría cambiar de decisión, yo estaba obedeciendo un llamado. Difícil de comprender para él, pero era enviada a una extraña misión. El pastor no me había conseguido un lugar a donde ir como misionera, yo estuve dispuesta, y no me enviaron ¿Cómo se atrevía ahora, a tratar de impedirme ir a donde me enviaba Dios? Tampoco ofrecía a poyarme con una beca para mis estudios, ni un trabajo con sueldo completo... no me ofrecían nada, solo prohibiciones, basadas en una falsa moral... en "moralinas."

Después de todo descubría que tenía razón en pensar que Jesucristo no estaba en la iglesia material, sino en los corazones, y esos corazones que tenía frente a mí, al parecer no estaban dirigidos por Dios, o Dios deseaba que los viera así. A pesar de que ante el ojo humano, los pastores y sacerdotes son los hombres más santos y dirigidos por Dios... esto es falso... un vago de la calle a veces está más dirigido por Dios, que la mayoría de esos hombres con títulos.

Después de mi llamado, me fui a la calle Revolución, donde había trabajado en el pasado. Atravesé la puerta orando. De inmediato me contrataron, Dios me bendijo con un cuerpo fuerte, bello, y con sentido del ritmo, llenaba los requisitos más importantes en el espectáculo. Cuando no era mi turno de bailar, me sentaba a ratos en el camerino a leer mi Biblia, unas chicas se extrañaban, otras se burlaban, otras me agredían. Pero Dios no me ha dado espíritu de temor y las ponía en su lugar... he aprendido con dificultad a poner la otra mejilla, pero no dos veces... menos en sentido literal, como lo interpretan algunos.

Algunas bailarinas me preguntaban que leía, eran esas a las que me enviaba Dios, algunas me llegaron a acompañar a la iglesia. No les gustó, lo veían muy rígido, muy alejado de sus expectativas. Nacía en algunas el amor a Dios, pero no a la religiosidad. No entendían como yo fuera parte de ellos. No insistía, ya había sembrado la semilla, Dios daría el crecimiento.

Como estudiante me fue bien, me gusta leer, y esa carrera es una en las que más se lee. Algunas chicas se acercaban a mí buscando terapia y las aconsejaba como sierva de Dios, las guiaba a platicarle sus problemas diarios, antes de dormir, Dios es el mejor terapeuta. Otras al enterarse que era entrenadora de pesas, buscaban entrenamiento y dietas, les enseñaba que mi método era enfocado al espíritu, la mente, y el cuerpo, no se debía descuidar ningún área para lograr el equilibrio. Las guiaba a orar antes de las comidas, para alimentar su espíritu primero, así bajar la ansiedad, y comían menos, les daba información psicológica, nutricional, y bíblica, para que llenaran su mente de conocimiento. Todo esto combinado con entrenamiento físico personalizado, daba muy buenos resultados. No dejé de congregarme y servir a la iglesia, solo que ahora solo apoyaba en el ministerio de oración.

Con el tiempo se despertó en mí la necesidad de amor, recibía muchas invitaciones a salir, pero sentía que solo les interesaba mi físico, deseaba alguien que se interesara en mí. Veía que todas mis amigas tenían novios, con los que tenían relaciones sexuales... les parecía increíble que yo tuviera años sin tenerlas, practicando el celibato, casi como monja, dedicada en cuerpo y alma a Dios...yo lo empecé a ver raro también, y oré pidiendo un compañero.

Cuando llega RG. al club, me impresionó su cuerpo atlético, no era demasiado musculoso ni era delgado, era perfecto, tenía tatuajes que en ese tiempo se me hacían tan atractivos. La mesera me llevó a su mesa y cuando él tomó mi mano para invitarme a sentar, sentí como una corriente eléctrica me recorría por completo. Conversando me invitó a salir al cine, le aclaré como lo hacía con todos, que nosotras no teníamos relaciones sexuales por dinero, como en otros bares. RG. dijo que no le importaba, que él también tenía años sin tener relaciones. No le creí al principio, luego su rostro se fue entristeciendo, se veía sincero, me explicó que acababa de salir de una cárcel de Los Ángeles CA, US y que lo habían deportado, que acababa de llegar y no tenía familia, solo un amigo con el que había hecho negocios en el pasado y que le debía dinero. Mirándome dominantemente con sus bellos ojos de tigre, RG. me dijo, muy seguro de sí: "Pero eso lo haré después de que vayamos a ver una película al cine, tengo años, soñando con ir con la mujer de mis sueños."

No sabía cómo reaccionar, por alguna razón me atraía poderosamente lo fuerte y peligroso que se veía ese hombre. En ese momento anunciaron mi "show." Apresurada subí a la pista a bailar entre humo y las luces neón, a ritmo de "Du hast" de la banda alemana Rammstein, mi traje de piel negro, parecido al de Shina la princesa guerrera, me daba un aire muy agresivo y sensual, inmediatamente se acercaban a la pista soldados americanos que era lo que abundaba en esos tiempos en Tijuana. Me metía tanto en mi personaje de bailarina agresiva y sexy que me lo creía, y así me creían también ellos... más que con mi cuerpo, creo que era con la mirada lo que los seducía, casi los hipnotizaba, y tapizaban la pista de dólares... la seducción artística es arte. Con mi danza expresaba, dependiendo de la música y mi inspiración, mi agresividad, alegría, tristeza, pasión, miedo, soledad, a veces hasta espiritualidad... pero no lujuria ni perversión, que es con lo que muchas personas asocian a una bailarina exótica...eso está en la mente de los espectadores. Terminé mi "show" con "Engel," también de la banda alemana... concentrada en mi danza, no me di cuenta cuando RG se fue. Ese día trabajaba el turno de la tarde y salí temprano, RG estaba afuera, preguntándome muy seguro: "¿Cual película vamos a ver?" Me agradaba su estilo, pensé que él podía ser el compañero que le había pedido a Dios en oración, me identificaba con su sufrimiento, soledad, desamparo... y con su sensualidad.

El siguiente día era domingo, nos vimos en la iglesia, y tomó la decisión de aceptar al Señor Jesucristo como su Señor y Salvador, pidió ser discipulado por mí. Parecía estar lleno del amor de Dios al principio, e iniciamos una relación, pero luego me di cuenta que padecía casi todos los desórdenes que venían en los libros de psicología. Sus emociones estaban muy dañadas... eso lo hacía ante mis ojos extrañamente interesante... intentaba ayudarlo con oración, y orientación psicológica, pero era un caso muy difícil, para una estudiante de cuarto semestre. Él había sufrido abuso físico, sexual, y psicológico durante su infancia y desde su adolescencia, tenía una larga cadena delictiva, incluyendo asesinatos... sentía una gran misericordia por él... le veía algo de niño desvalido, a pesar de sus 33 años y peligrosidad. La situación empeoró cuando convencí a RG de que debía buscar a sus padres y perdonarlos, para que sacara ese resentimiento que les tenía por abandonarlo. Se enteró que su madre había muerto... entró en depresión profunda, y no logré sacarlo de allí... me sentí un poco culpable... lo llevé con un psicólogo con experiencia, pero no sirvió de nada.

Orábamos, e íbamos a la iglesia, pero me parecía que él lo hacía para darme gusto a mí, y no a Dios. Descubrí que empezó a usar drogas y que las vendía, que me mentía en todo. Lo interné en un centro de rehabilitación, pero al salir volvió a las drogas. Ya me estaba volviendo una co-dependiente. Intenté dejarlo, pero él no me dejaba a mí, se volvió violento, celoso, se metía en mi apartamento forzando puertas, o ventanas. Cuando me mudaba de colonia, intentando huir de él, me espiaba, me seguía hasta descubrir donde vivía. De repente yo abría la puerta y ahí lo encontraba adentro de mi casa, con algún regalo, intentando convencerme, lloraba, suplicaba... a veces me convencía, y cuando veía que eso ya no le funcionaba, se volvía violento y amenazante.... me sentía atrapada, agobiada y sin salida. Empecé a detestarlo y a pedirle a Dios que lo alejara de mí.

Cuando se convenció que ya no lo quería, me subió al auto con engaños y lo volteó, accidentándonos... solo sentí un impacto y perdí el conocimiento, al despertar ahí estaba RG "cuidándome," diciéndome en secreto: "Vístete con esta ropa rápido, te tengo que sacar de este hospital, te quieren cobrar unas palmeras que tumbaste en el accidente." Lo miré extrañada y le aclaré: "Eras tú el que iba manejando, tú nos accidentaste." RG volteó para ver si no había enfermeras, y me dijo: "Yo te saqué del auto, llamé a la ambulancia, de lejos miré cuando te pusieron la máquina en el pecho, y te recogieron, piensan que fuiste tú, quien iba manejando, te quieren cobrar una multa como de mil dólares por daños a la ciudad, dañaste unas palmas en la vía rápida, pero no te preocupes, yo te voy a sacar de aquí, no vas a pagar nada, levántate." Me asusté, no deseaba pagar por algo que no había hecho, me levanté con mucho dolor en el cuello y la cabeza.

RG me llevó a mi apartamento... permanecí en silencio, orando al Señor que lo alejara de mi vida, se había vuelto una pesadilla... convalecí unos días, me sirvió de retiro espiritual, pasaba todo el día leyendo la Biblia, escuchando música espiritual, orando, pidiendo perdón a Dios por haberme equivocado, le suplicaba que lo alejara de mí... a los días recibí una llamada, estaba en la cárcel, pedía que lo visitara. Dios lo alejó de mí, pero no deseaba que fuera de esa forma, no deseaba que sufriera...

Reflexioné sobre mi conducta ¿En qué momento toqué fondo? Me di cuenta que no era tan fuerte como yo creía, ni tan espiritual, ni centrada, seguía buscando el abuso, al parecer estaba destinada a la soledad... pero ahí estaba siempre Dios, librándome y consolándome, perfeccionándose en mi debilidad.

Seguí con mi extraña misión de trasmitir mi fe, cada vez llegaban más clientes buscando mis conversaciones espirituales, mis palabras los fascinaban de alguna manera especial, que hasta me compraban varios boletos de $50.00 dólares sin que le tuviera que bailar...era una extraña misión, pero Dios me usaba para llevar la luz de su palabra a las almas rebeldes... estoy segura que la palabra de Dios testificada con sinceridad por una bailarina entre luces de neón y notas musicales, es algo que no se olvida fácilmente, y así me los decían al regresar por más palabra de Dios algunos clientes... era una extraña misión y sigo siendo una extraña misionera... Dios no se mueve solo como el hombre dice que se mueve...sus caminos son insondables, inescrutables, extraños.

15

*"Escribe la visión en tablas para
que pueda leerse de corrido. Aunque la visión tarda
en cumplirse, se cumplirá a su tiempo, no fallará. Aunque tarde,
espérala, porque sin duda vendrá, no tardará. Aquel cuya alma no
es rectase enorgullece; mas el justo por su fe vivirá""Habacuc 2:2-4*

Cerrando puertas de mi mundo

Inicié el quinto semestre en la licenciatura en psicología clínica, también estudiaba en el taller de creación literaria con la maestra Ivonne Arballo. Un día le pregunté a mi maestra durante mis primeros semestres, si ella creía que yo pudiera aprender a escribir un libro. Ivonne me miró con agudeza por unos segundos, después dijo con expresión sincera y cálida sonrisa: "Sí Carmina, tú puedes aprender cualquier cosa." Sus palabras me motivaron tanto… sentía que nadie creía en mí, ni siquiera yo misma a veces, solo me esforzaba porque, por alguna razón al parecer, Dios sí creía en mí… me encomendó una difícil misión … y yo creo en Él.

Me mandaron llamar de la dirección de la universidad, diciéndome que la preparatoria Anáhuac, donde había estudiado, no estaba afiliada al Instituto de Educación Pública (ISEP). Esa preparatoria operó por años en el centro de la ciudad. Que mi certificado no era válido, que debía presentar exámenes de todas las materias de preparatoria y aprobarlos para poder seguir estudiando en la universidad.

Aunque me pareció injusto y absurdo lo que me pedían, los próximos meses la pasé repasando libros, y haciendo exámenes, aprobé casi todos, pero matemáticas IV, la reprobé varias veces, no me interesaban a ese nivel, cada vez que quería estudiar me quedaba dormida, lo mío era humanidades. Cuando estaba en la preparatoria, matemáticas la pasaba de "panzazo" teniendo maestros que me explicaban, lógico que ahora sola no pudiera aprobar. Le comenté al pastor lo que me estaba pasando, intentó ayudarme, también una licenciada de la iglesia, pero ya no había mucho que hacer, la preparatoria había cerrado, el director se había dado a la fuga, cuando fui a presentar mi denuncia, ya había cientos de denuncias de otros alumnos, y no les daban ninguna solución, ya no había nada que hacer.

Me sentí devastada, todos mis sueños se venían abajo ¿Por qué Dios estaba permitiendo eso? Meditaba, recordando la forma como servía al Señor, seguía cumpliendo con mi misión, orando por las necesidades de la iglesia, por la vida espiritual de las bailarinas, y toda persona que conocía en el club, dando testimonio de lo que Dios había hecho en mi vida, yo estaba cumpliendo ¿Por qué me estaba pasando eso? ¿No estaba esforzándome llenándome de conocimientos, para su servicio? Sentía que un pie gigante me aplastaba sin misericordia, no sabía a dónde ir, ni que hacer... no entendía en ese tiempo, por qué Dios permitió que se me cerrara esa puerta. Me parecía injusto.

Fui a encerrarme en soledad, en mi casita del lago. Ya tenía tres días en oración y ayuno, pidiéndole a Dios que me llevara de este mundo, o si me quería aquí, que me dijera para qué, qué quería que hiciera, cuál era mi misión, si era el libro, creía que primero debía tener por lo menos una licenciatura, ¿Quién me tomaría en serio, si no? Me sentía sin dirección, sola, con un futuro incierto, confundida, ¿Por qué se cerraban las puertas? Pasaba las horas oyendo música espiritual, orando, leyendo la Biblia, pero no encontraba respuesta de Dios.

Desperté desalentada, otra vez no había soñado, ni tenía respuesta a mis demandas... me arrodillé a llorar... ya no le dije nada a Dios... Él ya lo sabía todo, ya no había nada que decir... yo ya lo había dicho todo... seguí llorando sin lágrimas... mis ojos se habían secado.... de pronto escuché un ruido... me asomé por la ventana y sentí que mi corazón dio un salto. Había un niño idéntico a mi hijo llenando un balde de agua en la llave. No podía creer lo que estaba viendo... cerré los ojos, y oré a Dios preguntándole: "Dios ¿Qué es lo que estoy viendo? ¿El espíritu de mi hijo? O ¿Una visión? ¿Qué significa esto?" Abrí los ojos... el niño seguía llenando el otro balde... salí apresurada al patio... caminé hacia él, con miedo de que desapareciera... el niño se sobresaltó cuando me miró y cerró apresurado la llave del agua. Al conversar con el niño, me contó que su familia era muy pobre y no tenían agua, ni comida.

Mientras Edgard hablaba, mis ojos recorrían, una, a una, sus empolvadas facciones, admirada por el idéntico parecido que ese niño de ocho años, tenía con mi Ricardito, antes de que partiera con Dios... solo que no era su voz, este niño tenía una voz gruesa, casi de adulto, sus gestos eran toscos, y su complexión era un poco más fuertes. Mi corazón se llenaba de amor y misericordia, no solo por el desconcertante parecido con mi hijo, sino por la precaria condición en la que vivía. Con su cara de angelito mugroso, Edgar me preguntó si tenía algo de comer... me sentí tan contenta al ver su alegría ante el plato de pasta con atún, que decidí entregar mi ayuno a Dios... estaba segura que me estaba diciendo algo a través de ese suceso, no lo discernía aún, pero Él ya me había dado una respuesta.

Sentada a la mesa con el niño, dimos gracias a Dios por los alimentos, y comimos felices. El niño estaba muy necesitado de amor, yo también. Nació una amistad muy bella, después venía con dos hermanitos y un primo. Se unieron al grupo otros dos niños, hijos de mi amiga Angelina. Comíamos, veíamos películas, cantábamos, bailábamos, o paseábamos por el lago pescando, dándoles de comer a los patos, y a los peces. Viernes y sábados regresaba a Tijuana a trabajar en el club, los domingos asistía a la iglesia.

Seguí estudiando de forma autodidacta por Internet y con libros. Empecé a soñar que despertaba en diferentes etapas de la historia, como si brincara al pasado, hasta los inicios de la humanidad, también soñaba que viajaba hasta el tercer cielo en espíritu, veía un gran mundo, pacifico, bello, lleno de luz, volaba sobre el, y el aire acariciaba mi ser, como si estuviera en una burbuja de amor... también me soñé viajando a una gran velocidad, extrañamente sobre un asteroide que dirigía a voluntad.

Otras imágenes más extrañas aún: Estoy en El Reino de los Cielo, ante Dios, y gano un concurso o competencia, con otras seis jóvenes muy parecidas a mí... luego Dios se compacta en Jesucristo y baja por unos escalones a darme mi premio... al estar frente a Él, sentí un gran amor y me arrodillé a sus pies besándolos... me tomó de la mano levantándome. Yo le llegaba a la cintura. Me dio una llave dorada en la mano, que atravesó mis manos, cayendo hacia el vacío. Por un momento solo la vi dando vueltas en el aire, hacia abajo, hasta llegar al fondo. Me di la vuelta y me fui por ella caminando muy contenta por un camino donde había una fila de personas vestidas con túnicas blancas que venían en sentido contrario. Después voy caminando por una pared de muchas puertas cerradas... intento abrirlas inútilmente... después de muchos intentos empiezo a encontrar todas las puertas abiertas, y a cruzarlas en zigzag, entrando y saliendo.

Pablo, el escritor más productivo de La Biblia, solo estudiaba la ley y los profetas, no había más libros en ese tiempo, eso me hizo pensar que tal vez no necesitaba un título, ni una maestría, o doctorado, como los escritores contemporáneos, tal vez ya estaba lista, por eso Dios cerraba esa puerta...para después abrirme muchas más.

Otra puerta estaba por cerrarse. En la iglesia había una joven madre soltera, enferma de alcoholismo y drogadicción, sexualmente promiscua, en varias ocasiones se acercó a mí, buscando comprensión, la escuchaba con paciencia y amor, trataba de llevarla a un centro de rehabilitación, pero ella se negaba, así que solo orábamos, la dejaba en manos de Dios. Me preocupaba su odio y deseo intenso de asesinar a su propia madre. Un día esa joven llegó al club a pedir trabajo como bailarina, cuando me vio se sorprendió, le expliqué mi concepto entre el bien y el mal, diciéndole que para mí, no era malo bailar, lo malo era el sexo sin amor, las drogas y el alcohol, el bailar era un trabajo artístico, si se hacía con talento. Ella tristemente carecía de ese talento para bailar, su comportamiento era vulgar, se dieron cuenta que usaba drogas, y se prostituía, todo esto hizo que fracasara en su intento de ser bailarina en ese club, de gran prestigio en esos tiempos.

Al parecer habló mal de mí con su madre y con el pastor... su madre hizo un escándalo, exigiéndole al pastor que hiciera algo conmigo, según ella, yo estaba dañando a su hija. El pastor sabía sobre mi trabajo y comportamiento en la iglesia, me explicó la situación, diciéndome que eso sería un escándalo, y temía que fuera dañada, que debía dejar la iglesia, o cambiar de trabajo. Sentí un golpe en el corazón, las lágrimas vinieron a mí... me estaba corriendo... y yo no tenía una madre que viniera a interceder por mí. Yo no dejaría el trabajo, era un llamamiento de Dios, estaba en una misión, aunque no era el tipo de misión, ni yo el tipo de misionera que ellos estaban acostumbrados a ver.

Levanté mi rostro, y dejé de llorar, miré a los ojos al pastor y le pregunté: "¿Debo desobedecer a Dios para obedecer al hombre?" Él me contestó desconcertado: "No," le dije con toda certeza: "Dios me ha liberado de la iglesia, soy libre de la iglesia, despidámonos en oración y permítame despedirme el domingo de los hermanos, quiero dar gracias a todos aquellos que de alguna forma ayudaron a mi formación, y crecimiento espiritual."Llegué a mi casa muy lastimada, en mis oraciones le preguntaba a Dios por qué me cerraba también esa puerta, qué quería de mí, dónde estaba la puerta abierta, hacia dónde me llevaba.

16

Sueño profético

Joel 2: 28-31.

"Y después de esto, derramaré mi

Espíritu sobre toda carne, y profetizarán

vuestros hijos y vuestras hijas, vuestros ancianos soñarán

sueños, y vuestros jóvenes verán visiones y también sobre los

siervos y las siervas derramaré mi Espíritu en aquellos días. Y daré

prodigios en el cielo y en la tierra, sangre, fuego y columnas de humo. El sol se

convertirá en tinieblas y la luna en sangre, antes de que venga el día grande y espantoso de Jehová"

Después de que el pastor me pidió que me buscara otra iglesia, o que dejara mi trabajo de bailarina, muy triste me encerré en oración y ayuno, hasta que Dios me habló a través de un sueño profético.

Mientras dormía sentí que el Espíritu Santo de Dios me elevaba lentamente hasta el techo, después tomó una velocidad descomunal, por unos instantes no podía ver hacia donde me llevaba, luego pude ver que volaba sobre el mundo, podía ver las ciudades, y el espíritu de ellas me trasmitía dolor y sufrimiento, escuchaba mi propia voz intercediendo por ellas, pidiendo misericordia, podía cambiar de ciudad como deseara, ver la maldad de los impíos, y sentir el sufrimiento de los inocentes... los veía de cerca, como niños abusados, y bañados en lágrimas con un doloroso llanto que desgarraba todo mi ser.

Fue un sueño vívido... desperté orando y llorando, arrodillada levanté mis brazos al cielo y oré por todo ese dolor de la humanidad, sintiendo que un fuego abrazaba mi mano derecha llenándome de una cálida paz, una felicidad inmensa me fue invadiendo, con la firme convicción de que Dios me había dado algo con lo que cumpliría mi misión.

Ese domingo pasé al frente de la iglesia, agradecí, les informé que mi misión ahí había terminado, que Dios me llamaba a una misión de oración y estudio al extranjero, que viajaría a México DF, luego a Canadá y a todas las naciones a mi alcance. Me despedí con lágrimas en los ojos, sintiendo cada palabra en mi corazón cuando leí el salmo veintitrés, sabiendo que ahí se cerraba un capítulo de mi vida. Salí de ahí triste, pero en paz con Dios, tenía una nueva misión, viajaría orando por la salvación del mundo, estudiando las culturas, plasmando lo que Dios me mostrara en papel.

Los sueños y visiones son mencionados en la palabra de Dios frecuentemente, 122 veces son mencionados los sueños, y las visiones son mencionadas 101. Hay misterios que el hombre desconoce, a veces le son revelados por estos medios a través del Espíritu Santo de Dios. Desde la antigüedad el hombre percibe que hay misterios ocultos y un Dios Creador que todo los sabe, y cree que se los revela de esta forma a quien Él decide. Esto lo tenía muy claro José el soñador, a quien Dios le mostró el futuro en sueños, así como le dio el don de la interpretación de ellos, José el esposo de María, fue advertido sobre la matanza de los infantes ordenada por Herodes, y los 3 reyes magos que fueron advertidos en sueños de no revelarle a Herodes sobre su planes. Joel nos anuncia que es por el derramamiento del Espíritu Santo de Dios, que se tienen estos sueños.

Pasamos la tercera parte de nuestra vida durmiendo, y casi dos horas diarias en el mundo de los sueños, es necesario no solo para recargar energías y desintoxicarnos, sino para vivir nuestros sueños, en otra realidad, en otra dimensión, donde nos sumergimos en un mar de imágenes enfrentando todo tipo de deseos y temores, a veces disfrazados bajo una representación, ciertamente como afirman algunos científicos... pero a veces, en esos sueños, se viaja a lugares distintos y hacia el pasado o al futuro, en estos últimos es que vivimos a veces sueños proféticos, donde se nos avisa sobre un peligro, la muerte de un ser querido, alguna catástrofe, o simplemente un acontecimiento que sucederá en el futuro ¿De dónde viene esa información? Esto es un misterio que ha sido estudiado y analizado por el hombre desde los inicios de la humanidad, nuestros antepasados se lo atribuían a Dios, o a espíritus, en nuestros días se tiende a buscar diferentes respuestas sin tener nada claro aún...conocemos una parte muy mínima de nuestra mente, y de todas las funciones del cerebro las que se realiza al dormir es la más misteriosa... sobre nuestros sueños no existe una regla para la interpretación... en sí, no hay argumentos para invalidar los que dice la palabra de Dios. Algunos de estos sueños son revelaciones divinas, manifestaciones del Espíritu de Dios, derramando esta información.

Cuando nos sumergimos en el sueño, entramos en un estado de reposo, de inconsciencia, es una necesidad fisiológica, en la que bajan los niveles de actividad, los latidos del corazón, la respiración, la presión sanguínea… morimos un poco… alternando en 4 etapas, entre sueño profundo y sueño ligero, hay momentos en que pareciera que la materia se vuelve más materia, inerte y semi muerta, pareciera que la gravedad individual se volviera más grave, y el espíritu se volviera más espíritu, libre y separándose de ellas…es durante estos momentos sin tiempo que salimos hacia el mundo de los sueños, y nuestra realidad es tan real, como en vigilia… y a veces, en ese estado, entramos en El Reino de Dios.

Me cerraron las puertas de la universidad estando en el quinto semestre de psicología clínica, con uno de los mejores promedios, por errores del gobierno en la supervisión de escuelas establecidas, que puedan certificar… y la puerta de la iglesia se me cerró por "moralinas." Me dolía esto, pero con el tiempo comprendí que Dios me abrió unas puertas más grandes, las puertas del mundo para estudiarlo, tenía cientos de iglesias, templos y lugares sagrados donde orar y alabar a Dios, podía estudiar las culturas, escudriñar, analizar, palpar con mi ser la historia y las culturas, tal vez les exprima algunas gotas de verdad… tal vez Dios me las de…tal vez ese sueño con Dios, era un anuncio de mi futuro en realidad… tal vez es un sueño profético, donde Dios me invita a viajar por el mundo… Él es mi Maestro, mi Pastor, mi Guía, mi Padre ¿Qué más necesito? Solo mi voluntad.

Dejé de intentar abrir las puertas cerradas y me dirigí a la puerta abierta que me mostraba Dios. Tomé mi vuelo rumbo a las misiones, sintiendo que el Espíritu de Dios me guiaba y demostraba porqué me había cerrado las puertas de mi pequeño mundo, me llevaba tomada de la mano, lo sentía tan cercano a mí, me sentía tan confiada y protegida, como cuando viaja una hija con su Padre… estaba en una misión especial… traía la visa de Dios sellada en mi frente ¿Quién me podía parar?

Resucitada

17

Mi Raza inconclusa

MÉXICO DF

l legar a la ciudad de México, me hospedé en el área de Iztapalapa cerca del Cerro de La Estrella… en Semana Santa, ahí hacen una representación sobre la crucifixión y muerte de Cristo. Hay tres cruces de metal, donde tres actores la interpretan desde hace más de 160 años. Cerca de esas cruces está una pirámide prehispánica construida por los teotihuacanos entre 400-500 a.C. Se celebraba ahí la ceremonia del fuego nuevo, realizada cada 52 años, donde se sacrificaba a un guerrero arrancándole el corazón, como ofrenda valiosa, y se encendía el fuego nuevo. Se creían que de esa forma preservaba la existencia del sol, un nuevo día. Ahí oré dando gracias al Dios vivo por otro día de vida, luz y salud, y le ofrecí sacrificio de alabanza, con un corazón vivo y lleno de amor.

TEOTIHUACÁN MÉXICO

En la mañana atravesé la ciudad en metro, después tomé un autobús hacia *Teotihuacán* (ciudad de los dioses), a 40km de la ciudad de México. Ya en el área me dirigí hacia algunos puestos de antojitos mexicanos donde comí chile relleno de queso y quesadilla de flor de huitlacoche. Caminé por entre los puestos de coloridas artesanías, luego seguí derecho por un área despoblada hasta llegar donde están las ruinas arqueológicas donde vivieron mis antepasados, los aztecas/mexicas. Sin la tecnología de hoy los aztecas hacían obras dignas de admiración, sin duda eran más avanzados que nosotros, sus mentes no estaban tan contaminadas.

Llegué hasta donde está la Calzada de los Muertos, a lo largo están las ruinas de los palacios de la aristocracia. Mi meta era subir a la pirámide del Sol, por los 245

estrechos e inclinados escalones. Había una cuerda para evitar caídas. Al estar en la cima, sobre 63m, sentí una energía muy especial, tal vez cósmica, no sé, aún no la logro definir.

Dicen que en *Teotihuacán* estaba un ídolo de *Tonatiuh* (dios sol) recubierto en oro, con un hueco en el pecho y que en ese hueco estaba un mundo. A veces pienso que ellos vieron a Dios y lo confundieron con el sol, porque sí es así. En la visión que experimenté con Dios, también tiene como un sol en el pecho, por donde vi entrar a mi niño, y todo un mundo celestial hay dentro de Él.

Desde los pueblos más antiguos helenos, celtas, romanos, egipcios, babilónicos, asirios, incas, mayas, aztecas, identifican al sol como el creador, el padre, origen de la vida. Creo que Dios no se manifestó solamente a los hebreos, como nos hacen creer los pastores y sacerdotes cristianos. Piensan erróneamente que nadie puede ver a Dios, excepto los antiguos hebreos… yo no soy hebrea y he visto a Dios, pudo suceder también con mis antepasados, el problema surgió creo, que al ver su luz, lo empezaron a relacionar con el sol, astro que no es Dios, sino una creación de Dios, pero mis antepasados en su primitivismo creyeron que el sol era Dios, esto, según los científicos que basan su interpretaciones en los restos arqueológicos y jeroglíficos.

Tal vez no todos nuestros antepasados creyeron que el sol era Dios, quizá esa etapa de idolatría, fue solo una decadencia de lo que fueron y creyeron en un principio, como sucedió con los hebreos que cayeron en idolatría también. Lo cierto es que solo podemos suponer, ya que nuestra historia fue destruida en gran parte, durante la conquista, por los españoles. Solo podemos tener teorías de lo que fue en sus inicios, pero esto no significa que todas las teorías sean erradas. Yo me baso en mi testimonio ocular de la forma como es Dios, y esta leyenda del ídolo del dios *Tonatiuh*… creo que alguien experimentó una visión del verdadero Dios vivo, y después le hicieron ídolos y le dieron nombre... lo mismo que pasa en el cristianismo actual, a Jesucristo hubo testigos oculares que lo vieron, luego le hicieron ídolos, y no solo a Él, sino a todos su cercanos.

Después de admirar la bella vista del valle, y la Pirámide de la Luna a un lado, me senté en una esquina y disfruté de mi lectura diaria, meditando en esto. Había también otras personas meditando en posición de yoga. Yo alabé en espíritu al Dios vivo, intercedí en oración por mi pueblo, pidiendo misericordia. Ahí, desde ese antiguo templo alabé al Dios vivo, Creador del

cielo y de la tierra, al Dios de amor que me llenó de Él aquél día que vi su rostro, al Dios misericordioso que entregó a su hijo Jesucristo, como sacrificio perfecto y para siempre. Por El, ya no fue necesaria la sangre.

Con todas las fuerzas de mi corazón, mi alma y mi espíritu, ofrecí sacrificio de alabanza en espíritu y en verdad. Es lo que en nuestros tiempos agrada a Dios, ya no quiere corazones sangrientos, pero sí corazones llenos de amor... el amor es una energía más fuerte y más valiosa que la sangre humana. Ahí permanecí, intercediendo por la salvación de los modernos mesoamericanos, mi amado pueblo, tristemente dominado, cegado, perdido... inconcluso.

Al bajar, seguí mi caminata por La Calzada de los Muertos, hasta El Palacio de Quetzalpapalotl (la mariposa divina) tiene un patio interior decorado con bellos murales y figuras labradas del Quetzal mariposa, de ojos, de flores, de animales. Lo más interesante es un mural de un ave de frente con las alas extendidas... me recordó a la representación que hacen del Espíritu Santo. Otra área interesante es La Ciudadela, a un lado está el

templo de Quetzalcóatl y Tláloc, con sus cabezas incrustadas en las paredes. Antes de irme visité El Museo del Sitio, me fue difícil llegar

ahí… me perdí en el monte que se atraviesa para llegar allá, pero valió la pena, aprecié material arqueológico de la zona, estudié sus ritos, deidades, y en una gran maqueta del sitio, me orienté para buscar el camino de regreso.

MÉXICO DF

Al siguiente día me dirigí al Parque de *Chapultepec* (cerro del chapulín) no ha cambiado mucho desde la última vez que estuve ahí siendo niña, solo que ahora puedo comprender mejor la historia que lo encierra. Para mis antepasados, los cerros eran sagrados, así que en la loma donde ahora está el castillo de Chapultepec, ellos tenían un templo del dios asociado con el sol, *Huitzilopochtli* (colibrí del sur).

Con la llegada de los españoles(1519-1521) todo fue cambiando, después de la masacre que hicieron con mi pueblo, y establecerse, en 1841 construyen ahí, sobre ese templo de *Huitzilopochtli*, el Cuartel de Enseñanza Militar, que en 1847 EEUU invade ganando la batalla del Churubusco, sobre el Batallón de Patricio y Los Niños Héroes (estudiantes adolescentes); después vienen los franceses, y se convierte en el Palacio Imperial de Maximiliano de Habsburgo; posteriormente Porfirio Díaz liberó a la ciudad y redecoró con lujo el palacio; siguió siendo habitada por presidentes hasta 1939; en 1944 se establece el Museo Nacional de Historia. En su interior se

puede estudiar documentos originales, y apreciar pinturas, armas, la lujosa decoración, etc.

Siguiendo con la exploración de mis raíces, llegué a otra área del Bosque de Chapultepec, y luego al Museo Nacional de Antropología, dentro está La Piedra del Sol, probable piedra de sacrificios de 24 toneladas. Ahí podemos ver como los mexicas median el tiempo, por eso se le ha llamado Calendario Azteca. Fue encontrada en el templo Quauhxicalco, dentro del área del Templo Mayor. En el museo está también la escultura de la diosa azteca de la vida y de la muerte *Coatlicue* (la de la falda de serpientes) madre de *Huitzilopochtli*, entre otros objetos precolombinos. Otro día me fui a Xochimilco, a relajarme y meditar sobre todo lo aprendido, mientras me paseaba en un chalupa y disfrutando comida azteca. llegué en metro al Centro Histórico de México, donde está El Palacio de Bellas Artes, en su interior aprecié obras de Siqueiros, Orozco, Diego Rivera. Lluego subí al elevador de La Torre Latina de 183 metros… con un capuchino admiré el panorama, y haciendo mis oraciones. El Espíritu de Dios me mostraba un mar de gente que se extendía a mí alrededor. Millones de almas aglutinadas, luchando contra ellas mismas… en este instante de eternidad… a veces amándose, otras odiándose, destruyéndose, llorándose, algunas buscando de Dios, otras huyendo de Él, enajenadas en sueños mecánico, en negaciones, en ilusiones del enemigo… algunas naciendo, otras muriendo, enfrentando la inevitable cita con el más allá, partiendo a su viaje final… hacia el mundo de luz, o al de tinieblas.

Al bajar de la Torre Latina, me subí en un triciclo taxi que me llevó unas cuadras adelante, hacia La Plaza de la Constitución con 46800 m2 es una de las plazas más grandes del mundo. No ha cambiado mucho desde la última vez que estuve ahí siendo niña, una parte de mí tampoco ha cambiado, pero ahora comprendo la grandeza cultural de México-Tenochtitlán, fundada en 1325, aquí, bajo mis pies, en un islote del lago Texcoco, que después lo aumentaron artificialmente, con suelos y obras hidráulicas, fue la ciudad más poderosa y poblada de Meso América con 500,000 habitantes.

Ese día se celebraba La Feria del Libro. Caminé hasta donde vi un grupo de personas con pasamontañas. Era una manifestación de los "Zapatistas" Ejercito Zapatista de Liberación Nacional (EZLN) movimiento de izquierda y anticapitalista. Individuos encapuchados hablaban por micrófono, otros repartían folletos y su revista. Permanecí por un momento escuchándolos y analizando su ideología. Están liderados por el comandante "Marcos," quién se oculta en las selvas chapanecas. A un lado presencié un drama muy conmovedor sobre las muertas de Juárez… viví parte de lo que ellas vivieron antes y durante su muerte. Los Nahuas/Mexicas llegan ahí cuando en su peregrinación buscando su tierra prometida, encuentran la señal de dios al ver a un águila devorando una serpiente, sobre una nopalera, en un islote. Lo curioso es que la señal, permanece a pesar del tiempo, ahora tiene forma de nuestra bandera. Hay una enorme y ondulante, aquí mismo, en el centro de La Plaza Constitución, donde antes estaba el islote, con la nopalera. Al ver la parte blanca de la bandera, donde está el águila devorando a la serpiente, viene a mí la idea de la lucha entre el bien y el mal, la vida y la muerte, Jesucristo devorando a Satanás, el sol triunfando sobre la tierra,la luz contra las tinieblas… muchas cosas han de suceder.

Al norte de la bandera se ubica la Catedral Metropolitana de la Asunción de María, construida sobre un templo mexica en 1571. En su interior tiene un altar recubierto en oro. Me senté por un momento, cerré mis ojos, e hice mis oraciones al Dios vivo que no se refleja en materia, salí y me encontré

con una ceremonia indígena, danzaban para adorar al dios sol… pasé un rato ameno, todo era folclor, el aroma del copal, el sonido de los cascabeles, tambores, e instrumentos de aire, los danzantes con sus coloridos trajes y carapachos de esplendorosas plumas, danzando con ímpetu, con fuerza, poseídos por un sentir antiguo… todo eso movió mi espíritu, con un amor nostálgico, e indefinido… la escena me era tan extraña y a la vez tan familiar.

A un costado están las ruinas del Templo Mayor, en la parte noreste de la plaza. Sentí que esas danzas se efectuaron siglos atrás en el mismo lugar, solo que al principio eran para adorar al Dios vivo, que ellos después confundieron con el

sol, he hicieron ídolos. Creo que el Dios de los judíos, el Dios de la Biblia, también era nuestro Dios en un principio, antes de caer en la idolatría, igual que los judíos, ellos también cayeron en lo mismo, en ciertas etapas de su historia. Hay un solo Dios de aztecas, mayas, incas, hebreos, etc. solo que hay diferentes interpretaciones al tratar de representarlo, por eso Dios prohíbe las imágenes e ídolos.

Conocí lo que queda del Templo Mayor, entre por unas pasarelas por donde se puede ver de cerca las ruinas. Hay una escultura de *Chac Mool* (jaguar rojo, figura de hombre semi acostado sosteniendo un recipiente en el pecho). Me llamó la atención una enorme piedra circular réplica de *Coyolxauhqui* (campana dorada) descuartizada en la entrada del Museo del Sitio. Según la mitología *Huitzilopochtli* la destruyó, ya que ella intentó primero destruirlo a él, matando a su madre cuando él estaba en el vientre, *Huitzilopochtli* salió del vientre armado, matándola a ella y a sus 400 hermanos que conspiraron contra él. El museo cuenta con 8 salas, con miles de objetos precolombinos encontrados ahí. Un área está dedicada a *Huitzilopochtli* (colibrí izquierdo/del sur) y la otra a *Tláloc* (dios de la lluvia y la fertilidad).

A un costado oriente de la Plaza, está el Palacio Nacional desde el virreinato hasta hoy, en el interior hay varios patios con pinturas y murales del artista mexicano Diego Rivera, relatando episodios de nuestra historia. Los españoles al destruir casi todos nuestro códices y documentos importantes, nos dejaron inconclusos... creo que un pueblo debe conocer toda su historia, sus orígenes, para realizarse completamente, como una nación fuerte e independiente, sin yugo alguno de instituciones espirituales de hombres, que usan la palabra de Dios para oprimir, abusar, y destruir.

Al siguiente día tomé mi avión a Canadá. En oración meditaba, sentía que Dios me llenaba con la idea de que debía recorrer también todos los templos sagrados, no solo las iglesias cristianas, y católicas, y alabarlo a Él, el Dios verdadero sobre ellos, declarando que el Reino de Dios se ha acercado, declarando que las almas le pertenecen a Cristo, que el enemigo está vencido, y construir canales de oración hacia el infinito, para que su poder destruya las fuerzas del enemigo, para que suelte las almas engañadas con la mentira religiosa, y las rescate mi Señor Jesucristo con su verdad, resolviendo nuestros huecos, independizándonos del yugo romano.

18

Frío en el alma

〈✿〉〈✿〉〈✿〉〈✿〉〈✿〉〈✿〉〈✿〉〈✿〉〈✿〉〈✿〉〈✿〉〈✿〉〈✿〉〈✿〉

MONTREAL CANADÁ

*L*legué a Montreal en el mes de abril, con la firme convicción de que estaba haciendo la voluntad de Dios, en una misión de exploración, estudio y oración. Sufrí una larga entrevista con el agente de migración, le parecía extraño que viajara sola, y se negaba a sellar mi pasaporte, hasta que vio a toda mi familia esperándome.

Al pisar tierra canadiense, el crujido de la nieve me fascinó, y al explorarla lo primero que admiré fue su diversidad cultural, gente de diferentes razas y atuendos coexistiendo pacíficamente... un mundo casi perfecto, me parecía.

Mi primer paseo fue hacia El Biodome, antigua pista de ciclismo, construida para los juegos olímpicos de 1976, es un edificio circular y esférico, que ahora es un museo "vivo," dividido en cuatro ecosistemas: El Golfo de San Lorenzo, bosque mixto quebequés, polo norte, polo sur y selva amazónica... era fascinante cruzar de una a otra en segundos, ver las plantas y animales de los cuatro entornos. A un lado está El estadio Olímpico con alberca, gimnasio, y diferentes pistas deportivas, abiertas al público.

Cruzando la calle se encuentra

El Jardín Botánico de Montreal, con un jardín japonés, uno chino, la casa de árbol, y un insectario... los lagos estaban bellamente congelados, para donde volteara era blancura y brillantez, un regalo de Dios... disfrute el paseo jugando con la nieve, una ardilla seguía mis pasos por migajas de pan.

Otro dato interesante es que es una ciudad que la mayor parte del año se mueve bajo tierra. Se puede caminar por debajo de ella por horas, sin sufrir el frío, y encontrar de todo sin tener que salir a la gélida superficie. Cuenta con todo tipo de comercios; restaurantes de diferentes nacionalidades... en uno canadiense, disfruté el platillo más típico de Montreal, toutiere (empanada de carne), unos roles de canela con nuez, y un chocolate caliente. Hay personas de todas partes del mundo a mí alrededor, emigran constantemente por el buen gobierno, se dice que tienen controlada la corrupción, así que los impuestos son usados correctamente, combatiendo la pobreza y la ignorancia. Hay algo de verdad en esto, ya que durante el tiempo que pasé allá, me di cuenta que casi no había delincuencia, en los periódicos no salían noticias de crímenes, lo único que salía era sobre suicidios. Mi tía decía en broma, que la gente se aburría de tanta paz, y que por eso se suicidaban.

Los investigadores de la conducta han llegado a la conclusión de que las personas se suicidan más en climas fríos extremos, por la agresión que el cuerpo siente ante las gélidas temperaturas y al aislamiento al que las lleva. Su situación empeora si tienen frío en el alma, si no tienen la cálida luz de Jesucristo en sus corazones, si están deprimidos y sin la esperanza que da la fe en Dios, sin su Espíritu consolándoles, fortaleciéndoles para pasar las pruebas de la vida... ese frío en el alma que lleva al suicidio, el fuego del Espíritu Santo de Dios lo derrite, cuando uno se entrega a Jesucristo.

En una ocasión mientras viajaba en metro, me tocó estar cerca de donde se suicidó una persona. El metro de pronto se paró, y todos los pasajeros salieron al oír un anuncio. Ignoraba lo que pasaba, no entendía bien el francés, no me moví ya que aún no llegaba a mi destino. Cuando me quedé casi sola y desconcertada, se acercó un hombre y me explicó en ingles la situación... en unos minutos, levantarían el cuerpo de la persona que se había suicidado.... lo dijo con tanta frialdad, que me asusté más, para ellos era muy común, al parecer.

Para los suicidas de Montreal, arrojarse a las vías del metro era la forma favorita de terminar con sus vidas... comprensible... era rápido y efectivo. En Hermosillo no había metro, durante mi adolescencia pasaba horas pensando y buscando una forma de suicidarme rápida, y con menor dolor posible... fracasé en mis intentos, gracias a Dios que se apiadó de mí. Si no fuera por su misericordia, hoy estaría sufriendo en el mundo de tinieblas. No hubiera podido salir, no hubiera podido pronunciar el nombre de nuestro Señor Jesucristo.

Hay una tristeza en mí, por todas esas personas que orilladas por el sufrimiento, intentan escapar de este mundo, sin saber que ningún tormento terrestre es comparado con el que hay en el mundo de tinieblas. Por una hora aproximadamente viajé a ese mundo, aunque para mí fue una eternidad, y puedo testificar que el dolor en el alma, que me trasmitieron las personas, o los seres que vi allá, ese dolor no lo he sentido aquí, no es de este mundo... y creo que solo estuve en la entrada, no llegué al lugar a donde nos llevaban presos, pienso que allá es peor. Comprendo en parte la condición de los suicidas, porque yo fui una de ellos. Buscaba escapar del mundo, huir del sufrimiento... no hay escapatoria, hay que vivirlo... fortalece nuestro espíritu.

Una de las tantas mentiras que las fuerzas del mal promueven por todos los medios para engañar al ser humano, es la que dice: "No hay cielo, ni

infierno," esa es una de las que más le funcionan, ya que es la incredulidad el mayor obstáculo para que el Espíritu Santo de Dios entre en el corazón de las personas. Jesucristo murió por nuestros pecados, para darnos salvación y vida eterna, fue al infierno, le arrebató las llaves al enemigo, resucitó, ascendió al cielo, y mandó su Espíritu Santo, pero su sacrificio no nos sirve de nada, si decidimos creer en la mentira del enemigo, en lugar de escoger la verdad de Jesucristo. Con ese acto, Jesucristo nos resucitó a todos, no tenemos que ir allá, Él nos compró con su sangre, pagó nuestros pecados, hemos sido redimidos. He conocido personas que dicen: "Yo no creo en nada." No se han dado cuenta que sí creen, creen en el que les dice que no crean en nada. Siempre creemos, ya sea a los mensajes de las fuerzas del bien, o del mal, pero creemos, siempre están estos mensajes entre nosotros, desde los inicios de la humanidad, desde que nacemos, todos los días nos movemos en esas dos fuerzas, expuestos a mensajes que entran por nuestros sentidos, a medida que crecemos vamos escogiendo que creer, si creemos al padre de mentira Satanás, o creemos en la verdad misma, en Jesucristo, tomamos esa decisión, que tiene consecuencias de vida eterna, o muerte eterna, ambas son eternas, ya que somos eternos. Nuestro espíritu es eterno porque Dios nos dio su aliento al crearnos, y Dios es eterno.

Hay una eternidad para todos, lo sé, así como sé a dónde iría esa persona que se suicidó en el metro de Montreal. Es triste, pero Dios condena a quien atenta contra su propia vida, aún si fue una persona que sufrió mucho, que no le hizo daño a nadie, aun así, se dañó a sí misma y se condenó, escrito está, I de Corintios 3:17"Si alguno destruyere el templo de Dios, Dios le destruirá a él, porque el templo de Dios el cual sois vosotros, santo es."

En mis intentos de suicidio fracasé… y he comprendido que nuestro cuerpo es el templo de Dios, morada de su Espíritu Santo, y no nos podemos dañar, no nos hicimos a nosotros mismos, somos su obra, creación suya para gloria y honra de su nombre, y le ofende sobremanera que atentemos contra nuestra vida. Además el suicidio es un acto de violencia hacia nosotros mismos, por la incapacidad de dirigir ese acto hacia lo que nos daña, al fin de cuentas es violencia, asesinato. Dios lo reprueba, lo dejó muy claro en sus mandamientos, "No mataras." Éxodo 20:13

Dios permitió que sufriera violencia, y el terror y desesperación de morir estrangulada, para viajar a un mundo de tinieblas, para que experimentara algo del tormento espiritual que hay allá, para que testificara que el nombre de nuestro Señor Jesucristo es poderoso, me sacó de ese lugar, me resucitó, aquí estoy… soy eterna, me dio vida eterna, cuando creí en Él, y lo invité a entran en mi corazón… por eso en ese valle de tinieblas, clamé su nombre, sabía que me escuchaba, creí firmemente que yo no pertenecía a ese lugar, que Jesucristo me sacaría de ese lugar y lo hizo. Allá hay un dolor que es sobre todo dolor terrenal, no es de este mundo, porque en este mundo todos tenemos a nuestro creador a cada instante. Jesucristo abrió una puerta, por la cual podemos tener comunión con Dios a través de la oración y la lectura de su palabra. Si salimos de este mundo sin haber desarrollado una relación personal con Cristo, nos encontraremos en un mundo de tinieblas, donde no podremos recordar su nombre, si en vida nos olvidamos de Él, y sufriremos eternamente, tormentos indescriptibles, e incomprensibles para nuestra mente terrenal.

Seguí mí recorrido por Montreal hacia Oratoire Saint-Joseph du Mont-Royal (Oratorio de San José del Monte Real). Uno de los templos más bellos y enormes que he visto… coronado por con una gran cúpula azul, la segunda de este tipo, más grande del mundo, con dos pequeñas torres… yace sobre la ladera norte del Monte Real, a sus pies una capa blanquísima de nieve y una escalinata que me llevó hacia sus interiores, dentro hay uno de los órganos más grandes del mundo. A un lado del templo está la pequeña capilla y la vivienda de su fundador (Alfred Bassette) quien construyó la capilla pequeña en 1904 y la grande se terminó en 1967. En la pequeña capilla aún están sus muebles, ropajes, libros, artículos de cocina y aseo. Después volví sin nieve.

Con mapa en mano seguí visitando iglesias, cumpliendo con el ministerio de oración. Las gélidas temperaturas no afectaban ese fuego que tengo en mi corazón, con ese ardiente amor llegué al *Viux Montreal* (Viejo Montreal) donde hay edificios que datan del siglo XVII.

Entré a *Basílique Cathedrale de Notre Dame du Montreal* (Catedral basílica de nuestra señora de Montreal), bella construcción estilo Gótico, muy parecida a la que está en París, solo que un poco más pequeña, la recorrí escuchando al guía, sobre la historia: Montreal fue habitada por nativos aglonquinos, hurones e iroqueses durante 1000 años antes de la llegada de los ingleses y franceses., en 1535 llegan por el río San Lorenzo Jaques Cartier, buscando oro, solo encontró cuarzo, y clava un cruz en honor al rey Francisco I, patrocinador de su viaje, pero la colonización se da un siglos después con el comerciante Jerome Le Royer, y 50 misioneros que llegan para cristianizar a los nativos, estableciendo la Villa María de

Montreal, para el siglo XVII ya era llamada Montreal, fue invadida por los ingleses en 1760, y 3 años después tomando el control total.

Me aparté un rato del grupo, mi interés era más espiritual que histórico, y no sacaba de mi mente lo de los suicidas… hice mis oraciones, pidiendo a Dios que mande el fuego de su Espíritu Santo sobre el frío de las almas tristes, llevándoles consuelo y fortaleza, para pasar las pruebas de este instante de eternidad.

Al salir, caminé por La Plaza de Armas, luego tomé el metro hacia el centro de la ciudad donde está *Basilique-cathédrale Marie-Reine-du-Monde* (La Basílica-Catedral de María Reina del Mundo). Construcción parecida a la de San Pedro, en el Vaticano, pero en la fachada de San Pedro hay esculturas representando a apóstoles, y en esta colocaron las estatuas de doce sacerdotes de las parroquias de Montreal, contribuyentes con ofrendas para su construcción.

Visité algunas veces el área donde está el Museo de Arte Contemporáneo, con la intención de adentrarme en su cultura, un día me sorprendió más la exposición de humanos que había afuera. Personas de todas las edades, razas, y niveles socioeconómicos tiradas, o sentadas en el suelo, recibiendo el sol. Casi en un místico ritual moderno. Después de un largo invierno, en mayo empieza a calentar el sol, en las plazas, parques, o donde hay espacio, la gente se tira al suelo a recibir el sol, con delicioso desparpajo.

Por fin salimos toda la familia, mis tíos y primos, fuimos a Mont-Royal (Monte Real), de donde viene el nombre, Montreal. Al llegar al mirador y contemplar la ciudad, la percibí viva y palpitante pidiendo oraciones… al otro lado está el cementerio. Después nos dirigimos al Puerto de Montreal, sobre el inmenso Río San Lorenzo.

Cuando el sol se llevó casi toda la nieve, me decidí a conocer las áreas verdes, en metro llegué al Parque La Fontaine, y disfruté de una deliciosa caminata entre los enormes árboles… el aire fresco de la mañana olía yerbas húmedas, el suelo tenía una alfombra de hojas de arce, emblema nacional. Está en su bandera y escudo. Meditando sobre la historia frente al verde lago, rodeada de folletos sentí que Canadá me hablaba, su nombre significa conjunto de cabañas, es el segundo país más grande del mundo, según estos folletos, efectivamente fue descubierto por el explorador francés Jaques Cartier en 1534, aunque dicen las leyendas de los antiguos pobladores aborígenes, que fue descubierta primero por vikingos de Groenlandia, ¿Quien tendrá la razón? Lo que sé, es que ahora la estoy descubriendo yo… respirando sus partículas… tocándola con mi ser… encomendándola a Dios con mi espíritu, almacenando sus lugares más interesantes en mi mente y plasmándola en mi historia, haciéndola parte de ella.

En casa de mi tía el ambiente estaba muy tenso… tenían una formación religiosa muy dogmática e intolerante en todos los aspectos. Les molestaba mi libertad, los ofendía, y lo más gracioso que descubrí, fue que les molestaba que no los invitara a pasear, pero yo no tenía tanto dinero, como ellos pesaban. Podía invitar a una persona, no a todos. Pero cuando invitaba a mi tía a salir, ella decía: "Somos una familia, ó salimos todos o no sale nadie." Yo sí salí.

Desde que llegué mi tía se molestó conmigo, porque le dije que Dios me había liberado de la iglesia, no lo comprendió, además le molestó que yo tenía entre mis cosas, un disco compacto de música secular, decían que la cantante era satánica; también les molestaba mi imparcialidad y opinión política; mi ropa moderna y arreglo personal... bueno hasta mi comunión con Dios y la forma como se había manifestado en mi vida... cuando les testificaba que había visto a Dios en visión, se molestaban, decían que nadie podía ver a Dios, que eso no era bíblico... llegó un momento que sentí que hasta mi costumbre de orar antes de los alimentos, y mis doce capítulos diarios que leía de la Biblia, les molestaba. Ante esa situación yo intentaba defender mi concepto del bien y del mal, ya que era muy diferente del que ellos vivían, pero todos me rodeaban lanzándome cometarios negativos, enjuiciándome por mi apariencia exterior y ropa moderna, hablaban mis tíos, luego mis primas, y sus esposos, a veces todos a la misma vez, tratando de convencerme de que yo estaba mal, por no ser como ellos. Vi odio e intolerancia en sus rostros. Ya mejor trataba de pasar todo el día fuera de casa, cumpliendo con la misión que Dios me encomendó, solo esperaba que llegara la fecha de mi vuelo de regreso a Tijuana. Me dediqué a explorar la cuidad, en solitaria misión, orando, estudiando, existiendo en ella... respirándola... para percibir lo que el Espíritu indicara y transformarlo en palabras, plasmarlo en letras, como una voz inmortal, que permanecerá... como una huella, que muestre el camino hacia el más allá... hacia la eternidad, al mundo de luz, al seno de Dios.

Mi primo que también estaba de vacaciones allá, organizó un viaje a Quebec... se molestó porque me negué a pagar la mitad de los gastos del viaje de todos, diciéndome que entonces yo no los acompañaría. Me lastimó su actitud, el día del viaje mi tía me dijo que yo sí los acompañaría. En una camioneta, y un auto pequeño de un amigo de la familia, fuimos todos... solo pagué los gastos de mi tía y míos.

QUEBEC CANADÁ

Al llegar Al *Viux Quebec* (viejo Quebec) nos estacionamos cerca de la puerta de Saint-Jean. Juntos recorrimos divertidos la ciudad amurallada, dentro hay edificios históricos como el museo de La América Francesa y el Museo de Las Insulinas, Museo de la Civilización, pero el edificio más bello e impresionante es el *Chateau Fontenac* (Castillo de Fontenac), con arquitectura de inspiración medieval, ahora es un hotel.

Puerta de Saint-Jean Quebec

Al entrar nos trasportamos al pasado, no solo la decoración sino que los empleados tenían ropa medieval, con pelucas blancas y vestidos hampones, con corsé. Salimos al Parque de *Champs de Bataille* (Campo de batalla) fui ahí donde en 1759 se enfrentaron los ingleses contra los franceses, derrotándolos. Cerca del castillo está La Basílica de *Notre Dame du Quebec*, (nuestra señora de Quebec) donde hice mis oraciones por ese pueblo. En esa bella ciudad hay un folicular, en el que se puede bajar a *la Basse Ville* (parte baja) donde hay tiendas de artesanías, bares restaurantes, o se puede caminar sobre el viejo puerto, admirando la vista del imponentemente inmenso Río San Lorenzo.

De regreso a Montreal, el auto pequeño del amigo de mi tía se averió. Yo venía en la camioneta grande, nos devolvimos a una gasolinera. Salí de la camioneta para usar el baño, al regresar ya habían ocupado mi asiento... decidieron que yo iría en la cajuela, protesté sin resultados... tenía que ir acostada, sintiendo la vibración del vehículo en la espalda y cuello... ese fue un mal viaje.

Cuando me empezó a afligir la soledad, conocí a un impresionante afro-canadiense, en uno de mis paseos al Casino de Montreal... después me lo encontraba por todos lados, en el gimnasio del estadio olímpico, en la estación del metro, en el autobús. Tantas coincidencias se debían a que Niki vivía en la misma área donde vivía mi tía. Salimos al cine, a cenar, al muelle, me presentó a su familia, hasta me invitó a vivir en su casa cuando le confié los problemas que tenía con mi familia. Solo acepté su amistad, además de atractivo, era muy comprensivo y respetuoso, el hombre ideal, pero yo necesitaba tiempo, no estaba lista para una relación.

Cuándo hablé con la familia de mi amistad con Niki, se horrorizaron que estuviera saliendo con un afro-canadiense. Sus comentarios insultantes hacia su raza me indignaban…. todo empeoró, mi comunicación con ellos era muy difícil, casi me corrieron… pero a pesar que me lastimaban con sus conductas, yo los seguía amando, eran mi familia más cercana… oraba por ellos, para que Dios les diera el crecimiento espiritual, un corazón justo, que sanaran de su intolerancia religiosa, política, y cultural. Una puerta más que se me cerraba, Dios había logrado dejarme completamente sola, ahora comprendo que así me quería, sola para esta misión, porque entre más sola estaba, más oraba y crecía en mí una absoluta dependencia en Él. Espiritualmente regresé satisfecha de haber cumplido con la misión de oración y estudio por Canadá, pero lastimada emocionalmente y decepcionada por la dureza de corazón que veía en mis familiares.

MÉXICO DF

Regresé a México DF, y de ahí me fui a Acapulco, una de las playas más bellas de México, a disfrutar de unos soleados días de descanso… el frío del alma desapareció con la oración. Intenté trabajar de bailarina, pero el ambiente de Acapulco era muy pesado, después de unos días en los que testifiqué de lo que Dios hizo en mi vida, me fui a Tijuana, pero con el firme propósito de seguir viajando, cumpliendo con mi misión… mi próximo destino era Europa. Con el corazón ardiendo de gozo ahorré, planeé mi viaje estudiando cada ciudad, su historia, su idioma, su cultura en general, atractivos turísticos, los costos, y tomé mi vuelo sintiendo que el Espíritu de Dios me guiaba y demostraba una vez más porqué me había cerrado las puertas de mi pequeño mundo. Había un inmenso mundo, que me quería mostrar.

19

Haciendo mío a París

PARÍS FRANCIA

El verano se extinguía ya, cuando por fin vi tierra firme, y me acercaba a ella volando como en mi sueño. En el vuelo conocí a una maestra francesa que vivía en la ciudad de La Paz México, me aconsejaba cómo moverme en París, decía que radicaba en México porque estaba cansada de soportar a los franceses, que siempre se estaban quejando de todo. También conocí a un joven argentino, que venía desde Buenos Aires en autobús, rumbo a las playas de La Riviera Francesa. En el Aeropuerto Charles de Gaulle, cada uno siguió su destino, y de pronto me encontré perdida en ese inmenso aeropuerto. La francesa ya me había dado indicaciones como llegar al metro, pero entre tanta gente, me desorienté por buen rato. Sentada en mi maleta cerré los ojos

por unos momentos en oración… al abrirlos, el letrero que me indicó la francesa estaba frente a mí, y encontré el vagón que me llevó a la estación del metro.

Preguntando llegué al modesto hotel donde tenía reservación. Dos réplicas de Monet adornaban el pequeño cuarto decorado en relajante pastel. Cansada tomé un baño e intenté dormir un momento, pero un resorte dentro de mí me levantó, tenía una cita importante con una de las maravillas del mundo, la enorme torre que Gustav Eiffel construyó de 324 metros, en 1889. Empaqué carne seca y agua, con cámara, mapa, y un espíritu libre, me encaminé a la estación del metro, casi bailando de lo feliz que estaba en esa misión. Después de perderme y volverme a encontrar, llegué al Museo *Louvre*... sabía que estaba cerca de la torre.

En una tarde cálida, cuando se acercaba la puesta del sol y el viento soplaba tranquilo con olor a hierba mojada, conocí la Torre Eiffel, rodeada de árboles y jardines geométricamente diseñados, llamados *Champ de Mars* (Campo de Marte), todo ese verde parece que le da vida a la torre, es como si ella también hubiese sido sembrada ahí.

Los últimos rayos del sol me invitan cálidos a hablar con Dios en espíritu y en verdad... después de unos momentos de meditación vuelvo mis ojos a la torre... casi la siento respirar... volteo a ver esa multitud que la mira con cierta adoración, mientras que ella orgullosa, brilla con esplendor casi viviente y sobrenatural... imponente y seductora, atrapa con su encanto y llena de algo... no sé, creo que llena de satisfacción, o vanidad, no sé, y creo que nuestra atención también la llena a ella de glamur, o de fama.

Un joven de origen marroquí, intentaba conversar conmigo en español, entre otras cosas me dijo: "Si entrecierras los ojos verás la otra cara de la torre, hazlo." Insistía tanto, que lo hice, y sí, el efecto la mostraba diferente, desnuda, sin el acero, solo su luz. La carcajada del joven marroquí, me hizo abrir los ojos y dirigir mi mirada hacia él, me ofrecía tomar de su botella de vino diciéndome *visajá* (salud en marroquí)... rechacé con amabilidad, él dijo entusiasmado: "En París es legal tomar vino en cualquier parte."

El siguiente día mi cita fue con el Museo Louvre (1791), es un fascinante palacio antiguo, con una pirámide de cristal en medio por donde se entra hacia abajo por escaleras eléctricas. Hay boutiques, librería, restaurantes,

cafés, sala audiovisual y auditorio. De ahí se conecta con todas las áreas del museo: Antigüedades orientales, egipcias, griegas, romanas, que consisten en objetos de arte en esculturas, dibujos, pinturas, etc. Ahí vivió Napoleón, y parte de la realeza francesa, permanecen sus muebles, y artículos personales.

Al pasear por ahí dejé volar mi imaginación, me vi con esos vestidos enormes, con corsé, llenos de encaje, con mi peluca blanca, con bucles... por un momento jugué a que era princesa en mi palacio... lo recorrí con porte de princesa, revisé que todo estuviera en orden y a mi gusto, la platería, las joyas de la corona, los candelabros, alfombras, muebles. Decidí despertar a las esculturas, para que me informaran del pasado. Aprecié bustos romanos de hombres destacados. Llegué a donde está "La Venus de Milo" atribuida a Afrodita la diosa del amor y la belleza, encontrada en la isla de *Melos* (Milos) Grecia en 1820, se cree que data del año 100 a.C. autor desconocido; "El Esclavo Moribundo" y "El Esclavo Rebelde," Miguel Ángel las creó entre (1513-1515); Diana de Versalles, atribuida a Artemisa Cazadora, bellísima escultura en mármol de 2.08m, del 330 a.C.

En las salas del arte egipcio, observé la cripta de Osiris (dios egipcio de la resurrección y la fertilidad); el código de Hammurabi, uno de los primeros conjuntos de leyes de la historia, ley del talión, está escrito en babilónico antiguo en una enorme piedra de 2.25m. en la parte superior está grabado Hammurabi (rey de

Babilonia) de pie, delante del dios sol de Mesopotamia. Me llamó la atención lo real que se ve una pequeña escultura del "Escriba sentado," también hay máscaras, sarcófagos, tumbas con jeroglíficos. Fue interesante, ver esos objetos sobreviviendo ante el tiempo, con un mensaje de la existencia del pasado y sus creadores. También aprecié objetos de la cultura oriental: Colorida cerámica y tapices, exótica joyería, esculturas de Buda y Shiva, entre otros muchos dioses.

Ya mis pies estaban muy cansados pero deseaba ver la famosa pintura de "Monalisa," obra maestra de Leonardo da Vinci, y obras de Velásquez, El Greco, Lacroix, Ingres, Rubens, Botticelli, y tantos maestros, de los diferentes períodos, renacimiento, barroco, neoclásico. Pasé horas percibiendo a través de sus pinceladas lo que sus ojos vieron en cada época, como fue cambiando su forma de ver el mundo, e interpretarlo. Sentí que me llevaron todos ellos por un recorrido a través del tiempo, era como si esas imágenes en mi mente cobraran vida, sentí vivir un poco en cada una de ellas. Estar en el Louvre es estar en todo el mundo y en todos los tiempos, la historia de la civilización concentrada en objetos ¡Es fascinante!

La Iglesia *Notre Dame* (Nuestra Señora) fue fundada desde 1250 d.C. la réplica de Montreal es muy parecida, pero más pequeña. Aquí está una escultura de Juana de Arco. Ella y Sor Juana Inés de la Cruz, fueron mis primeras heroínas durante mis años estudiantiles. Sus voluntades sobrepasaron lo establecido y común, fueron más allá de lo convencional. No entendí mucho de la misa en francés, pero hice mis oraciones, he de orar por las iglesias del mundo y todos los lugares sagrados, por la salvación y el sufrimiento de los inocentes, he de construir canales de oración hacia el infinito, para que fluya el poder de Dios, debilitando al enemigo.

Caminé hasta el Río Sena, observando a los muchos pintores de diferentes culturas tratando de atrapar el espíritu de París en sus pinceladas, unos sublimados, otros en aguda concentración, o perdidos en un vuelo imaginario, algunos ya vendiendo sus obras, o réplicas de grandes maestros en puestos ambulantes. Observé a un famoso maestro de pintura dando clases a sus entusiasmados alumnos. En los puestos que vendían libros de segunda mano, abundaban de Sartre, Dumas y Víctor Hugo, además de antigüedades, curiosidades, mapas. Cerca de ahí, a un costado del Sena, hay un área de restaurantes pequeños donde se come lo mejor de la cocina francesa, e internacional, con música en vivo y ambiente muy bohemio.

Otro recorrido obligatorio cuando se va a París es el *Champs Elysees* (Campo de los Elíseos), es una amplia avenida con árboles y fuentes bellamente diseñados que inicia en Plaza de la Concordia y llevan hasta el colosal Arco del Triunfo, monumento de 50 metros de alto y 45 de largo, construido en homenaje a los soldados de Napoleón, que regresaban de la guerra, donde yacen los restos del soldado desconocido y se juntan 12 avenidas. No puedo imaginar a esos soldados como los interpretan la historia de sus países, bellos, fuertes, victoriosos… yo al contrario los veo unas millas atrás, a unos con un brillo psicópata en los ojos, sedientos de sangre envilecidos; otros con la mirada perdida enajenados, sumidos en un mundo interno indescifrable; otros más con un semblante de amargura, con cicatrices en el alma, y en el cuerpo, que no podrán borrar, ya que llevan grabada, tanta muerte vivida… en la guerra todos salimos dañados, fuimos creados para amar, no para matar… cuando se traspasa esa línea, por razones injustas, como en la mayoría de las guerras, creo que se empieza a morir lentamente.

Cuando me dirigía al Castillo de Versalles me perdí otra vez, pero conocí otra área de la ciudad, donde el metro sale del subterráneo por las orillas de París, y el Río Sena, con árboles y flores por todo el trayecto, después encontré el camino a Versalles, y al salir del metro me encaminé por unas callecitas con pintorescos bares y cafés, con turistas conviviendo, disfrutando de bocadillos y bebidas, escuchando música francesa. Al final se alza majestuoso el Castillo de Versalles… dentro tiene una fastuosa capilla, murales en el techo, y un museo con una colección de cuadros ordenados por Luís Felipe, con pinturas que relatan la historia de Francia, además de las habitaciones de la realeza, con sus muebles, alfombras, cortinaje, y objetos personales. Esto lo había visto en fotografías y películas, pero el estar aquí me llena de emociones, y me invita a jugar con mi imaginación. Decidí que ese día, también ese sería mi castillo y yo sería su princesa. Así realizaría en parte mi sueño adolescente. Recorrí sus hermosos jardines, sintiendo que eran míos.

Saliendo por la parte de atrás del palacio se puede apreciar El Parque, tiene 800 hectáreas, 300 de bosque y 2 de jardines a la francesa, El Pequeño Parque, tiene 80 hectáreas y el Trianón 50 hectáreas, además hay 372 estatuas. Frente a mí tengo El Gran Canal, al lado está un jardín en forma de laberinto verde, donde la realeza acostumbraba jugar; a la derecha están unos restaurantes pequeños, como villa medieval; al ir bajando los escalones, se pueden admirar las fuentes, y espejos de agua, donde la luz se refleja bellamente; cuando se llega al lago, hay lanchas para rentar; con familias paseando a sus niños, o parejas de enamorados; también vi a un equipo profesional del remo, entrenado por su manager, les gritaba exigente por micrófono desde otra lancha con motor.

Decidí dar una caminata alrededor del lago y darle de comer a patos, cisnes, peces. Atravesé todo el lago jugando a la princesa en su castillo... desperté de mi sueño cuando estando en la parte más lejana del lago, escuché los micrófonos anunciando el cierre de las puertas. Apresuré el paso sin perder mi porte de princesa, pero me preocupé porque en unos cuantos minutos ya no se veía nadie a lo lejos...

Por más que apresuraba el paso parecía que no avanzaba. El hermoso jardín me empezó aparecer un bosque encantado y viviente, que me atrapaba... caminaba y caminaba, apresurada, sintiendo que no avanzaba nada... el ruido del viento en las hojas de los árboles, parecía un gran murmullo... los últimos rayos del sol estaban desapareciendo... unas enormes nubes negras oscurecieron la poca luz que quedaba... caminaba desesperada... a lo lejos vi como cerraban la reja y desaparecía el seguridad, yo era la única persona en ese gigantesco jardín... el temor me inundó, disparando a mis pies en una loca carrera... de repente sentí como mi garganta se cerraba y recuerdo al instante que el asma suele afligirme.

Ya tengo años que me niego a cargar conmigo la medicina, he descubierto que respirando lentamente y orando en espíritu la puedo controlar. Paré mi carrera, sintiendo una tos asfixiante y seca... inicié la oración del Padre Nuestro, después empecé pedirle perdón, estaba atrapada en ese bosque que parecía encantado… estaba sola… todo era para mí, pero ya no lo quería. Controlé mi respiración, y todo fue volviendo a la normalidad a medida que seguía mi conversación con Dios. Hace años que solo oro, de esa forma salgo de los ataques de asma, que cada vez han sido más esporádicos, gracias a Dios. Por un tiempo usé el medicamento, pero en un viaje de la universidad a la Laguna Hanson se me perdió, me dio un ataque y oré a Dios, y El me libró, desde entonces no uso el medicamento. Seguí mi caminata hasta llegar al portón, donde se entra hacia el lago. Estaba cerrado, era enorme, no había forma de brincarlo. Entré al pueblito donde estaban los restaurantes, me encaminé por la callecita para ver si encontraba a alguien que me pudiera ayudar, pero era como un pueblo fantasma. Descubrí que todas las casitas estaban pegadas una a otra, no había salida sino al oscuro bosque, o hacia el portón cerrado. Tenía que atravesar forzosamente ese portón para subir al castillo y rodearlo hacia la salida, que me llevaría a la estación del metro. Volví al portón para intentar brincarlo.

A lo lejos vi un carrito de seguridad y grité desesperada. El carrito se acercó al portón, me abrió la agente de seguridad, mi francés era muy limitado, con dificultades le expliqué mi odisea, no sé si me entendió, pero lo que yo sí le entendí, fue que yo no era la primera persona que le había pasado esto, que ella ya había informado que el cierre del portón era muy rápido para las personas que estaban en la parte más lejana del lago a la hora de la sirena, pero que la habían ignorado. Me llevó a la salida del castillo y me dio indicaciones de cómo llegar al metro. Meditando en todo lo acontecido llegué a mi habitación. Realizar parte de mi sueño, la belleza de ese castillo, su lago y sus jardines, compensaron todo… definitivamente.

Montmarte (monte del mártir) es una colina al norte de la ciudad, coronada por *Sacre Coeurt* (Sagrado Corazón), iglesia de estilo romano y bizantino, tiene forma de cruz griega y cuatro bellas cúpulas la adornan, a sus pies, un mirador desde donde se puede apreciar una de las vistas más bellas de París. Se llega ahí por escalones, o por el folicular. Una mujer oficiaba la misa. La estructura es bella, aunque de cemento gris triste, de noche cambia totalmente, con las luces resplandece, como una artista que sale a dar su "show" y a compartir el escenario con todos los demás monumentos y lugares históricos… todos sublimemente iluminados. Desde este lugar, se entiende por qué dicen que París es "La Cuidad de las Luces."

Los franceses tienen un encanto especial para embellecer su ciudad, un don en lo estético.

Al bajar del mirador del *Sacre coeurt*, encontré un hotel de árabes muy económico y decidí hospedarme ahí, área donde vivieron celebres artistas. El cuarto era más pequeño y la cama individual, pero no necesitaba muchos lujos, todo el día estaba fuera, solo lo usaba para dormir y bañarme. Otra forma de ahorrar fue comprando mi comida en los supermercados y panaderías.

Iglesia Sacre Coeurt Paris Francia

Visité otras iglesias cumpliendo con la misión de oración. Así fue como fui a dar al Edificio de los Inválidos, construido por Luís XIV para atender a los veteranos de la guerra. Ahí está el museo de la armada y la Iglesia del Domo, con los restos de Napoleón. En la noche llegaba con los pies inflamados de tanto caminar, los metía en una bandeja con agua caliente y sal. Me sentaba en la ventana de mi cuarto a ver los departamentos de al lado y la iglesia del Sagrado Corazón, bellamente iluminada con colores blanco y azul rey. Ni la suite más cara de París tenía esa vista que disfrutaba en mi cuarto de veinte euros, me gustaba pensar eso, frente a la ventana, cenando mi pastelito con leche.

No podía dejar de visitar La Fayette, famosa en todo el mundo, la tienda más grande y lujosa que había conocido, con artículos de los diseñadores más prestigiosos del mundo. Presentan desfiles de moda. Pasé horas recorriendo la tienda, y me compré una falda de piel negra que me encantó, aunque no tanto el precio, dudé un poco al principio, pero terminé justificándome. Salí feliz de haberme consentido, luego escuché unas campanas de iglesia llamándome… era tiempo de dejar mis frivolidades de mujer, e ir a llenar mi espíritu.

Había un grupo de personas afro francesas cantando precioso, con un sentimiento que hacía arder mi corazón de gozo, aún sin entender bien la letra. Tomé "la cena del Señor" con ellos, para recordar, con galleta y jugo de uva simbolizando el cuerpo y sangre de Cristo. Yo lo hago en casi todos los alimentos. Salí y me tendí en el jardín a recibir los rayos del sol.

Conocí a un joven peruano que me agradó, se parecía al vocalista de "Jaguares." Se acercó, mientras escuchaba sentada en los escalones a los músicos urbanos del mirador del *Sacre Coeurt* (Sagrado Corazón). Se juntaba una muchedumbre entre turistas y jóvenes que vivían en el área, algunos llevaban sus botellas de vino y bocadillos, era una forma muy económica de pasar una tarde bohemia. Había buenos músicos, mimos, titiriteros, se conformaban con unas monedas… me la pasaba genial, disfrutando del espectáculo, comiendo mis quesos, baguette, y un jugo de uva, al final hacia una oración en espíritu por todos los ahí presentes.

Cuando fui a los Jardines de Luxemburgo, me decepcioné porque el palacio estaba cerrado, hoy es del senado francés. Fue construido para María de Médicis entre 1615 y 1624, está a 100 metros de la Soborna, y el Panteón. Disfruté de sus jardines y sus fuentes. Los visitantes lanzaban monedas a una fuerte, pidiendo un deseo. Lancé mi moneda, pedí el mío a Dios, y se me concedió ya. Me tiré un rato en el jardín a tomar el sol como todos los turistas… oré a Dios viendo enteramente el azul cielo en su magnificencia…

De ahí me fui a una exposición de fotografía sobre la represión islámica. El fotógrafo manejaba con excelencia la luz y la sombra. Captaba magistralmente el dolor, el sufrimiento, en instantes precisos. Su mensaje me llegó, me conmovió, y agradecía a Dios desde lo profundo de mi corazón, la libertad que por gracia me otorgó a través de Jesucristo y ore por ellos. En París hay muchos musulmanes.

Por ese rumbo estaba el Panteón, lugar donde descansan algunos hombres célebres. El edificio es inmenso, con un pórtico de columnas y un frontón clásico, encima una cúpula. En el frontispicio tienen grabada una mujer dando aureolas a los hombres, representando la sabiduría otorgando dones, está grabado: *Auxgrand hommes la patrie reconnaissante* (a los grande hombres la patria agradecida). Ahí se encuentran los restos de Voltaire,

Rousseau, Marat, Víctor Hugo, Émile Zola, Jean Moulin, Marie Curie, Louis Braille, Jean Monnet, Dumas.

Después fui a La Soborna, la universidad más antigua de Europa, fundada en 1257 por Robert de Sorbón, uno de los primeros colegios de la Universidad de París. En sus inicios fue creado para enseñar teología a los alumnos pobres. Hoy en día es difícil entrar a estudiar ahí... no reuní los requisitos... no tengo nada... soy pobre.

Decidí que ya era tiempo de comprar mi boleto a Roma, viajaría en tren. No tienen tarifas fijas, depende de la oferta y la demanda, la mejor opción es viajar entre semana, si se quiere ahorrar algunos euros. El día de mi partida me levanté tarde, el viaje sería largo. Me dirigí a La Biblioteca Nacional de Francia, Francois Mitterrand (1988) como último recorrido. Su forma arquitectónica es muy peculiar, tiene como un libro abierto de cristales ahumados en cada esquina... con un solo semestre de francés, quería intentar leer autores franceses, en su propio idioma... a veces tengo cada "ocurrencia."

Cuando llegué a la biblioteca me desanimé, ese día estaba cerrada al público, solo estudiantes de la universidad y maestros podían entrar. Me quedé un rato sentada, triste, observando a las personas entrar y salir... deseaba entrar, debía haber alguna forma... tanto conocimiento condensado en libros me fascinaba, quería estar adentro, sabía que nunca podría leer todos esos libros, pero el solo verlos, calmaría mi deseo... oré... de pronto vinieron varias ideas a mi mente, recordé que fui maestra de enseñanza bíblica, durante mi servicio en la iglesia, soy entrenadora de pesas en el gimnasio, es como maestra, llevé un semestre de didáctica en la universidad, he leído muchos libros. El conocimiento adquirido, y el deseo de compartirlos con otros forman al maestro. Todos estos razonamientos venían a mi mente a medida que oraba... me convencí... soy maestra, nadie lo puede negar... Dios me hizo maestra... y me lo recordó en ese instante.

Me levanté y me dirigí al agente de seguridad, y le dije que era maestra... me pidió identificación... le mostré mi pasaporte... me pidió otra identificación... le mostré mi tarjeta de elector para votar... el agente la miró unos momentos, después me miro a mí, sonreí, y me dio el pase indicándome a dónde dirigirme para dejar mis pertenencias, y donde me darían un tarjetón de visitante. Recorrí lo que pude, leyendo un poco aquí, otro poco más allá. Algunas áreas estaban cerradas. Por dentro la biblioteca no es tan grande como yo creía, pero quedó satisfecho mi deseo. Gracias a Dios, que me consiente y me da de su gracia.

Cuando salí, subí a un área de cine a disfrutar de una película mientras llegaba la hora de irme a la estación. Ya a estas alturas buscaba lugares donde pudiera estar sentada, después de mi intenso peregrinaje, mis pies estaban protestando, me movía intensamente de sol a sol. La película estaba en inglés, con subtítulos en francés, lo tomé como una clase de idiomas. Rumbo a la estación de Bercy, duré una hora perdida, hasta que unos niños que patinaban en una plaza me orientaron.

Al llega, aún era temprano, y en el segundo piso estaban promocionando a Italia... dejé con placer que me agasajaran con aperitivos deliciosos, mientras me informaban con detalle, sobre cada una de sus provincias. Francia iba quedando relegada y archivada, ya nuevas imágenes estaban dominando mi mente y dirigiendo mi atención. Agradecí satisfecha todos los bocadillos y vinos, diciéndoles que tenían razón, Italia era un país digno de ser visitado y que definitivamente visitaría su país... subí al tren, donde me asignaron una litera y compartiría el camarote con otras personas.

El oficial de seguridad me pidió mi pasaporte y me dijo que lo acompañara. Lo seguí asustada hasta un vagón solitario, pensando que algo andaba mal con mi documentación. El oficial volteó a verme con su mejor sonrisa, y se presentó diciendo que era su cumpleaños, que cuando terminara de recoger los pasaportes él y yo celebraríamos con cena y champaña. Se miraba tan entusiasmado, que me dio pena negarme... regresé al vagón y me arreglé un poco... el oficial volvió por mí y me llevó al mismo vagón, destapó una botella de vino. Pregunté si no íbamos al restaurant para su cena de cumpleaños, me contestó que ahí era mejor. Ya no me gustó la idea, pero el hombre me dio pena, le canté el "feliz, feliz cumpleaños" que cantamos en la iglesia bautista. Pidió un beso francés de regalo, y mi paciencia se acabó... me despedí... cruzábamos la frontera en ese momento y empezaba a conocer a los italianos.

20

Éxodo 20:4-6
"No te harás imagen,
ni ninguna semejanza de lo que esté arriba
en el cielo, ni abajo la tierra, ni en las aguas debajo
de la tierra: No te inclinarás a ellas, ni las honrarás; porque
yo soy Jehová tu Dios, fuerte, celoso, que visito la maldad de los padres
sobre los hijos, sobre los terceros y sobre los cuartos, a los que me aborrecen, y
que hago misericordia en millares a los que me aman, y guardan mis mandamientos"

En el corazón de la usurpadora

ROMA ITALIA

Conocí Roma en un día extremadamente soleado, por las calles abundaba gente con sombrillas. Preguntando llegué al hotel que reservé por cincuenta euros. Me sorprendí, era lujoso, mejor de lo que había visto en Internet. Mi habitación en el décimo piso estaba bellamente decorada estilo clásico. Después de una ducha, me tiré exhausta en la enorme cama por unos momentos... después saqué algo de tomar del refrigerador y me dediqué a ver las noticias locales. Pronosticaban que la ola de calor que azotaba Europa, se intensificaría en los próximos días. Me asomé por la ventana, parecía que salía vapor del suelo a lo lejos... los árboles estaban paralizados de calor, era como si se hubiera esfumado el aire.

Tomé un autobús rumbo al Foro Romano, donde nació la ciudad y permanece a pesar del tiempo El Arco de Tito, construido para conmemorar la victoria de los romanos, sobre la revuelta de los judíos en Jerusalén en el año 70 d.C. Cuando el emperador Tito destruyó el templo de Jerusalén. Más adelante está El Coliseo fue  completado en el año 80 d.C. al ver el enorme estadio con capacidad para 45,000 espectadores, lo sentí casi rugiente... a mi mente vinieron imágenes, de cuando los cristianos eran arrojados a los leones para diversión del público… fue como si viajara en el tiempo hacia los primeros siglos… escuchaba a la multitud sedienta de sangre, pidiendo muerte para los cristianos… como un animal gigante, vil, y embravecido, rodeando a los cristianos, que oraban de rodillas en medio de la arena, mientras soltaban a los leones hambrientos, que desgarraban sus carnes entre carcajadas y aplausos de los espectadores. Mi corazón se estrujó, y me volteé para alejarme, pero tropecé asustada con un soldado romano, vestido como en aquella época, con su capa roja y escudo, casco, espada plateados… me sobresalté, pero el soldado en lugar de atraparme para lanzarme a los leones, se disculpó con una cálida sonrisa, y siguió caminando hasta donde estaba otro soldado tomándose fotos con turistas, y recibiendo propinas.

La persecución hacia los cristianos terminó cuando el emperador Constantino supuestamente se convierte al cristianismo al ver una cruz de fuego en una importante batalla. El dio libertad al cristianismo y lo declaró como culto religioso legal. Después de la muerte de Jesucristo, la de los apóstoles y muchos mártires finalmente el cristianismo conquista el mundo Romano en el siglo III d.C. Me imagino que hubo gran regocijo entre el pueblo cristiano, pero con el tiempo el cristianismo se fue corrompiendo. Si analizamos la historia desde este punto, es fácil comprender por qué llamo a la iglesia católica, "La Usurpadora." Con los romanos al poder del cristianismo, el enemigo se fue introduciendo poco a poco, a través de servidores suyos, sacerdotes y regidores romanos que traían arraigado el paganismo… fueron incorporando sus doctrinas y ceremonias, exaltándose a sí mismos y oponiéndose a lo establecido por Dios en las escrituras, para regir la tierra bajo su voluntad, y "cristianizando" el paganismos de otras culturas.

Ningún poder sobre la iglesia tenía Satanás, ese poder solo lo obtendría usurpando a Cristo, se fue metiendo con cautela, ya en el poder a través del papado, se autonombró la cabeza visible de la iglesia universal de Cristo, con poder infalible sobre todo el mundo, demandando total sumisión y obediencia a su voluntad. Los romanos desde sus inicios implantaron doctrinas opuestas a lo establecido en las escrituras. Dios nunca señaló a ningún hombre como cabeza de la iglesia, solo Cristo es la cabeza de la iglesia, y su presencia en este mundo es a través de su Espíritu Santo, no se concentra en una sola persona, sino que está en todas partes, como el aire. El enemigo siempre ha deseado robarle la adoración a Dios, en el libro de Lucas le pide a Cristo que de rodillas le adore, pero Él, negándose le contesta: "Escrito está Satanás, a tu Dios adoraras y solo a Él le servirás." La doctrina de la supremacía papal, fue creada para robarle la adoración a Dios, y es opuesta a las enseñanzas de las escrituras, en la que supuestamente la iglesia romana basa sus credos.

Satanás sabía que para mantener su poder sobre los hombres, debía mantenerlos ignorantes, sabía que el solo conocimiento de la palabra de Dios, lo exalta como tal, por eso la iglesia católica romana prohibió la lectura y circulación de La Biblia. Por siglos se vivió en la oscuridad, de esa forma solo el papado tenía el conocimiento universal, y por lo tanto poder absoluto sobre la iglesia y el estado. Aún hoy en nuestros días la iglesia católica mantiene a la mayoría de seguidores espiritualmente ignorantes, enajenados en una religiosidad mecánica, que solo consiste en sentarse un rato el domingo en una banca, y después abrir la boca para recibir un pedazo de harina. "La Usurpadora" les hace creer que esa es la comunión con Cristo. Las almas engañadas siguen en ese ciclo repetitivo durante toda su vida, hasta que salen de ella, y se encuentran en un mundo espiritual de tinieblas, sin recordar el nombre del Señor Jesucristo, porque no se comunicaban con Él, en espíritu y en verdad, nunca entró El Espíritu Santo de Dios dentro de esa persona, por lo tanto no quedó grabado en su mente espiritual el nombre de Cristo. Jesucristo tiene las llaves del cielo y del infierno, solo Él dice quién entra y quién sale, porque fue el único que venció la muerte y el pecado, ganando para el hombre la salvación. Pero hay que relacionarse con Él, como un ser real en nuestras vidas, alguien que está con nosotros espiritualmente, constantemente, durante las 24 horas del día, al que le debemos total sumisión. Solamente de esa forma queda grabado su nombre en nuestra mente espiritual, en nuestra alma. El sistema de "La Usurpadora" está diseñado para mantener ignorantes a sus feligreses de lo que es la comunión con Dios, preparándolos para el mundo de tinieblas.

En esos días conocí lo que era una ola de calor intenso... recorría Vía San Gregorio, y Circo Máximo, lugar de diversión, antigua pista de carreras de carros con caballos... el calor del sol estaba extremadamente furioso, quemante... me preguntaba si por esa calle caminó el apóstol Pedro, o Pablo. Se piensa que fueron martirizados y asesinados allí en Roma, durante la persecución a los cristianos ordenada por el emperador Nero. No se sabe el lugar exacto, la iglesia católica asegura que los restos de Pedro yacen bajo El Vaticano, y los de Pablo en la catedral de San Pablo a las orillas de Roma.

El sol descargaba sus rayos agobiándome cada vez más, sentía que me salía vapor humeante de la cabeza a los pies, el cerebro a punto de estallarme, la boca seca, todo el cuerpo me ardía... era como si el sol me estuviera cocinando a fuego lento, me sentí débil, sin fuerza, mareada... oraba a Dios en espíritu, cuando de pronto sentí unas gotas en mi cuerpo ¿Cómo era posible? Miré al cielo, solo había arriba de mí, una pequeña nube del tamaño de una pelota en ese momento... mi corazón ardió de agradecimiento a Dios... me regaló unas preciosas gotas de su cielo ¡Un milagro! Esa nube era tan pequeña, cayendo solo en un radio de media cuadra. Sé que muchas personas pueden pensar que era una coincidencia, pero fue un milagro, lo sé, mi corazón ardía de amor a Dios en esos momentos. Llena de energía, seguí mi recorrido feliz, agradecida con Dios por sus cuidados.

Llegué otra vez al Foro Romano. Me enteré por un guía de turistas, que ahí era la zona central de la antigua Roma donde estaban los negocios, la prostitución, la religión y la administración de justicia. Sentada bajo un árbol escuchaba la historia, comiendo mi baguette, mis finos quesos de supermercado, y mi botella de agua que acababa de llenar en una fuente

potable. Después abrí mi Biblia para leer la carta a los Romanos, luego me dirigí al único edificio que permanece completo, La Curia Julia, lugar donde se reunía el senado Italiano, hoy es iglesia, pero por dentro es bastante austero, lo único bello son sus pisos en mosaicos con colores verde, amarillo, rojo, y púrpura, su belleza es que data del siglo IV, infinidad de hechos importantes se han dado entre estas cuatro paredes.

Mi recorrido por el resto del foro, fue imaginándome los edificios completos, sintiendo que me trasportaba en el tiempo... fue un viaje hacia el pasado, donde trataba de figurarme lo que vieron Pedro y Pablo, este último fue un perseguidor de los cristianos, hasta que Jesucristo se le aparece en visión, luego predicó el evangelio formando iglesias hasta su muerte, anunciando el nuevo pacto que Dios hizo con la humanidad, sellado con la sangre de Jesucristo, como sacrificio perfecto, único y para siempre, otorgándonos así, la salvación por fe. Después de fundada una iglesia, viajaba a otras ciudades, predicando, pero estaba pendiente de las necesidades de sus discípulos, les escribía cartas doctrinales, que ahora podemos leer en El Nuevo Testamento de la Biblia.

Revisé mi mapa, y me dirigí al Foro Trajano, inaugurado desde el 112 d.C. Al lado está el inmenso monumento de mármol al primer rey de la Italia Unificada, Vittorio Emmanuel II, construido 1895. Dentro está El Museo de la Unificación de Italia, y la tumba al soldado desconocido. En el autobús turístico llegué al hotel sintiéndome deshidratada, con varias botellas de agua y un baño de tina, escuché los noticieros que comentaban alarmados, sobre esa ola de calor que seguía cobrado vidas. Finalmente dormí sintiéndome a pesar de todo, cubierta con un fresco manto de Dios.

EL VATICANO

Me esperaba otro día intenso de oración y estudio en El Vaticano, donde fue construida La Basílica de San Pedro, por muchos arquitectos, dentro de los cuales destacan Rafael y Miguel Ángel, el primero le dio la forma de cruz a la capilla, y el segundo

diseñó el domo, donde están todas las esculturas de los santos. Dice la historia que en aquellos tiempos Miguel Ángel recibió el llamado del papa para trabajar en La Capilla Sextina, y se negó por dos años, hasta que el gobernador de Florencia, donde vivía Miguel Ángel, le pidió que fuera. Temía que el papa se ofendiera por la negación y esto ocasionara una guerra. Fue así como Miguel Ángel decidió viajar a Roma. Empezó a pintar acostado en las alturas, sobre una tabla, el techo de La Capilla Sextina. Dicen que era tanta su premura que pintaba con una brocha en cada mano, usando las dos a la misma vez, mientras las plastas de pintura le caían sobre cara y cuerpo. Se lesionó el cuello por la incómoda posición, casi no comía, ni tenía ayuda de nadie. Había despedido al ayudante que trajo de Florencia.

Dios le había dado a Miguel Ángel una visión que trascendería. Pintó desde La Creación del mundo, Adán y Eva, La Caída y El Desalojo del Edén, El Arca de Noé, El Diluvio, a Jesucristo, a profetas, a personajes bíblicos, mártires. El rostro de Miguel Ángel aparece en San Bartolomé cargando el autorretrato de su piel, como un capricho, o una firma del pintor. Después de muchos años Miguel Ángel regresó cuando estaba en sus sesentas, a pintar El Juicio Final en la pared frontal de La Capilla Sextina. Hay otra obras de arte muy interesantes, como la Escuela de Atenas de

Rafael, pero al llegar a la sala donde está la bóveda con el "Fresco" de Miguel Ángel, me maravillé ante esa grandiosa obra, pero los agentes de seguridad me impidieron tomar fotos, además no dejaban que hicieran ruido, a cada minuto palmeaban las manos diciendo: "Silencio, por favor señores." La multitud bajaban el volumen, o dejaban de hablar por un momento, después iban subiendo el tono poco, a poco, como un solo ser. Otra vez el vigilante palmeaba las manos y decía: "Silenzio per favore signori." Me senté en una esquina observando este fenómeno tan

Escuela de Atenas de Rafael

interesante. No entiendo ese afán por el silencio... tal vez estaba dormido el papa. Luego fui a dar al museo Charmonti, apreciando las esculturas de mármol. Me desagradó que a todas les cubrieran con una hoja verde sus genitales, empañando de esa forma, la obra de su creador. A mi parecer, no hay nada malo en el cuerpo humano, la maldad viene con el morbo, y ese crece dentro del ser cuando le oculta, o se le prohíbe algo. Al salir, crucé por el ala del Vaticano, muy concurrido por turistas de todas partes del mundo y vendedores ambulantes. No me molestó que vendieran objetos de idolatría, ya que ese bello templo tristemente no está dedicado a Dios, sino a las imágenes materiales, a los espíritus de los aires, que se colocan en el lugar de Dios, usurpándolo. Llevé mi chal negro... en el vaticano son muy estrictos, no dejan entrar con los hombros descubiertos... pero con el alma embarrada de pedofilia y perversión sí... con eso sí se puede entrar, y recorrer todo sin restricción alguna y hasta con privilegios... evidentemente.

Dentro del Vaticano, en San Pedro, hay enormes esculturas de los papas en sus tronos como ídolos. Si seguimos analizando la historia vemos claramente como Satanás va tejiendo su trabajo de usurpación. Para el siglo VI Satanás ya estaba bien sentado sobre el trono a través del papado, así que decidió quitar de la ley de Dios el segundo mandamiento, que prohíbe la adoración de imágenes. Dividió los diez mandamientos para mantener el número, así podría robarle la adoración Dios y desviar a las almas a adorar imágenes de papel, piedra, madera, metal, colocándose detrás de ellas, fortaleciéndose de esa adoración, llenándose de poder sobre las almas engañadas.

Para completar su obra maestra, Satanás a través del papado se autonombra regidor de Dios en la tierra, y mediador entre Dios y los hombres, con poder para perdonar pecados y otorgar la salvación, completando así, su obra de usurpación. De esa forma hundió al pueblo por cientos de años en la oscuridad. Sin la luz de evangelio de Cristo, no hubo progreso en esos tiempos. Todo era confuso para el hombre, era incapaz de distinguir entre el bien y el mal, se regían por supersticiones y doctrinas erróneas, que los llevaban a hacer largas peregrinaciones, auto flagelarse, y lo más grave era que pagaban grandes cantidades de dinero a los papas, para ser limpios de pecado. Se podía comprar con dinero la salvación propia, o la de un ser querido ya muerto. La iglesia católica se vendía por dinero, como una prostituta, los papas se enriquecían, dándose lujos extremos, a costa del hambre del pueblo.

En el siglo XI, el papa Gregorio VII se atrevió a declarar la perfección de la iglesia, diciendo que los papas nunca se equivocaban, en ninguna decisión que tomaran, por más errónea que ésta fuera. De esa forma nadie podía refutar una orden, o decisión que el papa tomara, aumentando así, la tiranía en la que tenían sumido al pueblo.

Basándose en las palabras que Jesucristo pronunció en su última cena, cuando bendijo los alimentos y dijo que hicieran eso en memoria de Él, la iglesia católica romana creó la misa alrededor de ésta orden, y se atrevió a decir que el papa era capaz de convertir el pan y el vino por medio de un extraño poder, en real cuerpo y sangre de Cristo, prácticamente el papa se comía a Cristo, en cada misa.

En el siglo XII Satanás y sus siervos los papas, crearon una de las más abominables obras, la inquisición. Bajo sospecha de herejía, la iglesia católica martirizaba hasta la muerte, y se embriagaba de la sangre de miles de inocentes. Ya se había excedido sobremanera. Dios fue levantando siervos suyos para protestar y desenmascarar a "La Usurpadora," con un movimiento revolucionario espiritual, que iniciaron principalmente los teólogos Wyclif (1320-1384) en Inglaterra, y Lutero (1486-1546) en Alemania, grandes reformadoresde la iglesia. Gracias a esto tenemos conocimiento de la palabra de Dios, ellos se encargaron de traducirla, y con el invento de la impresora, la verdad se difundió. De ese movimiento vienen los cristianos bautistas, luteranos, presbiterianos, metodistas, etc. Algunos tristemente aún traen ciertas doctrinas católicas muy arraigadas, que les impiden crecer.

Por otro lado del mundo, al descubrirse América, la iglesia católica mandaba al nuevo continente a sus siervos, para meterles nuevos credos a los indígenas por medio de latigazos, rezos y cantos,que mis antepasados ni entendían por el lenguaje, además les destruyó sus lugares santos, y material histórico, sagrado, y cultural. Este acto dejó a mi pueblo mutilado, destruyeron gran parte de nuestra historia y orígenes.

Otro de los actos abominables de la iglesia católica, es su participación y complicidad en el genocidio de los judíos, efectuado por Hitler durante la segunda guerra mundial. Infinidad de fotos de los sacerdotes católicos saludando a Hitler y a sus soldados fueron encontradas. Un silencio cómplice guardó el papa ante tremenda masacre.

Hoy en día hay un clamor más audible, millones de niños inocentes que han sido abusados y violados sexualmente por sacerdotes, servidores del enemigo, impostores que se hacen pasar por siervos de Dios para destruir las almas. El enemigo sabe que la mejor forma de destruir al ser humano es el abuso sexual. La violación sexual en la infancia es como una posesión satánica, al poseerlos, el violador les dejan adentro una semilla dañina. Sin ayuda psicológica y espiritual, en algunos, no en todos, esa semilla va creciendo junto con el niño, hasta convertirlo en un poseído que se autodestruye, y busca víctimas inocentes para destruir y dejar esa maligna semilla, siguiendo una cadena interminable de posesiones, una epidemia que enferma a la humanidad.

Además, con este acto abominable, el enemigo a través de los sacerdotes de la iglesia católica, y también de otras sectas, quiere mostrarle al mundo, que los siervos de Dios son unos enfermos, pervertidos, llenos de maldad, para influir en el pensamiento del hombre, para que no escuchen a los verdaderos siervos de Dios. Muchas personas ya no quieren saber nada de Dios, dudan de su existencia a raíz de estos hechos, porque asocian a los sacerdotes como servidores de Dios. Esa es una de las formas como el enemigo engaña a las almas, sembrándoles un desprecio por todo lo que se refiere a Dios, cerrando sus oídos al verdadero evangelio de Cristo. A Satanás ya no le importa conservar a la iglesia católica bien disfrazada, porque sabe que se acerca el fin… la historia está a punto de romperse en mil pedazos. La iglesia católica es una usurpadora, se dice la iglesia de Dios pero se opone a todo lo establecido por Él en las escrituras, y hablo del sistema y sus dirigentes, no de los inocentes que engañados le siguen.

Ahí en el vaticano, desde el corazón de "La Usurpadora" cerré mis ojos ante las imágenes y oré con todas las fuerzas de mi mente, mi corazón y mi espíritu al Dios vivo que no se refleja en materia. Pedí misericordia para las almas engañadas, para que el Espíritu Santo de Dios las ilumine, y puedan ver la luz del evangelio de Cristo y lo conozcan, no como un personaje histórico, sino como su Salvador personal, que desea una comunión personal, en espíritu y verdad. Construí un canal espiritual de oración, hacia las faldas del Dios vivo, para que su poder baje con fuerza, ahí en el corazón de la usurpadora, para que la juzgue según sus obras y le dé su pago. Intercedí en oración por los inocentes, víctimas de los sacerdotes poseídos, para que Dios los envuelva con su amor y consuelo, restaurándolos, sanando sus heridas, iluminándolos con su luz y mostrándoles el camino. Salí de ese enorme edificio, no había nada del Dios que yo conozco en ese lugar, solo arte humano, para apreciarse, como lo que es obra de manos humanas, no para adorar, ni para dirigirle nuestra fe.

Al salir miré hacia el cielo azul en silenciosa oración, atravesé la plaza sintiéndome muy liviana... con la certeza de que había cumplido con una misión importante. Sé que las oraciones al Dios vivo, espiritual, debilitan las fuerzas del enemigo, tengo pleno conocimiento de que en esta guerra espiritual, solo soy una guerrera de oración en misión, cumpliendo con lo que se me encomendó, Dios hace el resto. Sé también que cada latido de mi corazón humilla a Satanás, porque soy una prueba viviente, hablante, y andante de que Jesucristo lo venció y le arrebató las llaves, otorgándonos así la salvación por fe, resucitándonos a todos los que creemos en Él, no moriremos sino que tenemos vida eterna en Cristo Jesús, Señor nuestro, quien me resucitó de la muerte, para que con cada latido de mi corazón, alabe y adore al Dios vivo que no se refleja en materia y le proclame, en tierra de rebeldes y lugares de idolatría, en todo lugar... donde ponga mis pies...a donde me lleve su Espíritu.

Al llegar al Castillo de Ángelo me sentí un poco cansada...dormité un rato en su jardín, luego me senté a la orilla del Río Tiber a escribir. Por arriba está El Puente de San Ángelo y el Puente Vittorio, después caminé hasta El Palacio de Justicia, crucé el puente Humberto y llegué a La Plaza Navona, destaca La Fuente de los Cuatro Ríos, con cuatro estatuas que representan los ríos: Río de la Plata de América, Danubio de Europa, Ganges de Asia, Nilo de África, y en medio de ellas un obelisco. La gente se juntaba en grupos disfrutando del arte urbano. Había un espectáculo de títeres sobre la danza, desde Charles Chaplin, hasta Michael Jackson; acrobacias de unos brasileños danzando capoeira, cantando y tocando sus tambores; buenos mimos intentando meternos en su mundo imaginario.

Cerca está *el Panteón* (templo de todos los dioses). Un enorme edificio circular de 8 columnas al frente, la altura y el diámetro del circulo es de 43.3 m. Es el más antiguo y mejor preservado de su época. No saben exactamente cuál era su uso en sus inicios... es un misterio... algunos piensan que pudo haber sido un centro astronómico dedicado a las siete divinidades celestes de la mitología romana: El Sol, la Luna, y los cinco planetas (Mercurio, Venus, Marte, Júpiter y Saturno). Tiene muchas ventanitas en lo alto, alrededor del techo y una ventanita circular en medio por donde entra la luz... tal vez analizaban los rayos solares... desde el siglo VII fue usado como iglesia católica.

Me dirigí a La Fontana de Trevi, por una de las tres calles que se unen ahí. Esa fuente es la más grande y espectacular de todas las fuentes barrocas de Roma y está dedicada al dios Neptuno. Su escultura aparece bajo un arco del triunfo, al centro de un palacio, sobre una enorme concha, bajo él, dos tritones (mitad hombre, mitad pez) guían la carroza, domando unos enormes caballos del mar, alrededor de ellos un estanque de cristalina agua. Hay dos esculturas al lado de Neptuno, representando a la abundancia y la sabiduría. Esta última sostiene una copa con la que le da de beber a una serpiente.

Turistas de todas partes tomaban fotos, y lanzaban monedas pidiendo un deseo. Las esculturas están artísticamente iluminadas y el agua de sus fuentes es la terminación de acueductos antiguos. El sonido del agua fue una caricia, un canto para mis oídos, cerré mis ojos ignorando a Neptuno, y elevé una oración al Dios vivo.

Finalmente encontré el autobús 64. Al llegar a mi cuarto de hotel me di una ducha, después sumergí mis pies en agua caliente y sal, mientras veía las noticias y comía mi salmón ahumado. La ola de calor seguía cobrando vidas. Roma no es muy grande, ya la había recorrido casi toda, así que compré un boleto en una agencia que anunciaba viajes económicos, rumbo al Puerto de Bríndisi, y ahí tomaría el ferri que me llevaría a Patras Grecia, de ahí en autobús a Atenas. En el camino me encontré La Plaza San Bernardo con La Fuente de Moisés, o Fuente de Agua feliz. Representa a Moisés sacando agua de la roca.

En mi recorrido me llamó la atención La Iglesia María de la Vitoria, tiene una escultura en mármol, "El éxtasis de Santa Teresa," donde aparece la monja con su manto ondulante como si flotara, y un ángel sobre ella con una flecha de oro en la mano, listo para clavársela. La historia me impresionó, ella vio a un ángel que le atravesó el corazón llenándola de amor. Experimentó algo parecido a lo que viví cuando estaba encerrada en oración y ayuno, aquella Semana Santa en la que clamaba a Dios, cuando sentí que sacaba mi corazón, y ponía otro lleno del amor de Jesucristo, invadiéndome de una felicidad indescriptible. No era la única que había vivido ese tipo de experiencias, meditaba sin comprender ¿Por qué algunos pastores al parecer no creyeron en mí? Acaso sería que ante sus ojos ¿Yo no era digna de Dios? ¿Por qué no me tomaban en serio? ¿Por qué no era monja o pastor? Sumida en mis pensamientos salí de la iglesia. En la puerta me detuvo un sacerdote, alarmado preguntándome por donde había entrado vestida así, vociferando regaños, con el rostro descompuesto. Solo le sonreí y me alejé, estaba muy alterado, para que le explicara que cuando entré él estaba en la puerta platicando con una elegante familia... se escandalizaba por mi camiseta de tirantes.

En la Plaza España, a los pies de la escalinata está *La Fontana de la Baccacia* (Fuente de la barca) Un estanque redondo con agua potable, con una barca hundida, inspirada en la llegada de un barco en la inundación del río Tiber, en 1598. Hacia arriba está la bella escalinata de 32 peldaños, que fue construida para celebrar la paz ente Roma y España. Al final se alza portentosa la iglesia de *Santísima Trinita al Monti Pincio* (La Santísima Trinidad del Monte Pincio). Fue construida entre 1502-1519, estilo gótico, con un obelisco al frente. Tiene uno reloj con la hora de España, otro con la hora de Italia en su interior.

La Basílica de *María degli Augeli e dei Martiri* (La Basílica de María de los Ángeles y de los Mártires), tiene un reloj antiguo de luz, en el suelo está dibujado una especie de calendario con las horas del día. Arriba en la cúpula hay un pequeño agujero por donde entra la luz, y marca en el suelo la hora, a medida que se va moviendo el sol. Es un efecto bello y delicado, pero no la forma como me sacaron por llevar camiseta de tirantes. Fue la última iglesia que visité, no me dejaban entrar por mi camiseta, yo creía que solo era en el Vaticano.

Al llegar a Barberini, me tomé un frapuccino en un café Internet, revisando mi correo y haciendo reservaciones para Atenas Grecia, después me fui a un pequeño restaurant, en la carta anuncian la mejor pasta de Italia, la hacen ahí mismo, de diferentes formas: Spaghetti, fetuccini, ravioles, tallarines, macarrones, canelones. A mí me parece que no la cosen igual que en México. Un poco dura me sabe esta pasta.

Al subir al metro, observé que está todo "grafiteado" multicolor, obra de arte urbano, encontré un atractivo especial, un mensaje, un clamor, un grito desesperado. En todas partes hay oprimidos, no somos muy diferentes. Este metro me pareció más amplio que el de París, por sus asientos con la espalda a la pared.

La Villa de los Médici es complejo arquitectónico con jardines contiguos a los jardines Borghese. Fue fundada por Fernando I de Medici, duque de Toscana. Los Jardines son Bellísimos, con árboles de todos tamaños y colores, amarillos, verdes, anaranjados, rojos, guindas. El aire es fresco y huele a tierra y flores mojadas. Las callecitas están adornadas con bustos de personajes históricos a los lados del camino. Me encontré un lugar perfecto para acostarme a leer y revisar mis gastos. Tengo cierto dinero asignado para cada país, debo administrarme bien, ya que en ésta misión, solo dependo de Dios y de mis medios, ninguna iglesia me apoya, ya no pertenezco a una en especial, sino a todas las que crean en El Padre, en El Hijo, en El Espíritu Santo y le den la gloria y la honra al Dios vivo y no a las imágenes.

Desde el Pincio donde están esos jardines bajé a La Plaza del Pueblo (Plaza del Popolo), una de las más conocidas de Roma, con dos iglesias gemelas casi idénticas, Santa María Caracolí (1681) y Santa María de Montesanto (1679), y al centro tiene el obelisco flaminio egipcio dedicado a Ramsés II, data del siglo 10 a.C. y su antigua ubicación era El Circo Romano.

Luego me fui a los Jardines de Villa Borghese, recorrí placenteramente ese bosque, es el segundo más grande de Roma, cuenta con 80 hectáreas, me senté a descansar frente a La Fuente de los Caballos Marinos, un estanque rectangular de 72.5 m de longitud y 19.00 m de ancho, tiene un caballo marino con niños montándolo a cada orilla y al centro una carroza con dos caballos llevando a Neptuno.

Seguí mi peregrinaje hasta el Jardín del lago, con su pequeño Templo de Esculapio, dios de la medicina, rodeado de árboles y flores. A esa hora se reflejaba bellamente sobre el pequeño lago. A las orillas había tortugas, patos, gansos, pájaros, también había lanchas para rentar, pero ya había llegado tarde, así que me senté a comer algo y a escribir. Medité un rato en la historia, en el tiempo, en la infinidad de almas que han existido aquí, en su momento de eternidad. Ahí ante el dorado y cálido reflejo de los últimos rayos del sol elevé una silenciosa oración por las almas existentes en este momento de eternidad.

Ya estaba agotada cuando llegué al gran edificio estilo neoclásico donde está el Museo de Arte Moderno. Oscurecía y casi no había gente ni autos en esa área... de pronto sentí un golpe de adrenalina, no encontraba ninguna estación del metro, o autobús, solo encontré un tranvía, pero desconocía su ruta... por un momento busqué otras alternativas de trasporte, pero al final me subí al tranvía, el área estaba muy sola, y temí ser asaltada. Afortunadamente el tranvía me dejó enfrente de la estación de San Pedro, donde tomé el autobús 881 que me llevó a mi hotel para recoger mi maleta.

Cuando llegué a la estación de trenes, pregunté a un policía, en cuál de todas las vías llegaría mi tren. El agente me explicó de forma muy tosca y al final me pidió mis documentos. Extrañada le pregunté: "¿Porque necesita mi pasaporte? Solo pedí una información" No me hizo caso e insistió con mis documentos, de forma prepotente alzando la voz. Saqué mi pasaporte, y se lo mostré molesta. El agente llenó una forma con mis datos. Eso no me intrigó, ya iba a dejar el país, me dirigía a Atenas ¿Porque quería mis datos? Le pregunté otra vez: "¿Para qué necesita mis datos? Solo le pedí una información, necesito que me diga, que tipo de reporte es éste, y a donde va a ir a dar esta forma, no quiero tener problemas, si deseo volver a este país." El agente siguió escribiendo en la forma, sin voltear a verme me dijo: "Es rutina," insistí: "¿Pero de qué? ¿Para qué?" Se acercó otro policía, levantando la voz me dijo: "¿Tú me conoces a mí? ¿Verdad que no? ¿Entonces por qué vas a confiar en mí? Así nosotros." ¿Qué era lo que me estaban comunicando? ¿Que yo no podía tener confianza de preguntarle, o dirigirme a un policía? ¿Porque él no confiaría en mí y me trataría como a un delincuente levantándome la voz? ¿Porque me reportaría, sin decirme de qué? Le exigí con firmeza: "No me levante la voz, solo soy una turista pidiendo información, no me gusta lo que están haciendo, quiero una explicación clara." El policía levantó más la voz y las manos, como quien avienta algo, mirándome con desprecio me dijo: "¿Y a mí que me importa, si a ti te gusta, o no, es mi trabajo?" En ése momento sentí un latigazo emocional, comprendí de golpe el racismo y desprecio hacia mí, por mi apariencia latina, creo yo.

Comprendí que no tenía caso tratar de exigirle respeto, no lo obtendría, lo miré en sus ojos, ese odio era muy fuerte. Yo estaba en sus dominios, en desventaja, debía alejarme, lo más dignamente posible. Ya el otro oficial me había devuelto mi pasaporte. Lo miré a los ojos y con el mismo desprecio que vi en los suyos le dije: "Grosero." No podía decirle más, estaba en desventaja, lo comprendía completamente... a veces solo se necesita una palabra, no importa el significado, sino la expresión y la intensidad del latigazo visual, con la que se agrede también... me di la vuelta, despreciándolo por su bajeza humana.

Caminé hacia el baño de mujeres para mojarme la cara, y ayudar a la circulación de mi sangre. A veces necesito hacer un esfuerzo para controlar esa violencia que brota en mí ante el racismo y la discriminación. Si no fuera por el Espíritu Santo de Dios que moldea mi carácter, me metería en muchos problemas. Esa intolerancia hacia la injusticia, aunado a mi poco temor al castigo humano, es peligrosa cuando no estamos en época de guerra nacional. Eso hizo que en mis primeros años, después de que resucité, me metiera en problemas violentos... no suelo estacionarme en esos recuerdos, no sé porque ahora vienen a mí... sigo siendo una salvaje, pero ahora domesticada por Dios.

Al llegar mi tren, me metí en un vagón que era para seis personas, cerré la puerta, las cortinas y apagué la luz, para que nadie entrara. Las personas intentaban abrirlo, al no poder desistían... había muchos vagones vacíos. Solo un joven americano logró abrir la puerta, lo miré molesta y la cerró pidiendo disculpas, respetando mi deseo de estar sola ¿Por qué casi siempre nos damos cuenta del mal cometido, después de hacerlo? He notado que casi de todo lo que juzgamos a los demás, nosotros también caemos a veces sin darnos cuenta, y cuando nos damos cuenta, a nuestro juicio la caída es de menor importancia.

BRINDICI ITALIA

No pude dormir en ese tren, es más bonito por dentro que el de Francia, pero tiene muy mal balance, o sistema de frenos, no sé, el caso que se movía demasiado. De día disfruté de la fabulosa vista de los verdes campos, los pueblitos con sus casitas pintorescas, las rancherías, los largos y delineados viñedos, los sembradíos de aceitunas, animales pastando.

En la pequeña Bríndisi, la mayoría de la de gente es adulta o de edad avanzada, lo que indica que las condiciones de vida de los pobladores es buena. Saliendo de la estación me encontré a un hombre llamado Salvadore. Me preguntó en español: "¿Vas a Grecia?" Le contesté: "Sí, éste es mi boleto". Tomó mi maleta. Lo seguí intrigada, cruzando la calle llegamos a una agencia de viajes de la misma compañía donde compré mi boleto. Me señaló un asiento donde debía esperar. Salvadore hablaba entusiasmado con el recepcionista, mientras acomodaba mi maleta detrás del escritorio. El recepcionista me observó y le contestó de mal modo. Yo ignoraba de qué hablaban. Salvadore regresó y con la mejor de sus sonrisas, me dijo que lo acompañara, me subió al auto, me dio un tour por el pueblo, explicándome cada edificio, y su antigüedad, le pregunté extrañada: "¿Mi boleto incluye todo esto? En la agencia no me dijeron nada." El hombre volteó a verme con expresión de galantería diciendo: "No, pero tú me gustaste, te quiero conocer, soy soltero, me quiero casar con una latina, soy muy trabajador, apasionado, juego en un equipo de fútbol; también soy muy católico; toda la gente me respeta y me quiere; quiero una mujer como las latinas, que esté en su casa y me dé muchos hijos, tú eres mexicana ¿Tú eres así verdad?" Me tomó por sorpresa todo su repertorio, no sabía que contestar, pensé que estaba jugando, pero no, tenía una expresión seriamente ilusionado. A mí el hombre no me gustaba en lo más mínimo, pero me dio pena lastimar sus sentimientos. Le contesté sinceramente: "Si me enamoro y me caso con alguien, es probable que tenga hijos y me quede en casa a cuidarlos, pero en este momento, estoy cumpliendo con una misión de Dios, no estoy enamorada de nadie, es mejor que me lleve a la estación."

Salvadore siguió platicando de todas sus virtudes, así llegamos a un restaurante, me ordenó unos ravioles que eran la especialidad de la casa, después me dijo sonriente: "Tu barco sale hasta la tarde, mientras tanto tu y yo nos la vamos a pasar muy bien, yo soy muy amable." Acepté diciendo: "Esta bien pero yo pago lo mío." Mientras comimos, Salvadore, no paraba de hablar de sus virtudes y se quejaba de que no había solteras en su pueblo, decía que todas se iban a estudiar a las ciudades grandes, allá conocían otros hombres, se casaban, y ya nunca volvían.

Sentí pena por su situación, aunque no era feo, solo me inspiraba amistad. Al terminar de comer, le dije: "Necesito revisar mi correo electrónico urgentemente, necesito la dirección del hotel donde reservé en Atenas ¿Me podría llevar a un café Internet por favor?" Se quedó pensando uno momento, después me dijo: "El único lugar donde sé que puede haber una computadora es en la biblioteca, está a un lado de la iglesia a donde te quiero llevar, después de que conozcas el faro y la columna."

Salvadore me llevó a un una pequeña plaza del muelle, donde se podía admirar el mar y un antiguo faro sobre una loma. Le insistí varias veces que me llevara a la estación, pero me ignoraba cambiando la conversación, hablándome sobre el faro y su historia. De pronto se acercó meloso a mí susurrando: "Yo he sido muy amable contigo, ven abrázame". Yo lo rechacé tratando de soltarme, pero él siguió abrazándome, e intentando besarme, lo empujé con firmeza y le dije: "Estoy educada a la antigua, solo se besa cuando ya son novios, nosotros no lo somos, nos acabamos de conocer." Desesperado Salvadore se rascó la cabeza y me contestó: "Yo ya te dije como soy, ya me conoces, además no tenemos mucho tiempo, tú te quieres ir en la noche a Grecia."

A esas alturas ya me había impacientado, pero no quería ofenderlo, se veía tan desesperado por su soledad, tan necesitado de una pareja, pero yo no era, Dios me lo decía en mi corazón, le dije con seriedad: "Te voy a dar mi correo electrónico, me escribes y si alguna vez vas a Tijuana, yo te voy a pasear por toda la ciudad, ahora llévame a la Catedral por favor." La expresión de su rostro cambió, le ofendió mi rechazo, pero no fue mi intención, por el camino ya no habló nada hasta llegar a la catedral, muy serio y sin mirarme a los ojos me dio instrucciones como llegar a la agencia.

Entré en la Catedral e hice mis oraciones agradeciendo a Dios por mi paz devuelta; pedí por una pareja para Salvadore, y por la vida espiritual de todos los habitantes de ese lugar. Al salir entré a la pequeña biblioteca, pero increíblemente no tenían Internet, así que caminé hasta llegar al centro, y compré ropa más cómoda y sencilla, ya no quería usar mis jeans. Mi cuerpo llamaba la atención, quería pasar desapercibida. No usar maquillaje y quitarme las extensiones no fue suficiente. Las tiendas, tenían ropa de diseñadores, a unos precios increíbles.

Me dirigí a la estación a recoger mi maleta. Me encontré a Salvadore invitándome a cenar, balbuceé un saludo y me hice la desentendida alejándome. En el baño de mujeres de la estación, me lavé lo más que pude, y vestí con mi pantalón de camuflaje y mi camiseta verde militar… salí con el ceño fruncido y un estilo muy guerrero. En mi experiencia, muchos extranjeros consideran a las latinas presas débiles y fáciles, yo quería que me percibieran fuerte, agresiva, difícil, para que no me molestaran. Tenía estereotipados a los europeos, también yo, los consideraba muy cultos, sobrios, y avanzados. No somos tan diferentes.

Llegué a Plaza Caroli, me acosté en una banca bajo a un árbol a revisar el mapa donde planeaba mi ruta. Llegó de pronto un hombre muy fuerte, las rallas de su camisa, pegada al cuerpo hacían notar su complexión atlética. Platicamos por un rato sobre la historia de la cultura Greco-Romana, después dijo que el autobús que yo esperaba no salía de la oficina de ese parque donde yo lo esperaba, sino de otro parque que estaba frente al muelle. Tomando mi maleta, Roberto se encaminó hacia su taxi. Al parecer los hombres de ahí, no dejaban a las mujeres reaccionar en negativa.

Me subí al elegante taxi del año, prendió su estéreo moderno y bocinas potentes, me dijo que era cantante y que tocaba en un grupo los fines de semana en la plaza de la ciudad. Empezó a cantar pop rock ochentero con voz fuerte y entonada. Cuando pasaba por donde estaban sus amigos, me pareció que me presumía. Me di cuenta, que es verdad lo que dijo Salvadore, hay muy pocas mujeres jóvenes, solo señoras grandes, por eso me presumen, y me pasean por el pueblo.

Roberto me llevó a conocer una playa solitaria. Siempre que terminaba una canción, me preguntaba mi opinión, con mucha necesidad de aprobación a mi parecer. Me incomodó que me llevara ahí, me atemoricé, eran un desconocido, estaba sola en un país lejano, así que le dije que me llevara a donde pudiera rentar Internet, o al parque de donde saldría el autobús que me llevaría al ferri. Cuando regresábamos él cantaba por todo el camino. Pasamos por una empresa muy grande, me dijo: "Yo trabajo de supervisor ahí, tengo dos trabajos." Entendí ahora porque estaba tan alhajado y bien vestido para ser taxista.

Me señaló el parque frente al muelle de donde salía el autobús hacia el ferri. En la esquina estaba una agencia de viajes de un amigo suyo, dijo que allí había Internet. Al presentarme a su amigo, le dijo que veníamos de la playa, y se despidió. El alargado hombre de rasgos árabes volteó a mirarme con interés, diciéndome con amplia sonrisa que podía usar su computadora.

Luego guardó mi maleta bajo el escritorio y me ofreció un café. Acepté pensando que lo tenía en su oficina, pero caminó hacia la calle, haciéndome señas de que lo siguiera. No entendía nada, cruzamos la calle y la pequeña plaza, nos metimos en una cafetería, donde nos sirvieron en unas tacitas que parecían de juguete. Era el café más fuerte que he probado. Él lo tomó de un sorbo. Regresamos a la oficina, y me dijo muy seductor: "Vamos a la playa." Me negué diciendo: "No, estoy cansada, solo deseo que me rente Internet por favor." El hombre insistió diciendo: "Después de que volvamos de la playa." Intentó abrazarme. Molesta le pedí mis maletas, y el insistía en abrazarme, lo empujé y me salí enojada, me alcanzó diciendo: "No te enojes ven revisa tu Internet."

Necesitaba la hoja de mi reservación con la dirección del hotel, por si me preguntaba algún agente de migración. El hombre abrió la puerta de su oficina y de un jalón sacó al niño que estaba en la computadora. Le sugerí que dejara que el niño terminara, de forma muy desagradable dijo: "Es mi oficina y mi computadora." Necesitaba esa información, así que inicié mi búsqueda en la computadora, con su mirada insistente y su sonrisa burlona encima de mí, inquietándome. El teclado tenía dos tipos de letras, latinas y árabes, me equivocaba. Le pregunté al hombre si podía tener un poco de privacidad. Me contestó, que era analista, debía revisar que yo no descompusiera su computadora. Su cercanía era tal, que podía oler su denso aliento a café. Me levanté molesta, tomé mi maleta para encaminarme a la salida, él me abrazó con una mano y con la otra me despeinó diciéndome con expresión seductora: "Vamos a la playa yo sé que yo también te gusto, soy muy guapo, mírame." Zafándome de su brazo y acomodando mi cabello, lo miré molesta, y le grité: "No quiero, déjeme en paz... odioso." Crucé la calle hacia el parque, me senté en el césped a leer. Un policía me gritó desde su patrulla: "Hey tú, no te sientes, dañas el césped." Me levanté, era la segunda vez que me molestaban los policías.

Finalmente subí al barco de pasajeros... avanzaba dejando una cola de espuma blanquísima en las oscuras aguas, el viento jugaba con mi cabello, mientras las luces de la ciudad se escondían a lo lejos. Me despedí de Italia con una silenciosa oración. Intenté dormir en cubierta, mirando las estrellas, pero no había. En la inmensidad celestial vi a Dios, sentí que me amaba con cada una de sus estrellas como células celestes, aunque yo no las viera.

21

Las huellas del apóstol Pablo

CORFÚ Y PATRAS GRECIA

*D*e madrugada llegué a Corfú Grecia. Salí por un momento a cubierta para conocer el pequeño poblado de casitas blancas con teja roja a los pies de verdes montañas. Al siguiente día, por la ventana se asomaba un cerro con un faro entre bruma de neblina, luego finalmente el Puerto de Patras. El barco abrió sus puertas y salimos a un muelle. Ningún agente de emigración me pidió datos, ni siquiera había una estación.

Crucé las vías del tren, encontré un cajero automático para sacar euros y compré víveres, luego me dirigí a la estación de autobús a dejar mi maleta, y recorrí las calles, sin rumbo determinado, solo existiendo en Patras, el cielo se había despejado ya, y todo se  veía vivo y luminoso. Disfruté comida griega, *fava* (puré de habas), *spanakopita* (espinacas envueltas en pasta), *tyropita*, (queso feta envuelto en pasta).

El trayecto en autobús fue placentero, en algunas áreas de la carretera hay geranios rosas adornando la orilla, diferentes tonalidades de verdes pinos a un lado, a lo lejos gigantescas montañas blancas, al otro lado el azulísimo mar. Un río de luz lo atravesaba hacia el sol, como un sendero luminoso.

Pasamos por poblados con casitas blancas con teja roja, a la orillas de la playa había bañistas recibiendo el sol.

CORINTO GRECIA

Cruzamos el Canal de Corinto, que une el golfo Corinto y el golfo Sarónico, hacia abajo hay un acantilado profundo y estrechísimo, los barcos se ven pequeños, como si se fueran a quedar atorados entre las dos paredes de roca. Corinto ahora es un pequeño poblado, pero a dos millas de allí están las ruinas de la gran ciudad de la antigüedad, donde permanecen parte de las columnas del Templo de Apolo. El apóstol Pablo con la ayuda de los esposos Priscila y Aquiles estableció una iglesia allí, en el año 51 d.C. durante su segundo viaje. Después le escribió cartas desde Éfeso y Macedonia.

Llegamos a una pequeña tienda, donde había una parada de 30 minutos, seguí explorando las delicias de la cocina griega con una *pita* de pollo, (tortilla gruesa de trigo, con pollo y verduras y yogurt). Abrí mi Biblia recordando al apóstol, y el mensaje que envió en su carta a los antiguos pobladores. Pablo trabajó para expandir el cristianismo en muchas ciudades importantes, y finaliza su ministerio en Roma, a donde fue llevado preso por predicar, sin embargo siguió haciéndolo hasta la muerte, anunciando a un Dios vivo, que no se refleja en imagen, a su hijo Jesucristo que murió por nuestros pecados y resucitó para darnos la salvación y vida eterna a través de la fe.

El resto del camino meditaba en el hecho de que El Espíritu de Dios, a Pablo también lo trajo aquí, con una misión. No me quiero comparar con el apóstol, pero no somos muy diferentes. Él vio a Jesucristo, yo vi a Dios; a él le costó la vista, a mí me costó la vida de mi único hijo; Pablo obedeció al llamado de Dios y se preparó para su misión, también yo; a él no lo reconocían los otros apóstoles al principio, tampoco a mí me reconocen los pastores; Pablo viajó hasta el tercer cielo en espíritu, yo también, él padeció persecución, yo padezco discriminación, Pablo viajó por estas tierras sembrando iglesias, yo viajo construyendo canales de oración en ellas; Pablo escribió cartas, yo escribo un libro; él fue martirizado y padeció una muerte horrible, también yo... y resucité con una misión... en realidad no somos muy diferentes.

ATENAS, Αθήνα, ATINA

A las 8 PM llegué a la pequeña estación de autobuses de Atenas. Me sorprendió el hoyo en el suelo que había en el baño, uno se tiene que sentar de "aguilita." Al no encontrar Internet en el área, me dirigí a donde había gente haciendo filas para entrar a los taxis de ruta. Por fin un taxista me entendió, y me indicó qué taxi pasaba por el área turística, hice mi fila y subí. Afortunadamente me pude comunicar en inglés con una pasajera, me dio algunos "tips" y me señaló bajar en Monastiraki, cerca de La Acrópolis.

Crucé la calle hacia un modesto hotel. Mi cuarto era pequeño pero tenía balcón hacían la calle, cama, y sobre todo un baño con tasa, no necesitaba más. Tomé una ducha y me senté en el barandal del balcón. Abrí la bolsa de empanadas de carne y una bebida griega que compré en el mercado de Patras y disfruté de mi cena griega, observando las luces de la ciudad, escuchando la melancólica música griega del cuarto del vecino, y sintiendo el acariciante aire fresco de esa pacífica noche estrellada. Tenía la certeza de que los ángeles de Dios estaban alrededor de mí, cuidándome y librándome de todo mal.

Al siguiente día me despertó el ruido de voces, vivía toda una familia en el cuarto contiguo. Salí a dar una vuelta por los alrededores, observé homosexualismo, y también muchachas menores de edad, drogadas y prostituyéndose en la calle. Oré por sus almas y el sufrimiento que los llevó a esa condición de vida. Llegar a La *Acrópolis* fue difícil al principio, la gente no habla inglés, ni español, algunos hasta me miraban con odio, me llegaron a empujar cuando pedía alguna información. Creían que era americana por preguntar en inglés. La mayoría son islámicos, simpatizantes, o

católicos ortodoxos. Muchos de ellos odiaban a los americanos en ese tiempo, por su invasión a Irak, además de odiar a toda la cultura occidental por considerarnos impíos.

Finalmente llegué al área donde está la gran *Acrópolis* (ciudad alta), complacida recibía a los cientos de turistas, que saliendo del metro se dispersaban entre los muchos comercios y restaurantes que hay a un constado a sus pies. Fue fundada IV a.C. como lugar de adoración. Los griegos construyeron esculturas y templos a sus doce dioses del Olimpo: Zeus, Heras, Hefesto, Artemisa, Atenea, Afrodita, Ares, Apolo, Hades, Poseidón, Dionisio, Hermes, y a los otros dioses, y por si les faltaba alguno, también erigieron un templo al Dios desconocido. Subí por callejones angostos, entre pequeñas viviendas. El sol estaba intenso, pero llegué finalmente a la entrada monumental, llamada Propileos, subí por la escalinata, a la derecha está el Templo de Atenea *Niké* (victoria).

Al llegar a la cima está El *Partenón*, fundado como templo de Atenea Partenos, la diosa griega de la sabiduría y la guerra. Ese enorme templo de 8 columnas al frente y 16 de largo fue iniciado por Pericles entre el año 447 y 432 A.C. bajo las órdenes Fidias, autor de la gran estatua de 12m. de marfil y oro puro de Atenea, que estaba dentro del edificio. La escultura de oro ya

no existe, además, había áreas cerradas al público por remodelación, y gran parte de la decoración escultórica del portipicio, estaba en Londres.

Seguí mi recorrido, a un lado se encuentra El *Erecteión*, cuenta con tres pórticos, en uno de ellos es donde están las *Cariátides*, seis columnas con figura de mujer, de 2.3 m. sosteniendo el techo. Me desanimé cuando me enteré que son copias. Después entré al Museo de La Acrópolis, donde están 5 de ellas, la faltante fue llevada a un museo de Londres.

Abajo en la ladera oriental está El Teatro *Dionyssus*, construido en el siglo IV a.C. dedicado al dios del vino, la vegetación, y el teatro. Me senté un rato a imaginar los estrenos de las grandes tragedias griegas, de Sófocles, Esquilo, Eurípides, Aristófanes… y al público de aquella época… en realidad es como si no hubiera pasado

el tiempo… se siguen repitiendo en alguna parte del mundo, como historias atrapadas, permanentes, dando vuelta en este momento de eternidad… solo las estructuras y nuestra apariencia ha cambiado si acaso, pero en su esencia seguimos siendo un público recibiendo diferentes tipos de mensajes y reaccionando ante ellos, solo que ahora todo se han incrementado por los medios.

A un lado está El *Odeón de Herodes Ático*, un bello edificio construido el año 164, para audiciones musicales. En la actualidad ha sido restaurado y se presentan ahí tragedias, operas, espectáculos de baile, y de mayo a septiembre se celebra ahí El Festival de Atenas. Al rededor tengo los barrios de *Monastiraki* y *Plaka*.

Antes de bajar al teatro Dionysus, me senté a los pies del Partenón, cerré mis ojos y adoré al Dios vivo, creador del cielo de la tierra y de todo lo que hay en ella, al Dios único y verdadero que no se refleja en imágenes, al Dios de amor que entregó a su hijo para salvación de la humanidad. A ese Dios desconocido, que sigue siendo ignorado por muchos, yo le adoro y lo alabo, intensamente, con todas las fuerzas de mi corazón, mi mente y mi espíritu, porque a ese Dios, le conozco, Él es mi Padre y Creador, mi Amigo y Maestro, mi Señor y Salvador, quien me guía a través de este mundo construyendo canales de oración.

Llegue al *ágora*, antiguo centro religioso, político, y cultural de Atenas desde el siglo 600 a.C. Ahí era el lugar donde se realizaban asambleas y debates para decidir sobre asuntos de la ciudad, solían depositar la dirección de esto en quien mejor dominara la oratoria.

La filosofía de Sócrates, o los diálogos de Platón través de la academia de Platón se oponían a aquella democracia basada solo en buenos oradores. Ahí en Grecia nació en parte la democracia, la política, la ciencia, la filosofía, el arte y la literatura, dando bases a nuestro pensamiento actual. También estaban ahí los tribunales, donde se condenó entre muchos a Sócrates en el 339 A. C. acusado de corromper a los jóvenes, e introducir dioses nuevos. Esa envidia y ese odio seguirán matando inocentes.

El ágora era también un área sagrada, ya que están ahí los templos de los dioses olímpicos de Apolo, Hefesto, y Zeus...el templo mejor conservado y de antigüedad es el templo de Hefesto, consagrado a esta deidad y también a Atenea... fue construido en mármol entre el 460 y 515 a. C. de orden dórico con 6 columnas al frente y 13 a los lados, muy parecido al Partenón, pero más pequeño... probablemente del mismo constructor.

La *Stoa de Attalos* (pórtico de Attalos) fue construida en II A.C. y reconstruida en el año 1953 al 56, se cree que antiguamente fue un centro comercial de 42 tiendas, hoy alberga El Museo de la Angora. Lo recorrí observando diferentes objetos del siglo V
a.C. y II a.C. Me llamó la atención que casi todas las esculturas estaban decapitadas... probablemente destruidas durante la invasión persa 488 al 479 a. C. otros objetos curiosos, son las fichas negras de votos del jurado, utilizadas durante algún juicio ateniense; la máquina para sorteo de los ciudadanos reservados para participar en los jurados, llamada cloroterion; fragmentos de cerámica donde se escribía llamadas ostracas; relojes de agua utilizados en los tribunales atenienses para medir el tiempo del orador, llamados clepsidra... en fin, tienen aquí en exhibición lo que han encontrado en el área sobre el funcionamiento de la democracia de Atenas.

Otras ruinas de ágora son las del Odón de Agrippa, antigua sala de conciertos, hoy solo quedan restos de cuatro estatuas y piedras. De ahí me fui al *Areópago*
(colina de Ares) es un monte, ahí se reunía la sede del consejo. Pablo fue traído ahí cuando le anunció a los griegos que El Dios desconocido al que le edificaron un altar, había mandado a su hijo Jesucristo a

morir por nuestros pecados y que éste resucitó, que ése Dios, no habitaba en templos, ni en esfinges hechas por manos humanas. Algunos creyeron, otros se burlaron cuando habló de la resurrección... imaginé todo el acto, como si me trasportara al pasado.

Han pasado casi 2000 años y no ha cambiado mucho el ser humano, aún adora esculturas, no concibe a un Dios que no se somete a introducirse en una de sus obras materiales; a un Dios que no se encierra en templos, sino que está en todo lugar; a un Dios que le prohíbe adorar imágenes, que le pide que cierre los ojos a lo material y le adore, en espíritu y en verdad.

Intercedí en oración por esa necedad arraigada y trasmitida en las mentes del ser humano; oré a ese Dios que desconocen, le imploré misericordia y no juicio, para todos aquellos de blando corazón, que confundidos desvían su fe y amor a las imágenes; pedí a Dios que nos libre de las potestades de los aires que habitan esas imágenes. Antes eran figuras de dioses griegos o romanos, ahora lo son de santos, vírgenes, cristos.

En la noche meditaba en el balcón, pensando que esa ciudad no era muy buena con los turistas, casi no había sanitarios públicos, ni lugares para sentarse a descansar, ni letreros en inglés, el clima es implacable y algunas personas también. Sentí el odio y sufrí la agresión de musulmanes. Ya había orado al Dios vivo en sus lugares santos, cumplida la misión, era hora de irme.

Al siguiente día pedí información sobre la estación del tren a un hombre que trabajaba en la caseta de los boletos del metro. Dionisio fue muy amable, me pasó a la oficina, explicándome con detalle en un mapa. Me preguntó la razón por la que me marchaba tan pronto. Le conté que la gente me había agredido cuando pedía alguna información. Me aconsejó que preguntara mejor en español, decía que muchos odiaban a los americanos, que no hablara ingles de ninguna manera para evitarme problemas. Dionisio me escudriñaba con su mirada aguda, mientras acomodaba sus largos y plateados cabellos, diciéndome: "Esa gente no son realmente griegos, sino emigrantes, vamos a cenar para explicarte como somos los griegos." Se dobló la mangas de su camisa, creo que para mostrar sus torneados y bronceados brazos. Se veía muy fuerte para su edad. Le agradecí, pero le dije que no me gustaba salir en la noche... insistió e insistió... le dije que lo pensaría.

Disfruté mi caminata por la calle Atinas, me sentía más tranquila y relajada. Solo tenía que preguntar en mi idioma primero, después en ingles si no me entendían y aclarar que soy mexicana.

En metro llegué al Puerto de Pireas. En la antigüedad fue una isla, de ahí parten los barcos que van hacia Israel. Una parte de la ruta del metro va por debajo de la ciudad, al salir observé que solo hay edificios de apartamentos, casi no hay casas, solo en las provincias. Conocía una joven griega estudiante de inglés que se quejaba conmigo de que estaban muy atrasados intelectualmente, porque no traducían a su idioma y escritura los libros actuales. Escuchándola, me preguntaba ¿Cómo es que la tierra que vio nacer a Sócrates y Aristóteles, líderes de la revolución del pensamiento, ahora fuera una de las más atrasadas?

Cuando llegué a la gran estación del bello puerto, me dirigí a una agencia a informarme sobre los paquetes a Jerusalén. Por el camino fui meditando, soñando despierta. Por años he querido conocer Israel, el pueblo que Dios escogió para hablarnos, donde se iniciaron las sagradas escrituras a través de Moisés, al que se le fue dada la ley y al que se le atribuyen los primeros 5 libros de la Biblia (Pentateuco).

Deseo conocer la ciudad santa de cristianos, judíos, y musulmanes, donde conviven la paz de la oración, y el odio de la guerra; la ciudad donde fue profetizado, nació, murió, resucitó y ascendió a cielo Jesucristo; recorrer los lugares donde dejó sus huellas, las calles de Nazaret donde pasó su infancia; quiero orar en el templo donde Cristo se enojó y corrió a los comerciantes, diciéndoles que el templo era casa de oración, no mercado, ni cueva de ladrones; quiero ir al desierto donde fue tentado y alabar su nombre, en el silencio de los cuatro vientos; sumergirme en el Río Jordán donde fue bautizado, y ahí alabar con cánticos en espíritu, bajo el agua, también en El Mar de Galilea donde llamó a sus discípulos y sobre el cuál caminó; después sentarme en el monte de los olivos donde me gustaría leer "El sermón del monte," e imaginarme que soy una espectadora de esos tiempos; luego buscar la sinagoga de Capernaum donde predicaba, e imaginarlo cerca de mí. Aunque siempre está. Me gustaría pasear por la villa de Caná donde realizó su primer milagro, convirtiendo el agua en vino, y tomarme una copa en memoria de Él; pasear por la villa de Betania donde Jesucristo tenía a sus amigos María, Martha, y Lázaro, visitar la tumba donde fue resucitado por

Cristo; también conocer la tumba donde José de Arimetea sepultó a Jesucristo después de ser crucificado y donde resucitó al tercer día. Sé que oraré en el monte de Armagedón, donde tendremos la batalla final.

Es Dios quién alimenta esta necesidad de conocimiento en mí, y guía mi voluntad. Por alguna razón no me conformo con lo que aprendo en los libros, ni cuando los veo en mis sueños, sino que deseo estar en los lugares donde sucedieron los hechos, e imaginarme el momento, vivirlo... es como si en mi mente viviera en todos los tiempos, desde los inicios... y al viajar a los lugares de los hechos y al verlos con mis ojos, la percepción es casi real y tangible... casi sobrenatural.

Hoy en día la mayoría de los judíos y musulmanes siguen sin aceptar la salvación por gracia otorgada por Dios a través de Jesucristo, en un nuevo pacto firmado y sellado con la sangre de su unigénito. Aunque hay un remanente que han recibido este anuncio, pero el obstáculo más grande para aceptar ese regalo se debe en mi opinión, a la forma de plantearles este regalo, a la condenación que hacemos de todos su credos, y los oídos sordos que hacemos ante sus refutaciones, en algunas cosas tienen razón. Se sigue con la necedad de no admitir que la iglesia a adulterado las escrituras con falsas interpretaciones, que dan origen a doctrinas y dogmas de hombres, estas se han ido agregando en el trascurso de la historia al mensaje central de Jesucristo.

Jesucristo vino a cumplir la ley, y la cumplió en su totalidad, viviendo santo y sin pecado, y por lo tanto digno de pagar por los nuestros, como cordero limpio y sin mancha, como un regalo de amor de Dios a la humanidad, por lo tanto el que cree en Él no será condenado, pero el que no cree ya ha sido condenado porque no ha creído en el unigénito hijo de Dios lleno de gracia y de bondad... ciertamente la palabra de Dios dice que el que no cree será condenado, pero ¿Por quién? Por la ley y sus 603 mandamiento, quien sea capaz de cumplirlos en su totalidad no necesita del sacrificio de Jesucristo, ni de su sangre para ser limpio... la gran mayoría de los judíos y musulmanes creen poder lograrlo... pero si no, serán condenados, y no será por nosotros...

Otro gran obstáculo para que judíos y musulmanes reciban el evangelio de Cristo, es el planteamiento de la trinidad, establecido por la iglesia católica romana... y heredada por los protestantes... si a los judíos y musulmanes se les dice en la ley que Dios es uno ¿Cómo esperan que comprendan y crean en un dios con tres personalidades? Como se enseña en la mayoría de las iglesias cristianas...

Dios es uno y así lo confirmó Jesucristo diciendo en Marcos 12:29-30 "El primer mandamiento de todos es: "Oye Israel, el Señor tu Dios uno es, y amaras tu Dios con todo tu corazón, con toda tu alma, con toda tu mente y con todas tus fuerzas, ese es el primer mandamiento. Y el segundo es semejante. Amaras a tu prójimo como a ti mismo, no hay otro mandamiento mayor que estos." Dios es uno y todo se resume a amar... no en condenar.

Jesucristo predicó el amor, y el evangelio que nos mandó predicar son sus enseñanzas, su crucifixión, resucitación y ascensión al cielo, como testimonio de que Dios se manifestó a los hombres a través de Él, hijo unigénito y amado, en quien reposó toda la deidad, a través del Espíritu de Dios, quien encarnó en Él... y no hay salvación por gracia sin Jesucristo, Él nos limpia de pecado, nos otorga salvación y vida eterna, nos reconcilió con el Padre, nos envió su Espíritu Santo quien nos convence de pecado, nos restaura y nos guía a su luz... pero la gloria es para Dios... y Dios es uno... en esto tienen razón los judíos y musulmanes, pero no hay salvación sin Jesucristo aquí la tenemos los cristianos... y cada quien es responsable de la decisión que tomen respecto a estos mensajes que estarán ante nosotros hasta el fin del nuestros días... dejemos que sea el Espíritu Santo de Dios quien convenza a cada quien, y nosotros solo testifiquemos con amor, sin condenar, y sin sentirnos condenados por otros cuando nos muestren también con amor sus diferente verdades y posturas, solo escudriñemos con humildad, en diálogo cordial pidiendo serenidad y domino propio en oración a Dios, sobre todo cuando nos asalten las emociones carnales de la intolerancia, la soberbia, el odio, el desprecio y todo fruto de la carne, que a veces domina sobre nuestro espíritu cegándonos, cuando no es suficiente la oración, entonces también ayunar, ya que Jesucristo nos enseñó que esas manifestaciones espirituales solo con oración y ayuno salen.

Salí de la agencia un poco triste, no había viajes a Israel en barco, solo en avión, estaban muy elevados para mi presupuesto. Además me estaría saliendo de la ruta planeada. Después de unos momentos de desánimo, caminando por las calles del Pireo, comprendí que no era el tiempo. Me consolé con una de las comidas rápidas de Atenas, Baguettes que se les puede poner de todo, aceitunas, hongos, lechuga, pimientos, pepinos, cebolla, queso, jamón, pavo, pollo, salami. Observando vino a mí la idea de que esa comida en la época se Sócrates era digna de un banquete, y dialogar sobre lo que hace a una persona buena y justa, digamos... en mi dialogo interno, examinaba la vida en ese momento viendo hacia atrás, a pesar de que lo griegos empezaron a razonar sobre esto, hace casi 2500 años, aún no hemos avanzado mucho.

De esas tierras me llamó la atención la música melancólica. No entendía la letra pero me trasmitía parte de la esencia cultural. Me parece que viven añorando el pasado. Tienen influencia musulmana, mezquitas con micrófonos se ven en muchas partes de la ciudad, anunciado sus letanías. El tiempo de oración es 5 veces al día en dirección hacia la Kaaba, donde está la piedra negra, y supuestamente los restos del su profeta Mahoma, quien permaneciendo en una cueva por tres días, salió diciendo que había visto un ángel de dios ordenándole escribir, pero él era analfabeta, así que les dictó el corán a sus amigos y parientes... en mi opinión es un libro que mezcla textos bíblicos, con rituales paganos y tradiciones de hombres.

Intenté entrar a orar, pero no dejan entrar mujeres, la desprecian, no perdonan que Eva tentara a Adán, según ellos. Sufrí malas experiencias con musulmanes y con los judíos también... en una tienda donde vendían sandalias, caminé por un pasillo angosto, pasó a mi lado un hombre vestido de negro, con barba y bata larga. Al pasar a un lado mío, clavó con agresividad sus huesudos dedos en mi hombro, empujándome para pasar y luego se limpiaba la mano. Se supone que según sus creencias, no deben tocar a nadie porque pueden contaminar su "pureza" al tocar a los impuros de otras religiones. También sufrí experiencias negativas en las tiendas. Cuando pagaba por algún artículo, algunos se hacen tontos para no dar el cambio, pensando que uno no conoce la moneda; o en la calle si uno quiere hacer una pregunta en inglés, solo vociferan algo en su lengua con desprecio, o hasta con violencia empujando. No digo que todos, también habrá personas amables, pero yo sufrí racismo y discriminación con muchos de ellos. El odio que vi en sus reacciones, no es de Dios. No sé qué espíritu hay ahí dentro, pero no es El Espíritu Santo de Dios. El Dios que yo conozco es de amor, no de odio.

Esa noche oré por la intolerancia y el odio que vi en esas personas, para que Dios les mostrara la gracia de Jesucristo y les quite el yugo de la ley al que están sometidos. Oré intensamente para que Dios les dé la capacidad de quitarse ese yugo que los castiga, con el que quieren castigar a lo que vivimos bajo la gracia de nuestro Señor Jesucristo. Pedí a Dios que su Espíritu Santo les saque ese odio y los llene de este amor, y de la libertad que gozamos todos los que somos salvos por fe en Jesucristo. Sí, la gloria es para Dios, pero no hay salvación sin Jesucristo y su Espíritu Santo convenciéndonos de pecado. Y estas expresiones divinas, se compactan en un solo Dios, el Dios vivo Creador de cielo y de la tierra y de todo lo que hay en ella… lo he visto.

Al siguiente día conocí el centro de Atenas, La Plaza *Stigma* donde está el Parlamento de Grecia y el monumento del Soldado desconocido. Tiene unos guardias con unos uniformes bien graciosos, con falda y mayas blancas y gorrito. De ahí crucé al Parque Jardín Nacional. Una jungla llena de árboles y plantas de todos colores, especies y tamaños. En el verde lago merendé en compañía de los patos, hambrientos peleaban por las migajas de pan que les aventaba, luego me recosté en la banca a disfrutar de mi lectura diaria, hasta que un policía me molestó, ordenando que me sentara, o que me fuera de ahí. Me senté en el césped donde había otros turistas. Abrí mi Nuevo Testamento de bolsillo en el libro de los Hechos donde habla de la iglesia primitiva y los viajes de Pablo. Atenas fue una de las ciudades que visitó en su segundo viaje misionero, el pobre salió huyendo de aquí. Fue primero a Roma, luego a Filipo, Tesalónica. De todas las ciudades salía huyendo, temiendo por su vida, hasta que llegó a Corinto. Ahí había fundado una iglesia durante su primer viaje. Ahí permaneció durante 18 meses, predicando y ejerciendo su oficio de tiendas de acampar.

Mi lectura ahora fue interrumpida por unos gritos agresivos que llamaron mi atención. Era un joven enfermo mental en harapos, les gritaba a los turistas que temerosos huían… seguí leyendo, de pronto lo tenía enfrente de mí, lo miré a los ojos, pero por alguna razón sentí que no me haría daño, le mandé una silenciosa oración y seguí con mi lectura, ignorándolo… siguió su camino. En la tarde, recogí mi maleta, y seguí mi peregrinaje por el mundo, nuevas tierras, tesoros escondidos, misterios por develar y almas por quienes orar estaban en mi destino. *Continúa* ➔ *163*

22

Tierra prohibida

MACEDONIA/ ANTIGUA YUGOSLAVIA

*D*urante el trayecto hacia Rumania, viajaba complacida platicando con una pareja de turcos que se dedicaban a viajar por el mundo haciendo actos de malabarismo en las plazas, pero la diversión se acabó al cruzar por Macedonia. Subió una enorme mujer militar armada, muy agresiva, con malos modos, hasta intentó romper mi pasaporte, porque no tenía visa de su consulado, su compañero se lo impidió. Me bajaron junto con un judío.

En la agencia de México donde compré mi boleto a París, me habían dicho que podía viajar por toda Europa con mi pasaporte mexicano. Ahora estaba en ese pequeño cuarto, prisionera, todo el día, hasta la noche que pasara el tren de regreso a Tesalónica.

Estaba en medio de la nada. La pequeña estación consistía en la oficina de migración, una solitaria fonda de dos mesas, y una caseta cerrada de boletos, alrededor solo árboles y un camino de terracería hacia el pueblo. No había gente, ni siquiera ruidos. Excepto por el volar de una mosca. Afuera ni las hojas de los árboles se movían. Parecía que el tiempo se hubiese detenido. No había nada que hacer. Solo orar, leer mi Biblia, meditar, de esa forma escaparía. Solo mi carne retenían, no mi espíritu. Yo no estaba ahí. Después de unas horas comprendí, Dios había parado mi carrera. No era el castillo del conde Drácula en Rumania donde Dios me quería.

Leí la carta del apóstol Pablo a los filipenses, escrita desde su prisión en Roma hacia el año 61 d.C. Fue escrita en agradecimiento por una ofrenda que le habían mandado. Pablo había fundado esa iglesia durante su segundo viaje alrededor del año 50 d.C. Aunque en los mapas antiguos Macedonia abarcaba un territorio muy grande, en la actualidad este pequeño territorio tomó su nombre, para malestar de los griegos, que se quejan de que les quieren quitar su historia. La antigua Macedonia fue la tierra que vio nacer a Alejandro "El Grande," el gran hombre que intentó conquistar al mundo con su cultura helenística. De joven había estudiado filosofía con Aristóteles, estaba convencido que su visión del mundo era la mejor, e influyó, conquistando primero a los persas en el año 333 A.C. y con los años controló, Siria, Judea, Egipto, y Mesopotamia, muere en India a la edad de 33 años, joven, pero logró su objetivo de influir con su cultura. Sus soldados quedaron dispersados por diferentes países y se casaron con mujeres nativas, fueron enseñando a sus hijos su filosofía, y a hablar y escribir en griego. Por esa razón parte de La Biblia fue escrita en griego y la otra fue traducida a ese idioma, para que fuera comprensible para las nuevas generaciones. Esta traducción se conoce como la Septuaguinta porque 70 rabinos la produjeron. El nuevo testamento fue escrito en griego y canonizado hasta después del III siglo d. C. por los romanos.

Por la tarde entró un guardia para informarme que podía salir al baño, y caminar alrededor de las oficinas. El baño era de hoyo, como los de Atenas y el lavamanos estaba afuera. Caminé hacia la fondita de donde salía un delicioso olor a carne asada. Una obesa mujer volteaba chuletas, disfrutando de su cigarro y escuchando rock ochentero. Al sentir mi cercanía volteó a verme extrañada, después me dio la carta, diciendo algo que solo ella entendió. Le señalé varios platillos en la carta, pero ella negaba con la cabeza y con su dedo. Después de varios intentos, me señaló las chuletas haciendo gestos faciales comunicándome lo deliciosas que estaban. Acepté complacida. Me las sirvió con mostaza y papas a la francesa… las disfruté observando la pantalla de la vieja televisión donde un niño jugaba videojuegos, después regresé a mi prisión.

Cuando oscurecía, el guardia nos ordenó subir a un tren de carga alemán para que nos dieran de comer lo que les sobró. El judío subió, pero yo me negué. El soldado macedonio después de insistir me dijo molesto en inglés: "No podrás decir que no te dimos de comer ¿Entendiste?" Yo le contesté en español: "Te acuso ante Dios de haberme prohibido mi paso por estas tierras, de haberme privado de mi libertad, de que no me diste de comer en todo el día, y ahora me quieres forzar a subir a un tren alemán, para que me den sus sobras." Más tarde pasó un tren hacia Tesalónica, donde nos subieron al judío y a mí para regresarnos a Grecia.

Grecia

❦❧❦❧❦❧❦❧❦❧❦❧❦❧❦❧❦❧❦❧❦❧

TESALÓNICA REGIÓN DE MACEDONIA, GRECIA

A l llegar a Tesalónica Grecia, el judío y yo intentamos cruzar hacia Budapest, pero en la frontera me detuvieron por horas. A mi compañero judío sí lo dejaron cruzar y a mí me regresaron en el tren de la madrugada hacia Tesalónica.

Ya en marcha un obeso boletero discutió conmigo en ingles "mocho" porque yo no tenía boleto de regreso. Nadie me informó que debía comprar uno. Amenazó con lanzar mi maleta por la ventana si no le daba el dinero del boleto. Intenté comprárselo, pero él no tenía boletos, así que me negué a darle mi dinero sin boleto. El obeso maletero intentó otra vez tomar mi maleta. Descargué con fuerza mi pie sobre la maleta y el hombre soltó la manija, haciendo comentarios racistas.

Al llegar a Tesalónica lo acusé de violencia y racismo en la caseta de policía de la estación, y pedí que llamaran a mi embajada. El director de la estación se disculpó, rogó y rogó que no hiciéramos el problema más grande, que eso podría afectar a las olimpiadas. Prometió mandar al boletero a terapia psicológica y lo obligó a pedirme perdón. Yo en realidad no deseaba perder tanto tiempo, solo buscaba darle una lección a ese boletero racista.

Me convencí que no era voluntad de Dios que explorara esas tierras, me había devuelto dos veces a Tesalónica, capital de la región de Macedonia Grecia. El nombre de la ciudad viene de Salónica, hermana de Alejandro El Magno. Los pobladores de Tesalónica están enfurecidos de que la antigua Yugoslavia ahora esté usando el nombre de Macedonia, ya que únicamente un 1% de la antigua macedonia se encuentra en territorio de La Antigua República Yugoslava de Macedonia.

En autobús público recorrí el centro y sus comercios, luego en un restaurant de comida típica, disfruté del platillo más popular, la deliciosa *Muzaka* (lasaña de berenjenas). En mi exploración fui a dar a la orilla del muelle, hasta llegar a La Torre Blanca, símbolo de la ciudad. Con el tiempo se volvió amarilla, en el pasado fue prisión y fuerte, ahora es el Museo Bizantino, donde hay algunos artículos encontrados en Vergina 40 Km. de Tesalónica en la tumba del rey Filipo, padre de Alejandro el Grande. Seguí mi recorrido por *Platia Aristotelous* (Plaza Aristóteles) disfruté frente a la

dorada puesta del sol y el azulísimo y luminoso mar, un banquete griego, *tzatziki* (ensalada de pepinos con yogur) y unas hojas de parra rellenas de arroz y carne molidas, deliciosas.

Por un momento me sumergí en profunda oración cuestionando a Dios sobre mi destino, mirando la infinidad del mar, unida al cielo azul, por un momento sin tiempo sentí esa unión, frente a mí, en mí, sin distancia. Y el Espíritu Santo en mí, como una unión umbilical hacia el infinito, comunicándome con Dios, revelándome parte de mi Destino. Cumplí con una cita escrita en el tiempo de Dios, y recibí instrucciones sobre algo ya escrito, pero desconocido.

Por *Nikis Odos* (avenida de la victoria), caminé triunfante, entre vendedores ambulantes, saboreando cacahuates recién tostados, me senté a leer disfrutando la tranquilidad de esa pacífica y bella ciudad, donde Pablo estableció una iglesia y a la que dirigió las cartas de los Tesalonicenses y la de los Filipenses. El griego más guapo que he conocido en mi vida, se sentó a mi lado a conversar... lástima que yo ya estaba de salida.

La única ruta por donde podía salir de Grecia era hacia Italia, por mar, compré un boleto para el ferri de Venecia. De regreso en Atenas, descansé por un día en mi cuarto, sola con mi cansada humanidad. Meditando un poco en la tierra de Aristóteles... pisé sus huellas también...

CORFÚ Y PATRAS GRECIA

Viajé en autobús 215 km. hacia el puerto de Patras, volví a disfrutar de la bella vista del azul mar. Al llegar al puerto lo recorrí en oración. Es la tercera ciudad más grande de Grecia, se divide en la parte antigua/casco antiguo, donde están las iglesias y monumentos, edificios de piedra y techos naranja, y la moderna donde están las tabernas, bares, y cafés de moda. Visité algunas iglesias católicas ortodoxas haciendo mis oraciones.

En la plaza central tenían una celebración con puestos ambulantes, donde, bendije los *gyros* (tortilla gruesa de harina, con carne y ensalada), en memoria de Cristo, y merendé, luego recorrí los comercios, y por la tarde caminé hacia el muelle, y me senté en una mesa con sombrilla, ordené un plato de mariscos, leyendo las cartas de Pablo que me faltaban.

La rosada puesta del sol fue más bella y acariciante que otras veces... la sentía en el alma, así como al imponente y azulado mar, estaba listo para llevarme a otras tierras, las olas me invitaba con un suave sonido, la fresca y deliciosa brisa llenaba mi ser de impulso. Ya había encontrado las huellas de Pablo, era hora de subir a mi barco.

Al siguiente día el ferri hizo una parada en Corfú. Seguía siendo una isla pequeña rodeada de verdes pinos y mar azul profundo, de casitas blancas con teja roja, pero ahora era un día soleado y estaba más despierta para hacer mis oraciones. Parece un pueblo tranquilo y apacible, perfecto como para retirarse a escribir. Oré por la vida espiritual y salvación de sus habitantes.

Durante el trayecto hice amistad con una enfermera austriaca que también viajaba sola, venía de visitar a su hija que trabajaba en el museo de Tesalónica. Cenamos en el elegante restauran del barco platicando sobre nuestras vidas, pero lo que me llamó la atención fue su preocupación por estar junto a mí, le preocupaba llegar sola a Venecia, ya que decía que los policías eran muy mal pensados, y que creían que toda mujer que se atrevía a viajar sola era prostituta.

Salí a cubierta, esperando la puesta del sol pero un nubarrón la ocultó. Conversé un rato con Dios en espíritu, una inmensa paz me inundaba, a pesar de que gruesas nubes estaban por caer sobre el turbulento mar… a lo lejos se partían, retumbando…había preocupación entre la tripulación, pero a mí en lugar de inquietarme me pareció ver las venas luminosas de Dios… cerré mis ojos para abrirlos en Venecia.

23

La nostalgia de Venecia

VENECIA ITALIA

esperté a orillas de Venecia, grises nubes cubrían el cielo, y una fina lluvia le daba un toque misterioso y melancólico a la bella ciudad, lucha desesperada por permanecer ante las abrasadoras aguas del imponente mar, implacables la hunden, lentamente, ante su débil gemido, ahogado por la multitud de visitantes que le dejan su huella cada día.

El barco se acercaba al muelle, al bajar, los agentes de migración no hicieron ninguna pregunta, solo vieron la foto del pasaporte y nos lo devolvieron. En la estación compartí alimentos por última vez con mi amiga austriaca. Nos despedimos, ella partiría para a Viena, yo lo haría después de recorrer Venecia.

Desde la adolescencia soñaba despierta con "La ciudad de los canales," tiene 120 pequeñas islas unidas por 400 puentes. Tomé un barco-taxi que va por todo El Gran Canal, rumbo a La Estación de Venecia de Santa Lucía, para comprar mi boleto hacia Viena y dejar mi equipaje. Frente a la entrada, del suelo sale una fuente de aguas danzantes, donde me divertí brincando

entre un chorro y otro. No hay autos, la transportación es por canales, en góndolas, o caminando por angostos callejones. Así llegué al famoso Puente Rialto, construido entre 1558 y 1591, es el más antiguo de los cuatro que cruzan El Gran Canal. Cruzándolo fui a dar a una callecita donde está el legendario Mercado Rialto, vendían infinidad de artículos, me llamaron la atención las máscaras, había una tienda donde vi como las hacían. Oscilan entre 10 y 20 euros las sencillas. Las usan principalmente en El Carnaval, la fiesta más importante de Venecia.

Seguí peregrinando por la ciudad hasta llegar a Plaza San Marcos. El lugar está inundado de miles de palomas domesticadas, y comen en la mano de los turistas. Alrededor hay restaurantes y cafés con mesas en sus exteriores, y al final de la plaza está La Iglesia de San Marcos, construcción de influencia bizantina, con nichos profundos, y arriba de la entrada principal hay cuatro caballos que representan la fuerza estatal, tiene cinco cúpulas, planta de cruz griega, decoración en mármol y coloridos mosaicos. Fue iniciada el año 828 d.C. para guardar los supuestos restos del apóstol Marcos, traídos de Alejandría.

Había una larga fila para entrar a la iglesia. Esperé con paciencia leyendo el evangelio de San Marcos. Junto con el de Lucas y Mateo forman los evangelios sinópticos (del griego sinopsis, que significa que vieron lo mismo). Se cree que fue el primero de los evangelios, escrito al inicio del último tercio del primer siglo d.C. Creo que Marcos sufría de persecución al momento de escribirlo, ya que narra los hechos de una forma muy apresurada, como queriendo sintetizar por falta de tiempo. Se cree también que la mayoría de ellos murieron martirizados en persecuciones hacia los cristianos.

Al entrar a la iglesia, el guía va explicando la historia mostrándonos cada parte de la iglesia, sus diseñados mosaicos, mármoles orientales, esculturas, pinturas, el estilo arquitectónico, y al final el lugar donde se cree que están los restos del apóstol San

Marcos.

Al salir de la iglesia subí al mirador del campanario de ladrillo. Quedé maravillada por la excelente vista de sus bellos edificios. La Basílica de Santa María de la Salud, es de forma octagonal, con una cúpula hemisférica y rodeada  de seis capillas menores, construida entre 1631 y 1687 a causa de la peste donde murieron 80,000 venecianos. También por la misma causa se construyó la Iglesia del Redentor, con fachada de mármol de inspiración neoclásica y una gran cúpula con dos campanarios cilíndricos a los lados, el resto del edificio es de ladrillo rojo. Desde aquí la bella Venecia se ve

 vestida de rojo por la uniformidad de los techos de teja roja en todas las casas. No hay edificios altos, ni calles, no hay tráfico automovilístico. Es como si hubiera viajado a un pueblo del pasado. A un lado está El Palacio Ducal, edificio gótico que fue residencia de los Dux, sede del gobierno, de la corte de justicia, y prisión de La República de Venecia.

Llegué a un ensayo de un quinteto local que interpretaba las 4 estaciones de Vivaldi. Desde lejos la melodía me fue llevando como hipnotizada hasta la puerta de la iglesia, ahí permanecí, disfrutando el concierto. Cerré los ojos sintiendo cada nota entrando en mi ser, fluyendo en mi espíritu, transportándome a otra dimensión, donde alabé a Dios en espíritu y en verdad, con esa música de fondo, deslizando mi alma hasta el infinito universal. Luego, me dirigí a la Iglesia de la *Madonna dell Orto*, construida en ladrillo desde el siglo XIV. Arriba hay doce nichos con estatuas de los apóstoles, una esculturade Jesucristo, y cuatro esculturas de apóstoles a los lados de la cúpula. En el interior escuché una misa en italiano, apreciando obras del pintor Tintoreto, enterrado ahí. Luego llegué a la iglesia Santa María *dei Frari,* dedicada a la asunción de María. Se inició entre 1250 y 1338, construida en ladrillo con un campanario que mide 88m, es el segundo más grande después del de San Marcos. Hice mis oraciones al Dios vivo, que no se refleja en materia.

Recorrí algunas tiendas de diseñadores de prestigio, solo observando, buscando la razón a esos precios tan elevados. Algunas tiendas parecían pequeños palacios, por su decorado de cortinas, alfombras y muebles de estilo medieval. Comprendí que son precios para la realeza, inalcanzables para esta pobre plebeya atrevida...

Ya en la tarde fui a dar al muelle, donde comí un delicioso atún frente al rugiente mar, que tirano seguía latigueando a la bella Venecia con sus pesadas aguas. Meditaba en los antiguos pobladores de esa ciudad. Recordaba a Marco Polo. Los venecianos pensaban que era exagerado, que no había viajado tanto, no le creían al pobre, porque en su narrativa no incluía todos los datos que los críticos consideraban indispensables, para creer que él realmente había visto esas ciudades. Pienso que lo mismo puede pasar conmigo, es difícil captar todos los detalles de una ciudad y en el orden que algún crítico le pareciera indispensable narrar. Yo por ejemplo, sé que simplifico la historia, porque éste no es un libro de historia, sino un manual para preparar al lector con su cita con el más allá, para que atraviese ese trayecto a salvo, fui resucitada por Jesucristo y enviada a testificar por la misericordia que Dios tiene por el ser humano, solo soy una más de sus siervos, con una misión, no una historiadora.

El día se extinguía ya, y estaba al otro extremo del lugar donde saldría mi tren a Viena. Era temprano pero extrañamente casi todos los comercios estaban cerrando y desaparecía la gente. Caminaba y caminaba desorientada, me sentí nerviosa. A veces me parecía que regresaba al mismo lugar, como si la ciudad me quisiera decir algo, tal vez quiere que regrese, tal vez le agradaron las oraciones, tal vez le trasmití mi fe, mi amor a Dios. Duré tiempo pedida en esos callejones solitarios, orando más, creo que su espíritu me tenía atrapada." Finalmente me soltó y salí al área donde saldría mi transporte a Viena.

24

El espíritu

VIENA AUSTRIA

Amanecía cuando llegué a los pies de los Alpes, donde está la bella y elegante Viena, capital de Austria. No había dormido bien por el frío, pero la emoción de conocer la ciudad borró mi cansancio. Sentí añoranza cuando conocí unos mexicanos mientras hacia una fila para comprar mi boleto a Berlín Alemania, discutían entre ellos, uno diciendo que Viena era racista, el otro defendiéndola... al notar mi presencia latina, se calmaron. Siguiendo sus recomendaciones, desayuné una enorme salchicha austriaca con mostaza... guardé mi mochila, y al salir subí al tranvía hacia la zona turística de la ciudad. No sabía exactamente donde bajaría, pero al enterarse que era mexicana y viajaba sola, los pasajeros a mi alrededor estaban solícitos a ayudarme y pendientes de mi siguiente pregunta, me sentí muy bienvenida.

Bajé cerca del Palacio Imperial de Hofburg, una enorme cúpula azul y numerosas esculturas lo embellecen, ahí vivió la familia imperial hasta el final de la monarquía en 1918. Está decorado en rococó austriaco. Ahora se divide en oficinas del presidente de Austria, varios museos, destacando El Museo Sisí con objetos

personales y retratos de la emperatriz Elizabeth, así como los aposentos y salas del palacio. Cerca de ahí, en La Capilla Imperial, los domingos ofrecen conciertos Los Niños Cantores de Viena.

En los alrededores del palacio había algunos violinistas vestidos con trajes oscuros, camisas blancas con encajes, y peluca blanca, permanecí un rato escuchando a uno de ellos, interpretaba placenteramente con todo su ser moviendo las fibras de mi espíritu, metiéndome en su gozoso "viaje," impregnando mis sentidos de esa melodía, caminé un buen rato con ella dentro de mí, como una grabación que se repetía constantemente, así llegué a una cafetería, donde además de la tasa de un fuerte café, me dieron un vaso de agua y el periódico... costumbre vienesa... mis reflexiones son acompañadas por delicadas notas musicales de Mozart, cuando estoy a punto de marcharme suena "Una pequeña serenata nocturna" ... tan tatan tatatatatatan tan tatan tatatatatan... tan inmortal, como su espíritu.

Hubo un momento que me senté a escribir en la Plaza de María Teresa,

estoy rodeada de arte, entre El Museo de Historia del Arte, con las obras de Rubens, Velásquez, Brueghel el Viejo entre otros, y El Museo de Historia de la Naturaleza, con muestras disecadas de animales en extinción, metales, fósiles, etc. Los dos museos son idénticos en su exterior. María Teresa fue emperatriz de Austria de 1740 a 1780, en su monumento aparece la emperatriz sentada en un trono en lo alto y a sus pies están el canciller Kaunitz, Mozart, Gluck y Josph Haydn (1732-1809), de todos este último es el que más me llama la atención, fue un chico de pueblo, de humilde condición, que padeció hambres, fue sirviente y músico callejero, evidentemente venció infinidad de obstáculos, para lograr sus metas y sueños, llegando a ser doctor honorífico de Oxford, sin embargo dicen que nunca perdió su modestia y sencillez, a pesar que se

encumbró hasta los círculos más altos de la sociedad, fue amigo de Mozart y profesor de Beethoven…

Este tipo de personajes nos inspira a nosotros, los desconocidos, los desamparados, descuidados y desechados a veces de la sociedad, por carecer de credenciales, por no llenar los requisitos, por no llegar a las escalas de valor establecidas por una sociedad materialista y enferma. Hay infinidad de seres que nos motivan a seguir adelante en esta carrera de la vida, donde tenemos muchas batallas que vencer, y a veces nos ha ganado el desánimo, o la autocompasión por las condiciones de vida en la que hemos llegado. Creo Haydn se eternizó al decidir componer para Dios "La creación" fue su obra maestra, y declaró que la escribía para la posteridad, con esta intención, creo que siguió un mandato de Dios.

Viena es una ciudad muy bella, con monumentos y jardines diseñados artísticamente. No lejos de aquí está el monumento del también genial

compositor y pianista austriaco Wolfgang Amadeus Mozart(1756-1791), compuso sus primera obra a los 5 años de edad, su padre consideró que ese don era un milagro de Dios, por lo tanto se esmeró en compartirlo con el mundo dedicándose a pulir a su hijo, llevándolo al éxito, pero al final de sus días sufrió pobreza y sospechó haber sido envenenado, muriendo poco después a la edad de 35 años tarareando su última e incompleta obra "Réquiem"… la cual compuso seguro de que anunciaba su muerte…se le enterró aquí modestamente en el cementerio de St. Marx. Su monumento es hoy en día de los más visitados.

Visité también el monumento del compositor austriaco de origen judío Johann Strauss (1825-1899) el "Rey del vals" creador del "El Danubio azul"…componía con una facilidad, escribiendo en cualquier parte y en cualquier objeto… desde los 6 años. Meditando en el legado que cada uno en lo suyo dejó a la humanidad, y siguiendo con la misión de oración, llegué a *Votivkirche* (Iglesia Votiva) de estilo neogótico, su construcción comenzó

en 1853 y terminó en 1859. Dos oscuras y alargadas torres la embellecen. Dentro hay un altar a la virgen de Guadalupe... sí, como se oye, tienen un altar a la virgen de Guadalupe aquí en Viena, en conmemoración al emperador austriaco de México, Maximiliano.

Cerca de ahí tomé el metro, y me fui a *Karntner Strasse* (Calle Corintia), avenida principal, zona comercial y de

entretenimiento, hasta *Stephanspltz* (plaza de Esteban) donde está La Catedral Gótica de San Esteban. Su construcción se inició en 1137 y concluyó en 1443. El campanario está en una torre de 137 m cuenta con tres naves, dentro de una está la

tumba de Federico III de Habsburgo. Allí se casó Mozart, allí fue su funeral, y el de Vivaldi, en el cual Haydin cantaba cuando pertenecía al coro de Los Niños Cantores de Viena. En el interior alberga, unos extraños pilares con las figuras de los papas grabadas. Algunas me parecían muy desagradables, así como las figuras de extraños animales por fuera del templo. Afuera me divertí un poco con un grupo de turistas y los artistas urbanos, luego seguí por *Kärntner Straße*, a los comercios. Disfruté un platillo típico, filete estilo Viena, *Wiener Schnitze* (filete de ternera empanizado y papas). En el metro

conocí a una filipina que me invitaba a quedarme a trabajar, decía que la gente era muy buena y respetuosa con los emigrantes, que Viena tenía la mejor calidad de vida, por la seguridad, limpieza, servicios públicos, belleza, pero yo tenía un trabajo con Dios, una misión que cumplir. La gente de Viena me dio buena impresión. El espíritu de la música está en las calles y cafeterías de Viena, de formas especial, probablemente los relaja, los sublima.

25

"y conoceréis la verdad,
y la verdad os hará libres." Juan 8:32

Conoceréis la verdad libertadora

BERLÍN ALEMANIA

L a ruta de Viena a Berlín Alemania (Deutschland) es bellísima, campos verdes, llenos de vida, montañas gigantes, majestuosas, repletas de árboles. Solo que la temperatura seguía bajando, el frío se sentía hasta los huesos. Al llegar a la estación del tren, lo primero que busqué fue un café caliente, lo acompañé con *kasecuchen* (pastel de queso), leyendo un librito de guía de turistas, donde encontré un hostal económico. Tomé el tranvía que me llevó al área, y preguntando a la gente, finalmente llegué.

Después de hospedarme me fui a la plaza principal de Berlín, *Alexander Platz*, (plaza Alexander) donde están los monumentos de La Hora Mundial, La Fuente de La Amistad Internacional, y La Torre de la Televisión. Yo para ese entonces ya había perdido la noción de los días y las horas. Hice amistad con un hombre-carro de salchichas, el simpático hombre traía amarrado a la cintura y los hombros un aparato con todo para preparar *bratswur*t (enorme salchicha en un pan pequeño), por la espalda tenía un tubo con una sombrilla con el nombre de su negocio. La torre es altísima, 368 m con un mirador que da vuelta lentamente, dentro está un elegante restauran, donde comí más tarde un filete, con papas glaseadas, y ensalada, admirando la ciudad desde mi asiento. Ahí planeé mi ruta a seguir, e hice mis oraciones. Pedí a Dios por la liberación de las almas atormentadas, perdidas, confundidas, para que la luz del evangelio de Cristo las ilumine, rompa las

Berlín Alemania desde la Torre de Televisión

cadenas y les muestre el sendero a seguir; pedí por todos aquellos que trabajan dando el mensaje de Cristo, para que el espíritu de Dios repose con fuerza y poder en sus vidas, fluyendo a través de sus voces; pedí a Dios por la unión de todos sus siervos en este mundo, para que las diferencias de denominaciones dejen de separarnos. Pedí por todos los que luchan por reformar y renovar la iglesia.

Al centro de la plaza hay una fuente del dios griego Neptuno, los jardines están simétricamente diseñados, con flores de variados colores. Están también las estatuas de Carl Marx y Stalin. A un lado de la plaza está *Rotes Rathaus* (el distrito rojo). Llamado así porque todos los edificios están construidos en ladrillo rojo. Ahí está la alcaldía de Berlín, la Iglesia *Kirche Richswerdersche*, rodeado de pilares y ventanas, al frente cuenta con dos

campanarios. Hoy en día es un museo con 19 esculturas en exhibición. Muchas iglesias ya no funcionan como tales.

Berliner Dom (Catedral de Berlín) es un enorme templo luterano, construido entre 1894 y 1905, de estilo barroco, con una enorme cúpula azul y dos campanarios a los lados. Está a unos pasos de la plaza, cruzando un puente del río *Spree*.

El *Schlossbrücke* (puente del palacio) es el más famoso, construido en 1800, considerado como una obra de arte por sus bellas esculturas, donde la diosa

Niké instruye a un niño en la historia, en otro pilar está enseñándole el lanzamiento de la lanza, dándole armas a un guerrero, coronándolo, en el otro extremo está Niké apoyándolo cuando está herido, en otra Pallas lo lleva en la batalla, en otra el guerrero está atacando al enemigo, protegido por Pallas a un lado, en la última está Iris llevándolo muerto al Monte del Olimpo.

Al siguiente día me adentré en la *Eiland ab los Museos* (la Isla de los Museos), inicié mi recorrido en *Altes Museum* (Museo Viejo) se divide en dos secciones *Neues Museum* (Museo Nuevo) y *Pergamon Museum* (Museo de Pérgamo), en éste último está impresionante altar de Zeus a las puertas del museo. Al recorrerlo, vi que tienen por doquier esculturas de los dioses griegos, así como de otras culturas, me llamó la atención el busto de la Reina Nefertiti, por su belleza y antigüedad, al final me senté ya cansada a ver documentales sobre la cultura grecorromana. Después regresé al hotel, meditando sobre la influencia de adorar imágenes.

Grecia y Roma influyeron con su cultura no solo en el pasado, dejaron su huella viva, su influencia de adorar imágenes permanece en nuestros días a través de la iglesia católica romana. Solo que nos cambiaron de imágenes, antes eran los dioses griegos, romanos, y el cesar, ahora son los santos, las vírgenes y el Papa. Esa influencia, permanece a pesar del tiempo, desviando la adoración que debería ser para el Dios vivo creador del universo, hacia ídolos de metal, piedra, madera, papel, o a humanos.

Un día en un sueño muy real, vi a las potestades de los aires meterse dentro de las imágenes absorbiendo la energía que las personas les dirigían a través de la mirada, a través de la fe. La fe es un poder sobrenatural que poseemos los humanos. Dios nos lo dio, así como nos dio libre albedrío, nosotros escogemos si dirigir esa fe a las imágenes muertas, y darles vida en nosotros, mientras morimos, o dirigir esa fe a un Dios vivo, para que viva en nosotros eternizándonos.

Dios prohibió la adoración de imágenes, está escrito en los mandamientos, no por un capricho propio sino que al dirigir con la mirada nuestra fe hacia las imágenes para adorarlas o venerarlas, les damos vida dentro de nosotros, los espíritus malignos se alojan en nuestras mentes, debilitándonos espiritualmente, cegándonos, enajenándonos, metiéndonos en una religiosidad mecánica, con diferentes rituales sin sentido espiritual, que nos llevan a vivir una falsa religión; en cambio cuando cerramos los ojos y adoramos con fe al Dios vivo, también le abrimos la puerta para que viva dentro de nuestro ser su Espíritu Santo, de esa forma alimenta nuestro espíritu, lo fortalece, le da vida espiritual, abre nuestro entendimiento, nos guía a tomar decisiones correctas, a discernir entre el bien y el mal. He ahí lo importante que es para el enemigo y las potestades de los aires fomentar la idolatría a través del tiempo, con imágenes e ídolos de diferentes dioses del Olimpo, incas, mayas, de vírgenes, santos, cristos, es un arma poderosa, con la cual el enemigo engaña a millones de almas desviándolas, cegándolas, esclavizándolas. Dios se los permite porque esas almas desobedecieron su ley. Pero tiene misericordia, les manda mensajeros, las que no endurecen su corazón, son liberadas.

Desperté con un gozo especial, salí rumbo al Palacio de Charlotenburg, donde vivieron el rey Federico I de Prusia y su esposa Charlotte, es de estilo barroco, amarillo con teja roja, dos alas hacia el frente y una gran cúpula

azul al centro. Todo es extremadamente lujoso, los muebles, candelabros, tapices, murales, objetos, joyas y ropajes están en exhibición, para satisfacer nuestra curiosidad.

Los jardines son enormes, diseñados artísticamente, con flores de todos los colores sobre verde césped, y un lago con cisnes y patos. Me senté a la orilla, para mi lectura y meditación, entre un rico olor de flores, y yerbas silvestres, una paz infinita me inundaba. Medité un rato sobre la libertad que recibí a través de la verdad de Jesucristo y su mensaje en La Biblia, recordé sus palabras cuando dijo: "Y conoceréis la verdad, y la verdad os libertará" Juan 8:32, y "Yo soy el camino, la verdad, y la vida, nadie viene al Padre si no es por mí." Juan 14:6.

Esa verdad liberadora que recibimos a través de las palabras de Jesucristo escritas en La Biblia, en el pasado no estaba al alcance de todos, era prohibida su lectura y por siglos solo permaneció escrita en latín, griego, y arameo. En Europa solo los sacerdotes de la iglesia católica la podían leer, ya que eran los únicos que tenían la autoridad y entendían latín.

El traductor, teólogo, y reformita inglés John Wycliffe (1320-1384), tradujo textos bíblicos al inglés de La Vulgata, en 1382, iniciando una revolución espiritual que concretó el también teólogo, reformista y traductor alemán Martín Lutero, quien clava su texto con las 95 tesis en la puerta del palacio de la catedral de Wittenberg en 1517, y traduce al alemán textos bíblicos. Creo que cada uno en sus tiempos al ver el abuso y los excesos de la iglesia sobre la ignorancia del pueblo, enriqueciéndose al cobrar indulgencias y proclamando supremacías humanas, decidió investigar si de verdad el Dios tirano que mostraba la iglesia católica era el mismo de las escrituras. Cuando conocieron la verdad liberadora, decidieron traducirla y con el invento de la imprenta, pudo estar al alcance del pueblo, dando inicio a un despertamiento espiritual.

El pueblo conoció la verdad de Jesucristo, que los liberó de la ignorancia a la que los tenía sometido el enemigo. Finalmente el ser humano se enteró que somos salvos por fe, no por obras, y ante el anuncio de que la salvación es un regalo de Dios para todos aquellos que creen en Jesucristo y en su palabra, el pueblo vio la luz, se descubrió a sí mismo como imagen de Dios, creador y poderoso. Hubo un gran desarrollo de pensamiento y espíritu, avanzando la ciencia, las artes, la economía. Ríos de sangre inocente corrieron, para que la luz de Jesucristo disipara las tinieblas que el enemigo había tejido alrededor del ser humano.

Agradecí a Dios por la salvación, por haber nacido en estos tiempos, por el fácil acceso al anuncio de su palabra, porque no sufro persecución hasta el momento, por ésta inmensa libertad de la que disfruto intensamente, ésta libertad que se ha pagado con sangre de mí amado Señor Jesucristo y con la de tantos mártires. Aún en nuestros días, algunas iglesias se empeñan en colocarnos un yugo, abusando de la ignorancia y pereza intelectual de la gente. Por no leer la verdad de Jesucristo que está en La Biblia, hoy en día al alcance de todos. Tristemente esa pereza mental y apatía espiritual, aunado con los afanes de la vida, y además expuestos diariamente a miles de mensajes, por diferentes medios de comunicación, nos tienen enajenados, inmersos en un mundo irreal y confuso, dormidos espiritualmente. Para algunos llegará el día en el que despertarán a una terrible y desalentadora realidad, en un mundo de tinieblas.

Tenemos una inevitable cita con el más allá, debemos estar bien preparados para ese momento inevitable y seguro, más nos vale llenarnos de la verdad de Cristo, El ya pagó nuestro precio, solo tenemos que creer en Él, y para creer en El, hay que concebirlo como alguien real y verdadero, parte de nuestra vida diaria, con el que nos comunicamos por medio de la oración diaria en espíritu, para que su Espíritu Santo habite en nosotros y nos guíe, despertándonos. Solamente cuando se concibe así a Cristo, es como queda su nombre grabado, como un sello en nuestra mente, y su nombre tiene poder sobre la muerte, no moriremos, tendremos vida eterna, porque fuimos redimidos con su sangre, y sellados por su Espíritu Santo al invitarlo a vivir en nosotros.

En el mundo de tinieblas al que viajé al morir, había muchas almas, tristemente no recordaban, ni podían pronunciar el nombre de Jesucristo. Yo tenía su nombre sellado en mi mente, en mi memoria espiritual. Dejando atrás la memoria como función cerebral, resultado de conexiones sinápticas entre neuronas, yo hablo de la memoria espiritual, esa solo se activa cuando se tiene una experiencia personal con su Espíritu Santo a través de la oración en espíritu y en verdad. Por eso pude clamar a Jesucristo, quién me resucitó y me trajo a este mundo con éste mensaje, "No ha sido dado otro nombre bajo el cielo, a través del cual podamos ser salvos, solamente Jesucristo es la resurrección y la vida, como creí en El, aunque estuve muerta resucité, para ser testigo de su poder."

El cielo se estaba nublando más. Pequeñas gotas cayeron sobre mi Biblia anunciando el término de mi descanso, agradecí a Dios por todos los mártires, por Wycliffe, Lutero, y la verdad libertadora. Caminé hacia la salida. Ya estando en la calle la lluvia paró. Me dirigí hacia una enorme iglesia cercana, al entrar escuché la 5ta sinfonía de Beethoven (1770-1827), que venía del segundo piso. Al subir observé que la sala estaba sola, solo los músicos ensayando. Me senté a disfrutar del concierto gratuito. Yo era la única espectadora, cerré mis ojos, alabé a Dios en espíritu, con esa música transportándome a otras dimensiones, más allá del espacio y materia. Cuando los músicos guardaron sus instrumentos, salí a la calle y busqué el autobús que me llevó al metro.

Antes de regresar al hotel fui a una *charcutería* (carnicería) donde venden embutido, tomé patees, salchichas; queso de cabeza y pan. Mi comida, cena y desayuno. No aceptaron mi tarjeta de débito al intentar pagar, por ser extranjera y como tenían un letrero de que sí las aceptaban, un amable alemán les reclamó por mí muy molesto. Al salir el hombre me seguía, disculpándose por la política del mercado. Acepté sus disculpas y agradecí su consideración. Sinceramente no esperaba tanta. Regresé al hotel, donde revisé mi correo, he hice reservaciones para Londres.

El domingo me fui a una iglesia muy interesante, *Káiser Wilhelm Gedächtnis* (iglesia en honor del emperador Guillermo), tiene una torre que es como un pequeño museo con documentos, figuras de mármol, murales y mosaicos, había sido destruida durante la guerra, y el arquitecto que la reconstruyó, decidió fundir lo moderno con el diseño antiguo de la construcción, así que le construyó una torre de cristal, y un templo de forma pentagonal, con paredes de cristal azul intenso. Ahí es donde se ofrece el sermón, por supuesto era en alemán, pero escuché la voz de Dios en mi corazón, confortándome, llenándome de su Espíritu, fortaleciéndome para cumplir con mi misión. Di gracias a Dios por la libertad que Jesucristo me dio, por todos los apóstoles, y mártires de la historia, por todos aquellos que lucharon contra el enemigo, para dar testimonio con sus vidas, de la fe en la vida eterna que Jesucristo nos otorgó, porque han contribuido para que tenga mi Biblia en la mano y pueda moverme con esta libertad. Todos ellos son una multitud, como las estrellas del cielo, como células celestes, y están ahí para animarnos a proseguir la carrera. La guerra está ganada, solo tenemos que cumplir cada uno con nuestra misión y pelear las batallas.

Seguí mi recorrido por el área de *Kurfürstendamm* (dique del elector). son jardines muy bellos que hay entre una calle y otra. Esa área   fue

construida como versión alemana de los Campos Elíseos de París. Cerca de ahí había un local donde estaban haciendo audiciones para modelos. En la vida real la mayoría de ellas se ven enfermas de lo delgadas que están. Las fotografías que vemos en las revistas y en las pantallas de televisión están editadas, tienen filtros, además el maquillaje, las luces, la ropa, la atmósfera que las rodea, les dan un encanto que es irreal. Esas proyecciones en nuestras mentes, distorsionan nuestro concepto de la belleza, dañando en muchos casos, nuestra personalidad y autoestima, ya que nunca llegaremos a vernos como ellas. No existen en la vida real, la perfección que nos muestran los medios de comunicación, nos afanamos por alcanzar, no existe.

Llegué a una plaza donde estaban haciendo un video musical, divertida observé las repeticiones, comprendí lo irreal de la actuación, como casi todo lo que pasa en los medios. Las personas pasan horas frente a una caja electrónica viendo estas imágenes muertas, algo irreal en su presente, mientras la vida pasa de lado. Lo que sí es real, es la enajenación a la que nos meten y nos hacen vivir dormidos ante nuestra realidad individual, y así se nos pasa el tiempo, hasta que se nos acaba. La enajenación a la que nos sometemos por voluntad propia, esa sí es una realidad, insistimos en vivir a través de imágenes muertas: Los programas televisivos, Internet, los videojuegos, y todas las pantallas que absorben nuestra atención, de tal forma que nos ayudan a escapar de nuestra realidad individual.

Para despertar de esa enajenación, hay que tener valor, cerrar los ojos y ver hacia dentro, ejercitar el espíritu, llenarlo de Dios, antes de cerrar los ojos para siempre en este mundo y despertar en un mundo de tinieblas, sin memoria espiritual. No hay nada más real y seguro, que la cita que tenemos con la muerte, todos y cada uno de nosotros, esa sí es una realidad de la que inútilmente intentamos escapar. Es fácil ver nuestra realidad individual, solo cerrando los ojos buscando al Dios vivo, en espíritu. Él nos la muestra… pero qué difícil es permanecer así.

En un autobús de dos pisos recorrí la ciudad, bajé *Hausen der Culturen der Welt* (La Casa de la Cultura del Mundo). Fue construida después de la guerra, como un símbolo de la libertad y respeto a las diferencias culturales. Había un festival hindú, disfruté de sus alegres danzas folclóricas, y de un concierto de música donde los integrantes del grupo tocaban sus instrumentos sentados en el suelo.

En un soleado y bello día me dirigíal Reichstag, después al parque más antiguo y grande de Berlín *El Tiergarten* (zoológico) existe desde 1742, cuenta con 2.5 km cuadrados. El Zoológico de Berlín está en la esquina suroeste del parque, al centro está

Siegessaüle (Columna de la Victoria). Es una columna de granito rojo de unos 69 m de altura con una estatua dorada de La diosa de la victoria Niké. Tiene un observatorio, donde me senté a escribir ya rendida. Después de recorrer gran parte del parque, sentía que mis pies punzaban pidiendo descanso. Es curioso, mi cuerpo está cansado pero mi espíritu me impulsa con una fuerza casi sobrenatural. Creo que me muevo constantemente casi 16 horas al día, y aunque mi cuerpo protesta, me siento inmensamente feliz, una infinita paz del amor de Dios me rodea. Es como si Dios me llevara de la mano, mostrándome el mundo.

Llegué a la parte triste de mi recorrido, visitar el pedazo del muro de Berlín que dejaron para recordar. Cuando preguntaba en ingles a las personas como llegar allá, me di cuenta que les avergonzaba esa parte de su historia. Reaccionaban tristes diciendo: "Hay muchos lugares bonitos en Berlín ¿Por qué quieres conocer el muro?" Otros se molestaban y me decían: "No hay nada interesante en el muro ¿A qué quieres ir allá? Me pareció interesante recorrer ese pedazo de muro y apreciar los murales que tiene a lo largo. A medida que avanzaba vinieron a mi mente películas que había visto sobre Hitler, la división de Alemania, la persecución de los judíos, su holocausto. El pisar la tierra donde se vivió tanto sufrimiento, hacía real lo que había aprendido en libros y películas.

Crucé el puente *Oberbaumbrücke* de ladrillo rojo que unió a la Alemania del este con la del oeste. Del otro lado había un parquecito con algunas figuras metálicas, me senté a leer frente a la tranquilidad del río. Estaba solitario, solo había dos jóvenes pescando a la orilla del muellecito, una pareja de enamorados, y a lo lejos, una escultura de metal de un hombre gigante caminado sobre el río (El Hombre Molécula)... sentí nostalgia.

En metro, en una ruta que rodea la ciudad conocí los barrios pobres, había gente que vivía en cuartitos, o casitas muy pequeñas, pero bonitas, con jardines llenos de flores, enredaderas que iban por sus paredes o cercos, y árboles frondosos. Por otro lado de la ciudad se veían fábricas y los búnker donde estuvieron presos los judíos. No entendí su existencia. Una joven alemana sentada frente a mí me explicó, que costaba mucho dinero destruirlos. Era muy amable a pesar de su ebriedad, deseaba practicar su inglés, y aprender algunas frases en español, yo de alemán. El resto del camino nos dedicamos a darnos clases de alemán y español, divertidas, yo por su pronunciación, ella por la mía. Oscurecía cuando llegué a *Alexander Platz*, donde tomaba mi tranvía al hostal. En la noche, meditaba en el sufrimiento de los judíos en el transcurso de la historia, pensaba en la forma como Dios ha usado a este pueblo para hablarle al mundo.

Varios predicadores hablan sobre las profecías relacionando libros de La Biblia, diciendo que en 1954 cuando los judíos fueron liberados y se inicia la unificación de Israel a su tierra, se cumple la profecía de que Israel renacería volviendo a su tierra, y que de ahí empieza a correr el tiempo hacia el final apocalíptico, que según las palabras de Jesucristo en el libro de Mateo 24:34, después de la unificación de Israel, no pasará esa generación, sin que sucedan todas estas cosas (final apocalíptico). Me pregunto ¿Qué tanto pueden vivir los hombres de una generación? Según mis cálculos ya estamos en los últimos tiempos. El libro del Apocalipsis habla de que en los últimos tiempos habrá guerras, epidemias, hambrunas, catástrofes naturales. Ya lo estamos viviendo, hay guerras por todas partes; el sida es la epidemia más grande de la historia; la caída del mercado mundial aumentará las estadísticas de las miles de personas que mueren de hambre; hay catástrofes por doquier. Lo más preocupante es que Jesucristo dijo que temblaría, según las estadísticas, la tierra cada vez tiembla más… gritando el peligro. Además hay otras amenazas latentes: Una bomba atómica, varios países tienen armas nucleares; hay volcanes en todo el mundo activos, solo el volcán *Yellow Stone* en E.U.A. es capaz de destruir la nación. Algunos creen que hará erupción en nuestros tiempos. Además los astrónomos han descubierto otra amenaza, un astro enorme que viene directo a la tierra, similar al que cayó en la península de Yucatán destruyendo todo en la época de los dinosaurios. Otra profecía Bíblica dice que en los últimos tiempos la ciencia aumentará, nunca en la historia han sido tan acelerados los descubrimientos científicos, todos lo podemos ver... estamos cerca.

Al siguiente día me dirigí a un lugar más triste, donde fueron exhumados y quemados cadáveres, de los incontables judíos que fueron asesinados por órdenes de Hitler. Al recorrer el área viendo las fotografías, sentí algo de su dolor, y oré por los judíos sobrevivientes. Durante mi recorrido también pasé por un edificio donde estaban unas oficinas de Hitler, el responsable de este genocidio, quien se suicidó el 30 de abril de 1954, dando fin a la segunda guerra mundial, y con esto se dio el renacimiento de Israel.

Recorrí iglesias orando por la intolerancia racial, cultural, y religiosa, por las víctimas inocentes y por el inminente final, para que Dios me fortalezca para advertir del peligro a las almas dormidas, despertarlas, prepararlas para esa cita inevitable y segura que hay con el más allá, para trasmitir mi amor a Dios y la fe en Jesucristo, quién me resució para testificar.

Crucé por *Bradenburger Gate* (Puerta de Brandemburgo), está entre el este y el oeste de Berlín, fue construida entre 1778 y 1791. Es una enorme puerta de 60 m con 6 pilares sosteniendo un carruaje con cuatro caballos, inspirada en la mitología griega, como casi todos los monumentos alemanes. Ahora es un símbolo de la unificación de Alemania, pero en el pasado era parte del muro que dividía a Berlín.

POSTDAM ALEMANIA

En tren llegué a Potsdam, la Capital de Brandemburgo, a solo 24 km de Berlín. Es una bella ciudad que fue residencia del rey de Prusia Frederick II, quién mandó construir el *Neues Palais* (Palacio Nuevo) entre 1763 y 1769. Enorme edificio con cúpula azul

al centro, todo el techo del palacio está rodeado de esculturas. Tiene más de 200 habitaciones suntuosamente decoradas.

Al salir me adentré en el parque Sanssousi, en una tranquila caminata, disfrutando del espectáculo de la naturaleza. Inicié una oración en voz alta. Solo Dios y el bosque eran mi compañía. El sol brillaba con esplendor sublime sobre los enormes árboles, dándoles un color tan intenso y vivo; un suave y pacífico aire movía las hojas y a las flores silvestres en una danza uniforme; el canto de la aves tenía un tono familiar y divino, se unieron a la celebración las mariposas, parecía que aplaudían con su revoloteo, llevando un ritmo también casi uniforme. Me pareció que los latidos de mi corazón se armonizaban con ese ritmo, con ese canto, con esa danza. Sentí la caricia del aire sobre mi rostro, al respirar profundamente ese aire con rico aroma a yerbas y tierra mojada, sentí que llenó mi espíritu de naturaleza pura, sentí

que ese aire fue por todo mi cuerpo con sutileza, moviéndolo delicadamente, mi corazón se llenó de amor a Dios y surgió un cántico al Creador de toda esa belleza... canté, bailé, latiendo en armonía, sintiéndome un solo ser integrado a la naturaleza y a Dios como un todo.

Llegue al área donde está El Castillo *Sanssousi* (Sin Preocupaciones), ubicado en la parte superior de un viñedo escalonado, a los pies está La Gran Fuente de 18

m de altura, hay una escalinata hacia arriba con otra fuente a la mitad del trayecto, y otra al frente del castillo al llegar a la cima. Fue el lugar favorito para descansar de Federico II, de ahí el nombre de *sanssousi*. En la parte este del castillo hay una galería, con la colección de pintura del rey, obras de Caravaggio, Rubens, Reni, Rembrandt y Van Dick.

BERLÍN ALEMANIA

Ese último día la pasé subiéndome en diferentes autobuses y tranvías, sin rumbo fijo. Fue así como llegué al Parque en Memoria de los Soldados Soviéticos. Un sentimiento de pesar se fue adueñando de mí a medida que recorría la plaza. Un anciano se acercó a conversar conmigo en inglés, explicándome que esa plaza era un panteón. Me dijo sarcástico: "Vivo en esos departamentos, aquí al lado, todavía no me muero y ya estoy en el panteón jiji... o a lo mejor ya estoy muerto, tengo tiempo que ni yo mismo me veo." Me dio la mano despidiéndose. Sentí tristeza y ternura ante su fragilidad. Lo miré directamente a sus cansados ojos, y con la mejor de mis sonrisas le dije: "Dios le bendiga y haga resplandecer su rostro sobre usted." El anciano sonrió tiernamente agradecido, y se alejó con paso vacilante, ayudándose con su bastón... arrastrando su sombra... más pesada y reclamante cada vez.

Parque en Memoria de los Soldados Soviéticos. Berlín Alemania

Permanecí otro rato ahí, sentada en esa fría banca, pensando en el mar de muertos bajo mis pies, tanta muerte, la siento casi brotar, estrujándome el alma... hombres inocentes que murieron por una ilusión...el bienestar de la sociedad, solo se logra con corazones justos llenos del amor de Dios, lo demás son solo filosofías y huecas sutilezas... cerré mis ojos y oré por los familiares de esos soldados. Fueron padres, hermanos, o hijos de alguien, que no tiene ni donde depositar una flor. Oré por la paz del mundo y su verdadera liberación, por una nueva reforma, un nuevo despertar, nuevos siervos capaces de romper toda doctrina dogmática y manipuladora de hombres, y mostrar la verdad de Jesucristo por encima de toda palabra humana, la cual contiene un mensajes de amor, como camino eterno de libertad espiritual, sus palabras están por encima de ideologías de hombres que nos llevan a la intolerancia, al odio, a la guerra, y a la muerte, cada quien es responsable de su vida espiritual, asíque nosotros los verdaderos discípulos de Jesucristo, solo damos un mensaje, no lo imponemos...y nuestras armas, son armas espirituales.

26

Los desconocidos

"El que cree en mí, como dice la Escritura,
de su interior correrán ríos de agua viva "Juan 7:38

AMSTERDAM HOLANDA

E l autobús se deslizaba por la gruesa neblina que le daba un toque misterioso a esas calles de faroles elegantes y edificios antiguos con ventanas salientes... se veían sobrios a pesar del tiempo... permanecían cargando a sus durmientes.

La estación parecía un pequeño castillo medieval. Cerca de ahí pasa el río *Amstel*, atraviesa la ciudad vivificándola embelleciéndola con cientos de canales, que sirven como medio de trasporte, y a los lados hay cafés, restaurantes y diferentes comercios, en algunos se fuma marihuana legalmente, ofreciéndola como cualquier producto de consumo, lo mismo hacen con las mujeres en el sector rojo de la ciudad, las ofrecen en vitrinas como mercancía de placer... me molesta eso, pero no las juzgo a ellas.

La prostitución es el oficio más antiguo del mundo, las prostitutas son víctimas y creación de la sociedad, Jesucristo lo sabía, por eso las amaba, ¿Quiénes somos nosotros para juzgarlas? Ellas son ultrajadas aunque con su consentimiento en cada acto, obligadas por sus necesidades económicas, limitaciones, y desamparo. No deja de ser un abuso, solo que el abusador la recompensa con dinero, y ante esa recompensa, ellas actúan el "roll" aprendido de prostituta. Ante los ojos de la sociedad enferma, ese grupo por su vulnerabilidad, es perfecto para dirigir toda la maldad que llevan en sus duros corazones, victimizándolas aún más con su discriminación. Creo que por eso Jesucristo escogió a María Magdalena, a quien se le consideraba pecadora, para ser una de sus discípulas predilectas. Mostrándonos así, lo erróneo de nuestros juicios, porque solo vemos apariencias, no profundizamos.

En contraste con el desparpajo sensual de los holandeses, la arquitectura de la ciudad tiene un aire conservador y elegante, reflejo de una nostalgia apacible, satisfecha. La gente es muy amable y relajada, tal vez porque les han aflojado el yugo de la ley.

Uno de los mayores atractivos de la ciudad es sin duda la Plaza Dam, en el lugar donde se situó el dique original que cruzaba el Rio Amstel de donde viene el nombre de Ámsterdam, destaca el obelisco de mármol de 22 pies de altura, Monumento Nacional Central, en homenaje a los soldados caídos durante la segunda guerra mundial, a los que simboliza una hilera de cuerpos desnudos recibidos por Cristo... a un lado está el grandioso Palacio Real de Ámsterdam (1648-1655).

El misionero y pintor Van Gogh y la escritora Ana Frank son los personajes holandeses más interesantes a mi parecer, sin olvidar a Rembrandt. Murieron sin saber lo que su obra trascendería. Van Gogh se disparó en el pecho y murió dos días después a los 37 años, pero dejó 900 pinturas y 1100 dibujos como legado. Ana Frank fue una niña judía-alemana que dejó su diario en un escondite donde se ocultaba de los nazis, durante La II Guerra Mundial. Fue llevada a un campo de concentración donde murió de fiebre tifoidea a los 16 años. Su padre sobrevivió y publicó el diario de Ana Frank, con propósito de oponerse a la intolerancia y la discriminación racial.

Todos tenemos una misión, a veces somos misioneros desconocidos, y vivimos sin que se comprenda nuestra obra, pero es necesario aferrarnos a cumplirla, hasta el último soplo de vida. Cada obra, cada misión es importante, aunque a nuestros ojos, o a nuestro pensamiento, no nos parezca. Hice una oración por los desconocidos de la sociedad, por todos aquellos que nadie conoce, o reconoce, o no quiere conocer. Pedí fortaleza para todos ellos, para que puedan soportar las batallas sin desfallecer, sin caer, sin perder la fe. Si las obras están hechas en Dios, nos espera la corona de victoria... los ríos de agua viva de su Espíritu Santo, fluyen a través de canales espirituales del interior de nuestro ser, de una fuente que no secará ni el desierto más solitarios que atravesemos en nuestras vida.

27

Canales de oración

❦❦❦❦❦❦❦❦❦❦❦❦❦❦❦❦❦❦❦❦❦❦❦❦❦

BRUSELAS BÉLGICA

Atravesando verdes campos y pequeños poblados el autobús llegó a Bruselas Bélgica. Sus pobladores tienen una de las iglesias más grandes del mundo, *Koekelberg* (Basílica del Sagrado Corazón). Su estructura es de ladrillo marrón, con una enorme cúpula verde con bordos blancos a las orillas y dos torres blancas con campanarios verdes, la 5ta más grande del mundo; también la no menos importante Catedral de San Miguel y Santa Gúdula construida entre 1225 y 1525, estilo gótico. Solo las vi desde el autobús a través del cristal, aprecié la belleza de sus impresionantes estructuras, e hice mis oraciones por esa ciudad. A estas alturas ya estaba tan cansada, y preocupada por mi economía. Mis pies no tocaron esa ciudad, pero mi espíritu oró por ella.

Cada lugar tiene un encanto especial, casi mágico, que solo se descubre a medida que se le ve de cerca, se recorren sus calles, se respira su aroma, se escucha su bullicio, a medida que te llenas de sus partículas, de su esencia con todos los sentidos. Me consolé pensando que la parte más importante de mi misión es la oración que eleve desde ellas, construyendo canales de oración hacia el infinito, hacia las faldas de Dios, para que su poder fluya con fuerza, debilite a las fuerzas del mal, y El Reino de Dios se acerque, manifestándose a los hombres para que se conviertan y Dios los salve.

Tan importante es mi oración, como la de cualquier persona que mueva su voluntad y se una en oración, para que el Reino de Dios nos ilumine mostrándonos el camino hacia el más allá, al seno de Dios. Hay personas que no le dan importancia a la oración, y no la tiene si es efectuada como letanía, rezo, o palabras memorizadas, pero cuando es elevada con fe, sintiendo cada palabra en nuestros corazones, mentes, espíritus, cerrando los ojos a este mundo, y metiéndonos en uno espiritual, sin tiempo, sin distancias, sin barreras, esa oración con fe es una energía poderosísima, Jesucristo dijo que la fe mueve montañas... también viaja más allá de la velocidad de la luz, a las faldas de Dios, y Él responde.

28

Mis ojos en el ojo de Londres

LONDRES INGLATERRA

asé por Caláis Francia, donde está la entrada al Euro túnel del Canal de la Mancha. Cruza 50 Km hasta Dover Inglaterra, 35 Km son bajo el agua. Después de unas preguntas el oficial de migración selló mi pasaporte y volví al autobús, se introdujo en un vagón, luego salimos a un área de descanso mientras cruzábamos en el tren por debajo del agua. La experiencia fue algo atemorizante al principio, pero después al ver que no se sentía nada me calmé. Oré y alabé en espíritu bajo ese mar, creando una fuerza espiritual de amor a Dios. Todos los pasajeros volvimos al autobús, y al llegar al Puerto de Dover, salimos a la carretera.

Verdes pastizales con vacas pastando y algunas cabañas a lo lejos se veían por todo el camino, era un día luminoso pero frío. Llegando a Londres busqué en el mapa el área del hostal donde reservé, y preguntando llegué. Compartí cuarto con dos jóvenes americanas y una de origen asiático, se sorprendían de que fuera mexicana, anduviera sola, y que fuera "trotamundos." Algunos tienen la idea estereotipada de las personas que se aventuran se esa forma. Además no iba sola, El Espíritu Santo de Dios me acompaña.

Después del desayuno de panes, frutas, cereales, y yogur que ofrecen en el hostal, me dirigí en metro a la Plaza del Parlamento donde está el puente de La Torre de Londres. Turistas de todas partes del mundo, tomaban fotos a La Torre del Reloj del

Parlamento de 96.3 m de altura, le llaman *"Big Ben"* (Gran Ben), y tiene cuatro caras. El nombre de Big Ben fue dado a la campana de 16 toneladas que está dentro de la torre.

La Abadía de Westminster, o Iglesia Colegiata de San Pedro de Westminster está cerca, es de estilo gótico, se inició en 1245 bajo el reinado de Enrique III. Ahí han coronado y están las tumbas de muchísimos reyes, personajes célebres de Londres, y la del soldado desconocido. Hay un área que le llaman "el rincón de los poetas," donde fueron enterrados Charles Dickens, Geoffrey Chauces, Samuel Johnson y Rudyard Kipling, y en 1997 ahí fue el funeral de la princesa Diana de Gales.

Llegué a Saint *Paúl's Cathedral* (Catedral de San Pablo), construida

entre 1676 y 1710, cuenta con un pórtico clasista entre dos torres barrocas, se destaca por su enorme cúpula, la segunda más grande del mundo, después de San Pedro en el Vaticano. Si se sube por sus 530 escalones, se puede apreciar una vista panorámica de la ciudad. La misa se ofrece bajo la cúpula que por dentro esta revestida con frescos, narrando la vida del apóstol. Ahí se casó la princesa Diana con el príncipe Carlos.

Al salir de la catedral caminé hacia el Puente del Milenio, crucé el río Támesis en una caminata tranquila, disfrutando de mi capuchino. Al lado está el Tate Modern, galería de arte contemporáneo, con obras de Dalí, Picasso, Matisse, entre otros grandes maestros. Cerca de ahí está un pequeño teatro que es una réplica exacta del Teatro Globo, donde originalmente Shakespeare presentaba sus abras.

El Ojo de Londres es un gigantesco mirador en forma de rueda de la fortuna. Por fin cumpliría mi sueño de poner mis ojos en el ojo de Londres, o más bien sobre Londres. A esas alturas de mi misión, mi cerebro estaba sobrealimentado con tantas imágenes vivas, y me producía euforia adictiva.

Subí emocionada con otro grupo de turistas en una esfera de cristal, hace paradas para que podamos tomar fotos de diferentes ángulos de la ciudad. Cuando estaba en el punto más alto inicié mi oración

por la salvación de ese pueblo, por toda esa multitud de almas palpitantes a mí alrededor, luchando entre el bien y el mal, durmiendo y despertando, abriendo y cerrando sus ojos a este mundo... entrando y saliendo.

Seguí por el corredor turístico, había cafés, restaurantes, así como vendedores ambulantes y artistas urbanos. Me senté a comer unas

empanadas de carne y verduras, típicas de Londres, pero el frío estaba congelante a medida que se acercaba la puesta del sol. Más adelante está El Royal Festival Hall, ahí se puede apreciar artes plásticas, danza, escuchar conciertos de Jazz, música clásica, contemporánea.

El viento frío lastimaba mi piel, ya no sentía mi nariz y los últimos rallos del sol se extinguían, ya era hora de regresar al hostal. Crucé el puente de Londres y llegué a la estación del metro. Buscaba en mi mapa, cuando de pronto se acercó a mí una señora muy amable y elegante, me preguntó si me podía ayudar en algo. No era la primera vez que notaba que los ingleses son muy amables y educados. Me orientó sobre la línea del metro que debía

tomar, y se despidió con una amplia sonrisa. Es difícil ver esa amabilidad en los encumbrados. Desde que llegué a Londres señores muy elegantes me ayudaron con mi maleta, que a esas alturas del viaje, ya estaba repleta y pesada. Me sentía bienvenida, los amé y di gracias a Dios por ellos.

Al siguiente día ya éramos cinco en el cuarto del hostal, había llegado una chica muy obesa y toda mi comida había desaparecido, aunque ignoro si fue ella. Había un mercado a dos cuadras de ahí. En el camino me encontré con un gimnasio, pregunté por los costos, me dijeron que era gratis por ser visita. Me ejercité en las maquinas por una hora, después me tomé un ducha, salí muy relajada a hacer mis compras, surtiendo mi despensa con atunes, yogurt, frutas, panes y embutidos para otros dos o tres días.

Me dirigí en metro a Picadilli Circus. Había una banda de rock tocando por los pasillos del subterráneo... les creí. Recorrí algunos comercios, y crucé a Trafalgar Square. La enorme plaza fue construida para conmemorar la batalla de Trafalgar, donde Inglaterra vence a España y Francia. La bellas fuentes le dan vida, al centro está una meseta cuadrada con un enorme león de bronce en cada esquina, en medio una columna coronada con la escultura de Nelson... y yo estoy aquí, arriba de un león escribiendo un poco, mientras descanso.

La Galería Nacional de Arte está a unos pasos del monumento. Mi corazón ardía al entrar, sentía que tenía una cita programada en mi destino. Cientos de artistas me llevarían en un viaje al pasado a través de imágenes de sus obras,  trasmitiéndome un mensaje, abriéndome una ventana, metiéndome en su mundo: Jean Van Eycs me transportó hasta 1434, ahí estuve con él, me invitó a pintar; Botticelli me mostró como el amor triunfa sobre la guerra; Miguel Ángel me enseñó que no terminaba sus pinturas si no se las pagaban en su totalidad; un elegante holandés de 34 años, se presentó ante mí, como Rembrandt; Turner me enseñó que a veces el sol no brilla igual, el desaliento lo opaca; Cézanne me mostró lo último que había en su mente, y como lo plasmó con premura, antes de morir.

La galería fue fundada en 1824, hay más de 2000 obras realizadas entre 1260 y 1900. Pasé todo el día concentrada en ese viaje al pasado. Aprecié parte de la colección de Van Gogh, impresionándome "La silla de Van Gogh." El artista gritaba su soledad a través de su obra, percibí su sufrimiento y angustia en las pinceladas de "Noche estrellada." La vida fue tan injusta con él. Cuando vi sus "Girasoles" lo imaginé dándoselos al mundo, y el mundo indiferente, frío ante su cálido regalo, rechazándolo, menospreciándolo, hundiéndolo más en su soledad. Su alma sensible fue enloqueciendo de dolor, hasta llegar a dañarse a sí mismo y destruirse. Así lo imaginé por un momento, casi mágico. Es triste, como él hay miles que mueren sin que el mundo comprenda sus obras.

Saliendo de la galería hay una cafetería donde me senté a tomar un té ingles con pay de manzana, mientras observaba a la gente pasar por la plaza Trafalgar. La mayoría tiene buen gusto al vestir, predominan los colores sobrios. A un lado está la pequeña, pero bella iglesia de San Martín (1720-1726). Había un concierto con el "Aleluya"  de Handel (1685-1759). Tomé asiento, cerré mis ojos, e hice mis oraciones sintiendo que la melodía me transportaba hasta el tercer cielo. Sentí el amor de Dios en cada célula de mí ser, mi corazón ardía de felicidad con un fuego placentero, que me comunicaba que había cumplido mi misión. Inglaterra era el último país que cubriría con mis oraciones en ese viaje misionero.

Al siguiente día pretendía ir al Palacio de Buckingham pero creo que me equivoqué de autobús porque fui a dar al Parque Leicester, muy concurrido por vagabundos, y escritores de diferentes partes del mundo, creo que algunos buscan de alguna forma inspiración... me senté un rato a escribir frente al monumento del poeta, dramaturgo y actor inglés William Shakespeare (1564-1616), uno de los más celebres de la literatura universal, sus obras se repiten en diferentes parte del mundo constantemente, atrapadas por nuestra atención. Me enteré que este genio no tuvo formación universitaria, pero esto fue en su favor, ya que su cultura se salió del molde y a esto creo que se debe en gran parte, su originalidad.

Un joven poeta de origen latino se sentó a conversar sobre su obra, cuando se enteró que estaba perdida, me llevó hasta el Palacio de Buckingham. Agradecí y nos despedimos. Desde 1837 es residencia oficial

de la familia real inglesa. Al quedarme sola observé el castillo tras la negra reja del enorme portón. Al tocarla sentí que era una enorme prisión y no un castillo. Sentí algo de pena por la vida de la realeza. De adolescente soñaba despierta imaginando que era una princesa viviendo en un enorme castillo, creyendo que esas princesas son muy felices, pero la realidad es que no somos muy diferentes a ellas, cada una con sus propios sufrimientos y afanes de la vida, ellas aunado a eso, viven casi prisioneras, es triste, más de una de esas princesas envidiarían la libertad con la que me muevo en el mundo, con la que lo descubro con mis propios ojos, y opino sobre él.

Frente al castillo, está el Monumento a La Reina Victoria, permanecí un rato, observándolo y escribiendo… está rodeado de jardines con hermosas flores, en medio de dos parques, a un lado está *Green Park* (Parque Verde) con árboles enormes, al otro *Sant James Park*, (Parque San Santiago) con un lago artificial que sustenta El Río Serpentina.

Crucé por una puerta donde hay unos soldados con uniformes muy elegantes y

enormes cascos, pero los pobres no se pueden mover, ni hablar, ni demostrar ninguna emoción con su rostro. Que trabajo tan triste y esclavizante, es el peor trabajo que he visto en mi vida, es como estar muerto en vida, me parece por demás absurdo y sin sentido que los tengan así por seguir una tradición. En todas las culturas hay tradiciones que dañan nuestra calidad de vida, no somos tan diferentes.

Seguí caminando sin rumbo determinado, ni propósito aparente, solo existiendo en las calles de Londres. Con café y mapa en mano, subí al segundo piso de un rojo autobús a la parte de enfrente, así fui recorriendo la ciudad, orando, en la comodidad de la calefacción. Bajé en un mercado ambulante, recorrí los puestos de comida probando, era como un bufete internacional, comida turca, hindú, china, italiana, marroquí, española; puestos de artesanías en vidrio, madera, de matillas tejidas, de antigüedades, de ropa, de libros de segunda mano, de monedas, relojes, etc.

Me volví a subir en diferentes autobuses llenando de oraciones la ciudad, dejando mi semilla espiritual sembrada por doquier, y disfrutando del tour. En Londres hay mujeres policías montadas en caballos, también noté que todas las cabinas telefónicas son rojas, así como los autobuses, y hay tantos monumentos, casi uno en cada esquina y relojes por toda la ciudad, así nadie puede ser impuntual... estoy segura de que llegué a tiempo a esta cita que tenía en mi destino con Inglaterra, cumplí con mi misión y era tempo de marcharme...bajé en la calle Victoria, hacia La Central Victoria, donde compré mi boleto a París...volví al río Támesis para despedirme de Londres formalmente... la ciudad estaba dorada y elegante, despidiéndome con un aire aristócrata y sereno.

29

Un manto
de oraciones para Europa

BÉLGICA

*L*a ruta hacia Bélgica fue casi la misma solo que ahora cruzamos el canal de la Mancha por arriba, en un ferri que tenía de todo adentro, restauran, salas con televisores, tiendas de curiosidades, de ropa, de comida, de perfumes, y no cobraban impuestos.

En el trayecto meditaba en el giro total que dio mi vida, pero en la misma línea. Ya no estudiaba en la universidad a través de libros, ni de maestros, sino de imágenes vivas, y el Espíritu de Dios guiándome en mi percepción y escudriño... ya no veo tan trágica mi situación, por el contrario, comprendo perfectamente ahora, por qué Dios permitió que mi carrera se truncara... mi mente se expandía a medida que descubría todo con mis propios ojos, al existir asi, mi percepción era viva, real, no como en los libros. Hay información que se asimila bien a través de un texto, pero hay experiencias que se tienen que vivir y aprender de ellas, con todos los sentidos, atrapando esos contenidos en la mente, llenarse de ellos, hacerlos parte de nuestra existencia.

Desde mi asiento de autobús en movimiento, cubrí de oraciones a Bélgica y Francia, mientras las almas dormían bajo el inmenso cielo estrellado... las luces parecías su cercano reflejo... cada poblado a lo lejos, me anunciaban los asentamientos humanos. Almas preciadas en mi camino, que Dios ama y desea mostrarles la luz de su amor, cobijarlos en su seno. Muchos de ellos acaban de llegar a este mundo, otros saldrán de él, ¡Cuanto daría! para que nadie saliera de esta vida, sin el sello de Cristo en su corazón, en sus mentes, para que fluyan en la fe y en el poder de su Espíritu, y que lleguen a ese mundo de luz, dentro del seno de Dios, y existíamos todos en ese sublime éxtasis de amor, eternamente y para siempre, por los siglos de los siglos. Amén.

FRANCIA

En una fría madrugada llegué a París... esperé un rato a que abrieran el servicio del metro, cayéndome de sueño sentada en los escalones, hasta que abrieron. Llegué al mismo hotel donde me había hospedado antes. Como quien vuelve al hogar, me sentí muy feliz de ser reconocida por los empleados, y subí a mi cuarto, a descansar todo el día.

En la noche desperté a platicar con Dios. Sentí que me comunicó que faltaban muchos países por recorrer. Pero ya no tenía fondos para continuar con otra solitaria misión, por el momento, tampoco había iglesia que me apoyara, comprendí que debía buscar en mis propias fuerzas y con la gracia de Dios, más fondos.

Me despertaron los luminosos rayos del sol que entraban de lleno por un lado de la ventana. Llena de energía ya, bajé brincando los escalones desde el tercer piso. Saldría en dos días hacia México, y no sabía si me alcanzaría el dinero para sobrevivir, mis fondos estaban escaseando. Ya no alcancé a ir a España como tenía planeado al principio.

Era temprano, caminé sin rumbo, Dios es mi brújula. Fui a dar a La Ópera Nacional de París, fundada en 1669, después a la Opera de la Bastilla que se abrió el 14 de Julio de 1989 con las celebraciones del bicentenario de la caída de La Bastilla. Es un edificio circular de cristal, muy moderno, en contraste con La ópera Nacional de París que parece un palacio antiguo.

Llegué a La Plaza Vendome, un área rectangular donde los edificios son considerados como patrimonio mundial por su antigüedad y la belleza de su arquitectura. Ahí se encuentra el Ministerio de Justicia de París. En medio de la plaza estaba una enorme estatua de bronce de Luís IV que fue derrumbada durante la revolución, y en 1810 en su lugar fue elevada la enorme columna, coronada por una estatua de Napoleón.

Seguí dejando que el espíritu me llevara sin rumbo determinado, ahora caminé derecho por toda la calle de mi hotel, y de pronto estaba en el área de bares; muchas tiendas de material sexual, lencería fina, y disfraces.

Un lugar me llamó la atención porque había muchos turistas, tomándole fotos, era el famoso, *Moline Rouge*, (Molino Rojo) el cabaret más célebre del mundo del espectáculo. En el pasillo de la entrada tenían unos cartelones

donde los bailarines se movían dependiendo del ángulo de la visualización. Observé las imágenes, la coreografía, admirando el peinado, maquillaje y vestuario. No estaba en mis posibilidades un boleto para entrar a verlos en vivo. Se hacía tarde, algunos hombres se acercaban a mí al verme sola y sentí temor, así que decidí regresar al hotel.

El siguiente día me subí en casi todos los autobuses de ruta para conocer diferentes áreas de la ciudad. Casi no hay casas, toda la gente vive en apartamentos de edificios antiguos de cuatro pisos. Me bajé cerca *de Isla de La Cité*, en el corazón de París. Se cree que aquí fue donde nació, donde se instaló la tribu Celta de los Parisi, 200 a.C. Está rodeada por el Río Sena, ahí está El Palacio Real más antiguo de París, La *Conciergerie* (la conserjería/vigilante), en tiempos de la revolución se convirtió en prisión, considerada la antesala de la muerte, ya que a casi todos los guillotinaron, 2700 muertos durante 718 días, ente ellos la reina María Antonieta, Robes Pierre, Denton, entre otros personajes destacados.

Otro de los edificios importantes de la isla es *La Sainte Chapelle* (La Santa Capilla) considerada una joya del arte gótico, tiene 670 metros cuadrados de enorme vitrales con escenas religiosas. Crucé el Río Sena por el *Pont Neuf* (puente nueve). Es el más antiguo, data de 1578... infinidad de huellas lleva encima, y ahora la mía. Recorrí otros monumentos ya mencionados...

en la tarde regresé a *Montmatre*, y subí al mirador de *Sacre Couert* (Sagrado Corazón), ahí empecé a interceder por Europa en una silenciosa oración.

Pedí a Dios por la unión de todos los pueblos cristianos, de todos sus siervos, sin importar país, color, nivel socioeconómico, o cultural; supliqué a Dios por sabiduría para que podamos eliminar la denominaciones, dogmas, y reglas de humanos que nos dividen, que nos separan,

Paris desde el mirador del Sagrado Corazón

empañando la obra de Jesucristo, dañándola; rogué a Dios que nos de la capacidad de unirnos en amor fraternal, para luchar en poderosa oración, en esta guerra espiritual, donde Jesucristo, ya venció, pero nos toca pelear las batallas, intercedí por las almas engañadas, para que El Espíritu Santo se manifieste moviendo siervos para reformar su iglesia y que este mundo salga de las tinieblas a su luz.

Me dirigí al aeropuerto rumbo a México. El avión se elevó, así como mis oraciones al Dios vivo. Misión cumplida, ya había explorado el Continente Europeo construyendo cientos de canales de oración. A medida que mis ojos lo descubrían, mis pies tocaron sus áreas más importantes, lo aprendí, lo recorrí, lo admiré, lo amé, lo hice mío, dejé mi huella, fui parte de su historia porque existí en él, y él existió en mí… y en mi historia, en mi mundo, y lo metí en mi libro... por lo tanto es mío… y se lo ofrendo a Dios.

30

La Señal

CRE·CRE·CRE·CRE·CRE·CRE·CRE·CRE·CRE·CRE

n una de mis oraciones le pedí a Dios que me llevara de este mundo, si ya había cumplido mi misión, y si me quería aquí, para seguir a su servicio, necesitaba un compañero, y también le pedí una señal, para reconocer a mi príncipe azul. Era feliz con el amor que Dios me daba, por la forma como se manifestaba en mí, guiándome a vivir todas esas experiencias y enseñanzas que me llenaban, que me hacían sentir plena espiritualmente, y como sierva de Dios, pero mi humanidad pedía compañía y amor humano.

Para no equivocarme esta vez, le pedí que mi príncipe fuera un hombre sensible, educado, respetuoso, sin vicios, limpio, con sonrisa de ángel bondadoso, y mirada luminosa y transparente; que me respetara y comprendiera mi forma de ser sin exigencias, que no me buscara por mi cuerpo, sino que se interesara en mi persona, por mi ser, que su amor por mí fuera tan grande, capaz de derribar cualquier muralla que levantara yo misma, o el mundo entero, un amor fuerte y valiente. Si me encontraba con un hombre así, era señal de que aún no terminaba mi misión en este mundo.

El viaje fue muy cansado, me aturdí con el cambio de horario de París a la ciudad de México, y encima la conexión a Tijuana era hasta el siguiente día por la tarde. Renté un hotel, no pude dormir bien, di una vuelta por la ciudad y en la tarde tomé el avión a Tijuana. Mi compañera de asiento era una famosa actriz de telenovela, platicamos un rato sobre el mundo del espectáculo… sus vidas no son muy diferentes a las de las bailarinas, todo es una actuación.

TIJUANA MÉXICO

Cuando por fin vi las luces de Tijuana desde el avión, la vi bellísima, resplandeciente, como un lago de estrellas caídas… de estrellas terrestres, brillando en las tinieblas… prisioneras de la gravedad. Por un momento sentí apego y nostalgia, no sabía que amaba tanto mi ciudad.

La sensual, peligrosa y atrayente Tijuana, me ha cobijado, y ha sido testigo de mis sufrimientos. Es grandiosa aunque me digan lo contrario. Atrae con su encanto a San Isidro, a San Diego, a San Clemente, a San Marcos, hasta a Santa Ana, Santa Rosa y Santa Fe; no, y no digamos de Los Ángeles; bueno ni San Francisco, ni San Antonio, han podido mantenerse indiferentes ante semejante atracción, por mencionar unos pocos de los que atrae con su misterioso magnetismo. Tijuana es "La frontera más visitada del mundo," las estadísticas no mienten. Tijuana, corona del brazo fuerte de México. Ese brazo que un día se levantará, para conquistar con su encanto, a esa mole que nos aplasta la cabeza.

Fui directamente con el gerente del club, anunciándole mi regreso. Me confeccioné un vestuario parecido al de las bailarinas del *Moline Rouge*, digamos que no los copié, sino que tomé ideas de ellos. Fue un éxito, a la gente le fascina el brillo y la fastuosidad.

A los días llegó mi príncipe azul, desde que lo vi me llamó la atención como un imán, todo lo que esperaba, estaba en él. Pregunté a Dios en espíritu si esa era la señal, si él era el príncipe que le había pedido. Todo parecía que sí, a medida que platicaba con Jorge me daba cuenta que él era, tenía los ojos más bellos y luminosos que había visto en mi vida, no nada más la sonrisa, sino toda su rostro era el de un ángel bueno. De pronto Él me preguntó muy directo: "Es la primera vez que vengo aquí ¿Las bailarinas de este lugar tienen sexo con los clientes? Yo le contesté con firmeza: "No, aquí solamente bailamos, somos bailarinas profesionales."

En la ciudad de Tijuana hay bares donde se ejerce la prostitución de forma legal, por eso había clientes que llegaban buscando sexo. Jorge siguió interrogándome, y preguntando insistente: "¿Entonces no haces sexo?" Empecé a decepcionarme de él, y a dudar de que ese fuera mi príncipe azul. Yo no hago sexo, solo hago el amor, y tengo que estar enamorada para hacer el amor. El sexo sin amor es fornicación, daña mi espíritu, ofende a Dios… aunque todo me es permitido, no todo me conviene. Jorge me miró sonriente, con sus ojos llenos de luz y dijo: "Para mí el sexo no es tan importante, te quiero conocer a ti, no me interesa tu cuerpo, me interesas tú, como persona." Sentí que mi corazón dio un loco brinco. Dios me estaba dando una señal. Seguí platicando con él de mis viajes, luego preguntó: ¿Te gusta bailar aquí? Le conté que desde niña había deseado ser artista, había llevado varios cursos, el último en El Seminario de Danza del Noroeste de La Casa de la Cultura, donde recibí clases de ballet clásico, danza moderna, condicionamiento físico, y capoeira, le expliqué que son muy pocas las bailarinas que pueden vivir de la danza, si esperan bailar en teatros. Jorge dijo que también le gustaba muchísimo la danza, entonces le comenté emocionada: "Esta semana está el festival de danza en el teatro del CECUT, hoy se presenta el Ballet Ruso de Moscú, una amiga y yo iremos al terminar nuestro turno ¿Deseas acompañarnos?" Jorge me miró con sus ojos luminosos y dijo entusiasmado: "Vamos, yo invito." Sentía que él era mi esperado príncipe azul.

En la entrada del teatro me tomó de la mano. Sentí que una corriente eléctrica corría por todo mi cuerpo, haciendo palpitar no solo mi corazón, sino todo mí ser. Jorge ya no soltó mi mano, mi Padre Dios se la dio. A los meses mi príncipe decidió emigrar de Escondido CA, a Tijuana. No podíamos vivir el uno sin el otro, pedimos a Dios que bendijera nuestro amor, en una ceremonia que yo misma oficié... sí, con el mar y el cielo como testigos, y con la autoridad que Dios me dio, al presentarse ante mí personalmente y llamarme para trabajar en su obra. Soy sierva y sacerdotisa de Dios, aunque el mundo entero me dijera lo contrario, nada cambia la realidad.

Después de un tiempo sentí que otra vez Dios me llamaba a viajar fuera de Tijuana, a explorar nuevas tierras. Me enteré que estaban necesitando bailarinas en Cancún, en un club de la misma empresa, pagaban el avión con la condición de trabajar un mes completo, además daban hospedaje en un hotel con alberca y todas las comodidades. Jorge se entusiasmó, acordamos que yo me iría primero, trabajaría dos semanas, y luego llegaría él, cuándo ya nos estuviéramos extrañando mucho.

31

"No tendrás dioses ajenos
delante de mí. No te harás imagen,
ni ninguna semejanza de lo que esté arriba en el cielos,
ni abajo en la tierra, ni en las aguas debajo de la tierra "Éxodo 20:3,4

Al Dios vivo alabaré sobre la ruta maya

MÉXICO, BELICE, GUATEMALA, HONDURAS

Cancún Quintana Roo

Cuando llegué a Quintana Roo, al área de *Cancún* (nido de serpientes), lo primero que observé desde el avión fueron las manchas de su hipnotizante mar color azul turquesa, y el verde oscuro de su esplendorosa selva rebosante de vida. Al salir del aeropuerto sentí una oleada húmeda de un calor quemante.

La estructura del club era muy parecida al de Tijuana, la clientela parecida, turistas, empresarios, pero ahí las mujeres trabajan muy fuerte y vulgar. Mis respetos para ellas. Había bailarinas, de Brasil, Venezuela, Colombia, Argentina, y El Salvador, bailarinas mexicanas solo había unas cuatro o cinco, y otras cuarenta o cincuenta chicas que solo trabajaban en las mesas.

El ambiente era pesado, pero me fue bien. Las extranjeras casi no sabían bailar. Mi coreografía era más artística, y era una bailarina fuerte y elástica, hacia muchos giros y acrobacias en lo alto del tubo, además, mi vestuario era más profesional. Sinceramente las extranjeras eran más bonitas, pero yo era la más espectacular. Compartí cuarto e hice una buena amistad con una brasileña mulata de ojos claros, hablaba inglés, español, y portugués. Era modelo en su país, y había venido a México en busca de una oportunidad.

A las dos semanas llegó Jorge, lo fui a recoger ilusionada al aeropuerto, y al abrazarlo por fin me sentí completa, lo sentía parte de mí, él era mi otra mitad. Dejamos el equipaje en su hotel, lo llevé a que conociera el mío, totalmente blanco y lleno de palmeras. Nadamos un rato en la alberca, y al siguiente día nos fuimos a pasear por todo el boulevard *Kukulcán,* atravesando la zona hotelera y turística de la ciudad, bajamos en el Km 12 donde están las ruinas arqueológicas mayas de *Yamil Luum*, donde permanecen los restos del Templo del Alacrán, perteneciente al período posclásico tardío, entre 1200 a 1550... luego en el Km. 18 está la zona arqueológica El Rey, fue un centro religioso y administrativo, con ruinas de 47 estructuras, correspondiente a la época postclásica también... se conservan algunos fragmento de pintura en mural, que hacen alusión a sus dioses.

Cerramos el día cenando en un restaurant de moda en *Party Center* (centro festivo) donde disfruté de unos camarones *cordon blue* (condón azul, envueltos y dorados en tocino). En esa atmósfera de luces y música, me sentí perdida en los bellos ojos de mi príncipe azul, su cálida sonrisa se veía casi celestial... por un momento todo desapareció... solo ese rostro luminoso frente a mi existía en el universo... mi alma quedó suspendida en el tiempo por un mágico momento, donde todo era amor, entramos en una dimensión de amor, donde los sentidos perciben todo embellecido y placentero en extremo... entre luces de neón, saturadas con notas musicales en balada rock... mi corazón bailó frenéticamente, la danza del amor.

Otros días fuimos a restaurantes italianos, chinos, mexicanos, o a la feria, donde disfrutamos la mejor comida típica. Nadamos en la calida playa Delfines, recorrimos las plazas *kukulcán*, Caracol y la Isla, donde además de comprar, disfrutamos de los cines, y el acuario donde observamos delfines haciendo acrobacias, además de estrellas del mar, caballitos del mar, corales, y plantas marinas, peces de colores, etc.

Otro lugar interesante es el centro de Convecciones de Cancún en el km 9, donde está el Museo de antropología, con objetos mayas encontrados en la isla, además de exposiciones locales, e internacionales. En el Km 4 está El Puente Calinda, muelle y embarcadero turístico, con la Torre Escénica Cancún de 100 metros, a donde subimos para observar los alrededores...al bajar, subimos al ferri, en tour rumbo a Islas Mujeres.

ISLA MUJERES QUINTANA ROO

Viajamos en esos barcos donde los animadores hacen el "show" con los mismos turistas, todo era diversión y belleza, rodeados del maravilloso mar turquesa.... atravesamos por el gran cinturón de arrecifes de coral del atlántico occidental, el segundo más grande del mundo.... al llegar a la isla nos estaba esperando un delicioso bufete con comida típica, tamales de maíz en hoja de plátano, pechuga rellena con flor de huitlacoche y hongos de la región, cochinita pibil, camarones empanizados, salmón ahumado, etc.

Paseamos por todo la isla en unos mini carritos, hasta llegar al Parque Escultórico Punta Sur, donde además de las bellas esculturas metálicas al aire libre, había muchas iguanas que parecía que esperaban nuestra llegada posando para las fotos. Es la parte más alta de la isla, aproximadamente 20 m sobre el nivel del mar Caribe, con una vista espectacular azul turquesa, desde aquí se funde con el azul celeste…

Después fuimos a un acuario donde tenían un enorme tiburón Gato, sin dientes, tomábamos fotos abrazándolo… aunque el pobre tiburón no se veía muy deseoso de amor humano… por lo menos de esas expresiones de amor.

Ya rendidos regresamos a la playa a recostarnos en las hamacas, disfrutando cócteles de mariscos y bebiendo piñas coladas, bajo las palmeras, frente al incesante y arrullador oleaje… luego nos sumergimos y jugamos en la calidez del cristalino mar hasta caer rendidos del cansancio en la blanca a arena… fue un día inolvidable… Dios me ha concedido todos mis sueños, es bueno y misericordioso…

Por un momento mis ojos se perdieron en la inmensidad del mar en oración y meditación al Dios vivo…por ese mar transitaban y comerciaban los mayas desde Honduras, también por ese mar llegaron los españoles a esta isla, en busca de oro, pero solo había piedras ya que era un santuario, solo encontraron ídolos de la diosa *Ixchel*, considerada como deidad de la luna, de la abundancia y la felicidad. En 1514 Francisco Fernández de Córdoba, llamó a esta tierra como Isla Mujeres, por este santuario que encontró… en ese santuario y en todos, yo alabo al Dios vivo, aunque los demonios se retuercen de fastidio.

CHICHEN ITZA YUCATAN

En la búsqueda de nuestras raíces, nos dirigimos a explorar las ruinas arqueológicas de *Chichén Itzá* (a la orilla del pozo de los brujos de agua), a dos horas de Cancún en autobús. Pasamos por varios poblados del mayab en la selva, viven en chocitas de palma, sin muebles, solo se veían hamacas donde duermen, y cocinan afuera sobre fuego. Observé algunas mujeres con vestidos de manta, bordados a las orillas con flores de colores vivos, con el cabello largo trenzado, o en molote, una traía una enorme canasta llena de fruta sobre la cabeza, caminado muy ágil, sin tocar la canasta con sus manos. La mayoría se dedica a la artesanía, y hablan su dialecto, es como si para ellos no hubiese pasado el tiempo.

Las ruinas permanecen a través de los siglos para darnos un mensaje, para hablarnos de nuestros orígenes, de nuestra historia. Nosotros estábamos listos para recibirlo. Los mayas habitaron desde hace 3000 años, en México: En las regiones de Campeche, Chiapas, Quintana Roo, Tabasco, Yucatán; y en Centro América: En Belice, Guatemala, Honduras, y El Salvador. Fueron muy religiosos, y he llegado a la conclusión de que eran adoradores del Dios vivo en un principio y le conocían, después los engañó la serpiente como a Eva. Aprovechándose de su inocencia. Los mayas al no ver a Dios fueron distorsionando su fe, y por la necesidad de verlo crearon muchos dioses, representándolos en ídolos de piedra, y ofrecían sacrificios de sangre, como lo hacían Abraham, Isaac, Jacob, todos los personajes del antiguo testamento de la Biblia, a través de los cuales aprendimos sobre la palabra de Dios y su ley, con la llegada de los españoles.

La ley fue dada a los hebreos, a través de Moisés, y su nación fue escogida para que naciera nuestro Salvador Jesucristo, pero a Dios creo que ya lo conocían muchas tribus, pero lo confundían con el sol, los egipcios, los romanos, los mayas, los incas creo que todos conocieron a Dios de Luz, al Dios vivo, lo llamaron de diferentes formas, pero era el Dios vivo, el Dios de luz, Creador del cielo y de la tierra y de todo lo que hay en ellos.

Por eso Dios prohibió la idolatría porque cada pueblo lo percibió diferente, e hizo ídolos diferentes, con diferentes nombres para representarlo, y después guerrear con otros pueblos precisamente porque lo representaban diferente... y así nacieron las diferencias... válgame la redundancia.

Mis ancestros, pensaban que lo más valioso que se le podía ofrendar a Dios era la sangre humana y que por alguna razón misteriosa, agradaba o alimentaba a Dios, así como los hebreos, usaban la sangre para aplacar la ira de Dios, por los pecados que la gente cometía. Solo que los sacrificios de los mayas eran más impresionantes, para mi pensamiento actual... sacrificaban humanos. Sobre una piedra acostaban a las personas. A veces voluntarios. Con un puñal de piedra les abrían el pecho y les sacaban el corazón palpitante aún, para ofrecerlo en un principio al Dios vivo, al Dios de luz, creo, después a los muchos dioses de piedra en los que se desviaron.

Creo que en un principio ellos adoraban al Dios vivo Creador del cielo y de la tierra, por eso en sus leyendas sobre el origen del mundo hay tantas similitudes con textos bíblicos. La ira de Dios cayó sobre mis *ancestros* por la idolatría, los redujo a esclavitud a través de los españoles, así como lo hizo con los hebreos, que fueron esclavizados por los egipcios, los babilonios, los persas, los romanos. Dios nos abandona a diferentes esclavitudes cuando lo ofendemos, pero nos da una lección de aprendizaje al recibir ese castigo que nosotros mismos propiciamos, por alejarnos de Él.

Así como Dios usó a los españoles para esclavizarnos, también los usó para traernos las escrituras con la buena nueva de que el hijo de Dios, Jesucristo, ya había pagado todos nuestros pecados, derramando su noble sangre en la cruz como sacrificio perfecto, único y para siempre, un nuevo pacto entre Dios y los hombres, para ser salvos a través de la fe en su hijo. Ya no era necesario sacrificios humanos, Dios ya no quería corazones moribundos y sangrientos, sino corazones vivos, llenos de fe y de amor. Aunque este mensaje no les llegó puro…

Cuando los indígenas se enteraron de que hay un solo Dios, muchos de ellos, los que entendieron, abrazaron la fe, y dejaron de derramar sangre a las imágenes de piedra. Otros no lo entendieron ya que la enseñanza era cantada u orada, así que muchos se negaron y siguieron adorando a sus ídolos en secreto. La iglesia católica les mostró imágenes de la virgen y santos, de esa forma los fue ganando, solo cambiándoles un ídolo, por otro.

La idolatría es un esfuerzo del ser humano por convencer a Dios de que habite en el objeto creado. Por revelaciones que he experimentado, creo que Satanás y sus demonios, habitan dentro del ídolo, o imagen, absorbiendo la fe y la adoración, usurpando a Dios, fortaleciéndose con esa fe y hasta haciendo milagros.

En la actualidad, tristemente Latinoamérica es un pueblo donde la mayoría de la gente no sabe orar al Dios vivo, espiritual, necesita de imágenes materiales. Algunos indígenas no saben leer, y los que saben no tienen la cultura de leer por sí mismos las escrituras, y les falta la fe para creer en un Dios que les pide que cierren sus ojos al mundo exterior, para entrar al mundo espiritual y contactarse con El, en espíritu y en verdad.

A esas imágenes de mujer, que dicen que es la madre de Jesús, se les adjudican milagros y poderes sobrenaturales. El enemigo también tiene poder, Dios se lo dio, y ese poder, lo engrandece con la fe de millones de personas, que dirigen su fe a esas imagen y no al Dios vivo, Espiritual, Creador del cielo y de la tierra y de todo lo que hay en ella, al Dios que nos dio ésta ley en el antiguo testamento: "No habrá para ti otros dioses delante de mí, no te harás imagen alguna, ni de lo que hay en los cielos, ni de lo que hay en la tierra, ni lo que hay en las aguas debajo de la tierra" Éxodo 20:3,4. Aquí Dios está hablando muy claramente de las imágenes, y dioses ajenos, lo podemos confirmar también en el nuevo testamento con la palabras de Jesucristo "A tu Dios adoraras y Él solo servirás" Mateo 4:10.

Es la adoración, la atención dirigida a una imagen para adorarla o venerarla, lo que ofende a Dios, y nos auto flagela el alma. Es sano observar una escultura, o una pintura, o cualquier obra de arte, pero como lo que es, arte, no objeto de adoración y fe.

Hay católicos que dicen que ellos no son idolatras porque no adoran ídolos, sino imágenes de Jesucristo, de María y los apóstoles... inocentes... pero es que nadie sabe ni siquiera exactamente cuáles eran sus facciones por el transcurso del tiempo ¿Quién les asegura que están adorando una imagen de Cristo o de María, o un apóstol? Y no a un usurpador, a una potestad de los aires, a demonios. Satanás, sí, Satanás se los dice, y le creen, Satanás es un impostor que se vale de la ignorancia para engañar, para destruir a las almas, se pone en el lugar de Dios para robarle la adoración. Desde que era ángel en el cielo lo intentó, por eso fue arrojado a la tierra, aquí sigue haciendo lo mismo, para acusar al hombre y probarle a Dios que el ser humano es desobediente y rebelde, que no lo respeta, ni lo reconoce, ni le interesa su ley, y Dios lo permite, le dio libre albedrío al hombre, con el propósito de que escoja obedecer su ley amándolo a Él, al Dios vivo Espiritual, Creador del cielo y de la tierra y de todo lo que hay en ella. Nosotros estamos a prueba en este instante de eternidad, escucharemos las dos voces, los incrédulos, necios, de duro corazón, se perderán... y no soy yo quien los condena, sino sus decisiones.

La adoración que dirigimos a un objeto material con la mirada, ofende a Dios. Los seres humanos tenemos una fuerza energética en nuestra mirada. Cuando miramos a una imagen con fe, esa energía le da vida a esa imagen en nuestra mente, le abrimos un canal y la imagen se aloja ahí dentro de nosotros, y desde ahí nos dirige, influyendo en nuestras decisiones; en cambio cuando se ora con los ojos cerrados, o sin fijar la vista y atención en objeto alguno, toda esa energía va dirigida directamente al Dios verdadero, espiritual, y su Espíritu Santo se aloja en nosotros y desde ahí nos dirige, nos guía hacia la luz.

Los ojos son canales hacia el alma, la mente, el espíritu. En mi experiencia personal, la vista es el único sentido que sigue funcionando en su totalidad después de la muerte, debemos de tener cuidado hacia donde dirigimos nuestra adoración, veneración, nuestra fe, nuestra atención... nuestra vista.

CHICHÉN ITZÁ YUCATÁN

Al entrar al Km 120 de la carretera Mérida-Cancún llegamos finalmente a la ciudad de *Chichén Itzá* (boca del pozo de los brujos del agua) Entramos al

Museo Arqueológico, estudiamos un poco sobre la cultura, y nos orientamos en la ruta que tomaríamos viendo la maqueta.

La Cancha de Pelota más grande que existe entre los territorio mayas de 140 x 35 m. se encuentra aquí, frente al Templo de los Jaguares (1000, o 1500 d.C.). Los mayas practicaban ese juego con una piedra forrada, y la lanzaban a la canasta perpendicular en lo alto, o tres aros distribuidos dentro de la cancha, se podía lanzar con los codos, las caderas y las rodillas. A la primera anotación terminaba el juego, con sacrificios en una ceremonia sangrienta. Según el pensamiento maya, por medio de estos ritos se garantizaba el buen funcionamiento del universo, el devenir del tiempo, el paso de las estaciones, el crecimiento de los cultivos, la vida en general y la existencia de los dioses, reponiendo su consumo periódico de bioenergía.

La mayoría de estos sacrificio los hacían en el Templo de los Jaguares y de los Guerreros (1200 d. C.), también contaban con un área donde sacrificaban a sus enemigos después de ganar una guerra, y clavaban su cráneos en estacas, otra área de sacrificio era a orillas de la ciudad donde hay un cenote sagrado (enorme pozo de agua verde) ahí arrojaban a vírgenes, sacrificándolas a *Chaac* (dios de la lluvia), también sacrificaban prisioneros de alto rango.

Los mayas también tenían unos cuartos como baños públicos, donde se remojaban, relajándose y socializando, como en los spas modernos. Probablemente después del juego de pelota, comentaban ahí las jugadas, comparándolas con jugadas anteriores.

Me emocionó el imaginar a mis antepasados descubriendo tesoros y misterios celestiales en El Observatorio Caracol. Sentado sobre dos plataformas, con una torre de forma de caracol en lo

alto, es realmente peculiar, desde ahí hacían sus observaciones astronómicas. Conocían el ciclo solar anual y lo median en 365.24 días, han pronosticado eclipses con exactitud, y pronosticaron una alineación de los astros dando fin de una era, el 22 de diciembre del año 2012.

Los mayas construyeron muchos templos, pero el más alto e impresionante es el de *Kukulcán* (serpiente emplumada). En sus cuatro lados tiene unas escalinatas que lleva a un pequeño templo superior. Desde ahí decapitaban a las víctimas, y la cabeza rodaba por la escalinata. La figura de *Kukulcán* está bajando por la orilla, en una de esas escalinatas, en su base aparecen dos cabezas de la serpiente emplumada. Para algunos investigadores este dios también es Quetzalcóatl, y *Gukumatz*, según el libro *Popol Vu* de los mayas, es el dios creador del universo junto con *Tepew*. Sigo pensando que esa serpiente era Satanás y que engañó a los mayas así como a Eva, aprovechándose de su inocencia los hizo adorarla como a un dios, y exigió sacrificios humanos.

Jorge y yo subimos con dificultad a la pirámide de *Kukulkán* por los angostos escalones, pero al final disfrutamos de una excelente vista de las ruinas de la ciudad, y de la frondosa selva. Los santuarios estaban en lo alto de la pirámide, representando la creación del mundo, y la unión del inframundo y la superficie de la tierra, con el cielo... por un momento vienen a mi mente algunas cabezas rodando por las escaleras...

En ese templo, sobre esa pirámide dedicada a la serpiente, cerré mis ojos a ella y ofrecí sacrificio de alabanza y adoración espiritual al Dios vivo, que no se refleja en ningún animal, ni materia alguna, sino que se percibe en espíritu. Clamé con todas la fuerzas de mi corazón, mi mente y espíritu por

Pirámide de kukulkan Chichen Itzá México

misericordia para mi pueblo, por su liberación, por su salvación… vez más ofrendé a Dios los latidos de mi corazón.

TULUM QUINTANA ROO

En el estado de Quintana Roo están a las ruinas de *Tulum* (muro, reja, barrera) una de las últimas ciudades mayas construida en el periodo posclásico. Es pequeña pero quedé fascinada por su belleza, rodeada por una muralla que mide 450 m de norte a sur, y cerca de 150 m de este a oeste, sus ruinas están en un risco a orillas de la playa de la Reviera Maya, en la Costa del Mar Caribe, como a una hora al sur de Cancún.

Esta ciudad era centro de culto del "dios descendiente", ahí está su templo con figuras talladas en la fachada y murales decorativos, pero el edificio más grande es el castillo o faro, es un lugar privilegiado, desde ahí se puede apreciar el inmenso y apacible mar turquesa, así como la tupida, y verde selva… en otra área hay también pequeñas estructuras llamadas grupo *Kukulkán*, donde está el templo del dios del viento con una base redonda.

Después de recorrer las ruinas con un guía explicándonos la historia, jugamos en la blanquísima y fina arena de la playa y nos metimos en las cálidas aguas turquesa. Ahí pasamos el resto de la tarde divertidos. Fue uno de los días más felices de mi vida… pero el siguiente fue uno de los más tristes. Jorge y yo terminamos nuestra relación. El regresó a California, yo me fui a recorrer la ruta maya… estaba convencida de que Dios me llamaba una vez más a seguir con mi misión de exploración, estudio, y oración, ahora a Centro y Sudamérica. Ni el amor más grande puede impedir que cumpla con la misión que se me encomendó, para la cual nací, morí, y resucité… si él es para mí, Dios me lo devolverá al terminar esta misión.

CHETUMAL QUINTANA ROO

Algo triste y melancólica pero con la aspiración de cumplir con mi misión, seguí estudiando la ruta maya, y tomé un autobús a *Chetumal* (donde crecen los árboles rojos), frontera de México con Belice, es llamada también la cuna del mestizaje, por ser el lugar en donde se dieron los primeros matrimonios entre españoles e indígenas.

Dice la leyenda que dos náufragos fueron obsequiados como esclavos al antiguo cacique maya *Nachan Can*, Gonzalo Guerrero fue uno de ellos, y resultó muy útil por sus enseñanzas de guerra, y en agradecimiento el gobernador maya lo casó con su hija *Zazil Ha*... fueron muy felices y tuvieron hijos, dando lugar a los primero descendientes mestizos, es por eso que Chetumal se le llama la cuna del mestizaje ...cerca de ahí están las ruinas arqueológicas mayas de *Dzibanche, Kohunilich, Oxtankab, y Chakanban*...pero el Espíritu de Dios me guía hacia otra dirección, nuevas aventuras me esperaban, nuevas revelaciones del maestro en lugares ya trazados para mi peregrinaje.

Belice

l pequeño y selvático poblado de Belice, es el país de menor densidad de población, fue colonia inglesa y logró su independencia hasta 1981, y sus primeras elecciones en 1984, los ingleses aún la llaman Honduras Británica.

Por el camino observé algunos sembradíos de caña y arroz, cerca de pequeños poblados con casitas en lo alto. Me llamó la atención esas viviendas, en México nunca vi nada igual. Cada chocita está sostenida por cuatro barrotes gruesos, y tienen una escalera por donde sus habitantes suben a la vivienda. Mi compañera de asiento me explicó que las construyen así por las fuertes lluvias, para evitar inundaciones. La mayoría de la gente es de raza negra, hablan inglés, y en algunas partes español y maya.

Cuando llegué a la ciudad solo vi un monumento como adorno de la ciudad. En la estación de Belice, un guía de turistas me llevó a una pensión. Me informó lo difícil y peligroso que era para una mujer sola llegar a las ruinas arqueológicas de *Lubaantun, El Caracol, Lamanai, Chahal, Pech, y Altun Ha*.

Después de descansar y comer un guisado de cerdo con vegetales en salsa de tomate, me fui al muelle. Caminé a paso tranquilo a orillas del pacifico río, desembocadura del mar Caribe. Llené mi ser con la deliciosa brisa en cada respiro, relajándome con el murmullo de su tenue oleaje... sentí algo de consuelo.

A 20 km de ahí, se extiende una cadena ininterrumpida de arrecifes de coral, la segunda más grande del mundo, y la misma cercana a Isla Mujeres la cual crucé primero. A un lado del muelle está el Museo de Belice, había una colorida exposición de artistas locales. Crucé hacia la calle principal y la recorrí observando a los pobladores, muy risueños me saludaban mientras se divertían jugando ajedrez, cartas, dominó, en mesas exteriores, con música caribeña, su vaso de ron, y su puro.

Observé la casa del presidente. La única casa grande. Después visité varias iglesias, destacando la Iglesia de San Juan, primera iglesia anglicana de Centroamérica, donde escuché la misa en ingles... seguí mi recorrido y en otra iglesia, una mujer me regaló un nuevo testamento de bolsillo, que me acompañó durante todo mi viaje. Fue el primer libro en ingles que leí completo. Terminé el día cenando en un restaurante de comida típica, donde comí una sopa de caracol con yuca, camote, y papas. Dentro de su gastronomía también está el venado, armadillo, cerdo, conejo, y pato.

Fui al muelle a informarme sobre los "tours" a las ruinas mayas. Pero era cierto, están muy retiradas de la civilización, solo se puede llegar en lancha, y después caminar un buen trecho por entre la selva. Comprendí que era muy inseguro para una mujer sola, desistí de mi intento por conocerlas, en ese tiempo. Decidí comprar mi boleto rumbo a la frontera con Guatemala.

Guatemala

En un día soleado y húmedo transité en autobús por la verde selva hacia Benque, frontera con Guatemala. Al llegar fui estafada por un hombre cambiador de dinero, cruzando las garitas de migración de Melchor de Campos. Tomé un taxi hacia Flores Guatemala; luego un minibús hacia Santa Elena; después un camión rumbo al Remate. El poblado más cercano a las ruinas de *Tikal* (lugar de las voces).

EL REMATE GUATEMALA

Un joven muy amable que venía en el autobús, cargó mi maleta y me llevó a una casa de huéspedes, donde renté un cuarto por dos días, era muy sencillo, pero la ubicación bellísima, a unos cuantos metros del lago *Peten Itzá (*brujo del agua*)*. Abrí la ventana de mi cuarto, y descubrí el apacible y luminoso lago, entre el verde salvaje de la selva, los sentí vibrantes, repletos de vida… el olor a orquídeas y el canto del tucán me comunicaron una agradable bienvenida.

Me alborotó la cercanía del agua, me metí en mi traje de baño, y salí de la cabaña, al acercarme al muelle tomé vuelo corriendo y salté hacia el agua… ¡Oh sorpresa! Me hundí en el lodo, la altura del agua me llegaba a los hombros, y el lodo hasta mis rodillas… estaba atascada y cada vez me hundía más… en segundos el agua me llegaba al cuello… pensé que era arena movediza… con mucha dificultad, movimientos desesperados y tragando agua por momentos, pude alcanzar el barrote del destartalado muelle… al fin salí del pesado lodo… unas señoras que estaban lavando ropa en las orillas del lago, entre risas me señalaron un área donde había piedras y profundidad suficiente para bañarme.

Intenté esnorquelear en las revoltosas aguas, cuando me cansé de ver tierra, me fui a descansar, después me dirigí a un restaurant donde tenían música autóctona (El Rey Quiche), y una bellísima vista al lago desde el segundo piso del local. El "venado entomatado" fue una delicia, y el agua de flor de jamaica, y postre de camote con crema me dejaron más que satisfecha... después apagaron la música y permanecí por un momento en silencio, observando y escuchando la selva... hasta que me informaron que cerrarían el local.

PARQUE NACIONAL TIKAL

Al siguiente día me subí en un taxi de ruta que me llevó a la entrada del Parque Nacional *Tikal*. Una de la ciudades mayas más grandes, y esplendorosas. Sobre la carretera, a un lado de la entrada de *Tikal*, está El Parque Canopy Tours Tikal, ya estaba por salir un grupo... apresurada compré el boleto, y me coloqué el equipo. Nos llevaron por la selva dándonos una clase sobre la flora y la fauna, y la importancia de no desestabilizar su equilibrio.

El guía explicaba que los mayas eran muy cuidadosos y respetuosos de la naturaleza. Tucanes, pájaro del reloj, montezumas, guacamayas, pavos, loros de cabeza azul, y el ave quetzal, son unas de la infinidad de aves que habitan esta región.   Tanta belleza me llevó a la reflexión sobre la destrucción que estamos haciendo de nuestro planeta, con tanta contaminación; con la tala indiscriminada de bosques; con el poco valor que les damos a nuestros recursos naturales, seguimos consumiendo y consumiendo, sin importarnos de donde proviene el producto, ni como fue fabricado y si contamina o no. Seguimos sumidos en un ego enajenado y autodestructivo, acelerando nuestro final.

En el grupo conocí una americana que vivía en Guatemala dando clases de inglés, vino de vacaciones huyendo de la nieve, y ya tenía años ahí, de emigrante. Llegamos a la primera torre de Canopy, de doce que hay en el recorrido... recibimos instrucciones y nos deslizamos amarrados de una cuerda que va por encima de la selva... como las aves que vuelan entre los árboles, así me sentí, volando sobre ese mundo mágico y palpitante, sobre esos árboles de caoba, cedro, chico zapote, cericote, jabín, manchiche...

volar por encima de ellos, es una experiencia inolvidable para quién le gustan los deportes extremos, la euforia que produce el peligro, es fascinante. Al terminar el tour salí a esperar el autobús que me llevaría a las ruinas de Tikal.

Ya tenía media hora en el sol esperando el autobús, cuando se acercó el dueño del centro y mi instructor de canopy, ofreció llevarme, ya que él se dirigía a recoger a una persona. En el trayecto, el buen hombre me fue instruyendo con algo de historia. *Tikal* nació aproximadamente 2000 a.C. y comprende 576 kilómetros cuadrados, de selva alrededor de la ciudad, La Acrópolis

Central se compone de 38 edificios con 148 espacios interiores, y los templos están numerados, la mejor vista se obtiene subiendo al templo III.

Subí con dificultad por la inclinada escalera de madera hasta El Templo III. Son muchos escalones, pero valió la pena, desde ahí se ve el majestuoso Templo I del Gran Jaguar, de 55m de altura. Fue construido en el año 700 d.C. y es la tumba del gran *Hasaw Cha'an Kawil* y a un lado está El Templo II de las Máscaras, o "Pirámide de la Luna" de 50m de altura, tumba de su esposa.

La grandeza de la selva me impresionó, desde la altura se veía como una alfombra verde a mis pies, esponjosa, infinita, todo a mi alrededor era verde selva y azul cielo; el intenso aroma a exóticas plantas; los cantos de las diversas aves y chillidos de los monos le daban un encanto único a ese lugar tan vivo, y latiente... tan misterioso. Hice mis oraciones, di gracias al Dios vivo por la belleza de la naturaleza, pedí perdón por la indiferencia y frialdad con la que la destruimos, y pedí a Dios que nos aumente el amor hacia ella, que despierte nuestra conciencia... esa conciencia que está dormida en nuestros tiempos, por sobrealimentar nuestras mentes con imágenes muertas, vacías, contaminándonos, enajenándonos.

Queriendo cortar un camino hacia el alejado templo IV, me perdí... duré buen rato desorientada entre la selva... solo el canto de las aves, y los árboles, me acompañaba... ya me había acabado mi botella de agua, y el calor era sofocante... de pronto vi a una familia guatemalteca, formada por los abuelos dos hijas con sus esposos y nietos...me llevaron a un área donde vendían comida. Disfruté de un enorme vaso de agua de papaya y un deshilachado (carne de res deshebrada, con vegetales, salsa de tomate y especies). Los niños me rodearon curiosos preguntándome sobre mi país, y me informaron que la flor nacional se llama monja blanca, y el ave nacional Quetzal, como su moneda; que *Tikal* fue el primer sitio arqueológico en ser declarado por La UNESCO en 1979, como el primer patrimonio de la humanidad mixto, ecológico y arqueológico.

En la tarde los Galdamez me regresaron en su Benz al Remate... recuerdo sus manos despidiéndose... me quedé ahí en la carretera orando por ellos, pidiendo bendición de Dios para sus vidas y para todo el pueblo guatemalteco... mientras desaparecían en la distancia de la carretera.

Otra aportación interesante que esa nación dio a la humanidad, creo que fue el *Popol Vuh, o Popol Woj,* en quiché moderno, significa libro del consejo, y está catalogado como la Biblia de los mayas. Es una recopilación de leyendas de los antiguos pobladores del área de Quiché, al sur de Guatemala, habla sobre el origen del hombre. Tal vez ellos conocieron a Dios, en un principio.

El amanecer frente al lago *Peten Itzá* fue bellísimo, una poesía de la naturaleza, una invitación a alabar a su Creador. Pedí a Dios que bendijera mis alimentos, en memoria de Cristo y disfruté de mi desayuno de café y empanada de camote, observando la tranquilidad del lago.

En la orilla del pacifico lago había mujeres lavando ropa, sacudiéndola contra las piedras; a un lado caballos y vacas pastando; y a lo lejos se veía una lancha, con un hombre pescando. Allá el canto de los pájaros y el olor a flores tropicales, es casi constante. Me despedí de mi hospedadora, me pidió mi dirección en México. La mayoría de los guatemaltecos desean venir a la frontera para cruzar a Estados Unidos.

SANTA ELENA GUATEMALA

Me subí en una camioneta que me llevó a Santa Elena. Di una vuelta por sus empedradas calles. Comí unas "pupusas," (tortitas de maíz abiertas por en medio y rellenas de carne, verduras en vinagre, y crema). Subí al autobús que me llevaría rumbo a la ciudad de Guatemala, por entre el paisaje selvático que es todo un espectáculo tropical de tupida vegetación.

El autobús hizo varias paradas en pequeños poblados, donde además de pasajeros, se suben vendedores ambulantes con canastos llenos de fruta, antojitos, dulces, bebidas. Admiraba complacida el paisaje, cuando un niño de 11 años tocó mi brazo, llamándome, quería vender un desayuno de pollo frito, arroz, y frijoles. Me informó que ese era el desayuno tradicional de los guatemaltecos, que él mismo lo había cocinado y que yo no me podía ir de Guatemala sin probarlo. Insistió, diciendo que no podía regresar a su casa para hacer su tarea si no había vendido todo. Me desarmó, y lo compré, después lo cambié por dulces, ya había desayunado dos veces.

CIUDAD DE GUATEMALA

Oscurecía cuando llegué a "Guate," como le dicen los lugareños... en su momento fue considerada la ciudad más bella del nuevo mundo. Pretendía tomar el autobús rumbo Chiquimula, y de ahí al Florido frontera con Honduras, pero cuando llegué a la estación, ya estaba cerrada.

Busqué un hotel para hospedarme, un trío de policías, dos mujeres y un hombre, se me acercaron para informarme que esa área era muy peligrosa, que tuviera precaución. Les pregunté por un hotel, me escoltaron a uno que estaba a dos cuadras de ahí. Fueron muy amables conmigo, al final me pidieron mi dirección en Tijuana, por si se animaban a cruzar la frontera.

Al siguiente día recorrí en taxi tour la zona turística, donde están los edificios más importantes como el Palacio Nacional Cultural, la casa presidencial, el Congreso de la Republica, la Catedral Metropolitana. Al terminar mis oraciones, partí en autobús hacia Chiquimula.

CHIQUIMULA GUATEMALA

El autobús me dejó en un área donde había un mercado ambulante. En un puesto bien concurrido, comí fiambre tradicional (carne de pollo deshebrada con jamón, Bolonia, queso, verduras y especies). Al salir un joven se ofreció a llevar mi maleta. Al llegar al autobús, me dijo que las maletas iban arriba, en el techo, que él la iba a subir. Le di su propina, pero algo en su expresión me hizo desconfiar. Al subir al viejo camión, el chofer encendió el motor, volteé a ver al joven, aún tenía mi maleta al lado. Me levanté de prisa y le dije al chofer lo que pasaba. El rudo hombre se bajó enfadado, regañó al joven y arrebatándole la maleta, la subió al viejo camión.

Iniciamos nuestro camino por las escabrosas calles del pequeño poblado. A mi alrededor había muchos indígenas que viajaban con enormes canastas de fruta; costales de verduras y chiles; con gallinas, pavos, pericos, guacamayas, y hasta un cerdo traía una señora... el animal insistía en moquearme las piernas, mientras yo intentaba concentrarme en mi oración por la ciudad y despedirme de Guatemala... después de tantos años, ahora amo el cerdo... pero bien cocido y con salsa BBQ.

Honduras

SANTA ROSA DE COPÁN

Llegué a la frontera de Florido Honduras, con tierra hasta en los dientes, pero valió la pena, ya que pude observar por el camino varias aldeas de indígenas, y orar por ellos. Después de pasar por la caseta de la aduana, tomé trasporte público a Santa Rosa de *Copán*. Al llegar al pequeño y pintoresco poblado, tuve problemas con el cajero automático y no logré sacar Lempiras... caminé desolada y orando por la empedrada callecita, al entrar al hotel, el comprensivo dueño me proporcionó dinero con mi tarjeta, solo cobrándome un 20% de interés.

Recorrí ese pueblito de casitas de adobe, blanqueadas con cal y techo de teja roja, en sus cercos algunas adornaban con verdes enredaderas y macetas con flores de variados colores... un pueblo de gente sencilla y amable. Al parque central lo adorna El Jardín de la Libertad, lleno de flores exóticas, y diferentes clases de orquídeas, de entre ellas la brassavola es la flor nacional, aportando a este mundo su bondadoso y fragante aroma, esencia de Dios, regalo para el hombre... enfrente está La parroquia de los Llanos, donde escuché la misa. Cerré mis ojos para hacer mis oraciones al Dios vivo. Estaba concentrada en plática cerrada, cuando de pronto sentí que me rociaban la cara con agua, abrí mis ojos. Era el sacerdote que pasó rociando a todos los feligreses con agua "bendita"... agradecí la refrescada.

En el mercado municipal compré fruta fresca de la región, platiqué con los lugareños y seguí mi recorrido, hasta llegar a un restaurante que me recomendaron, donde me dispuse a degustar un plato típico "pastel de picadillo" (empanada de maíz con carne y vegetales) y agua de tamarindo.

Siguiendo como mi exploración culinaria, al siguiente día desayuné una "baleada" (tortilla de harina con frijoles queso, crema, repollo, y salsa), pan de coco, y "atole" (bebida de maíz y azúcar), al salir pasó un joven en moto taxi. Es una motoneta con una cabina en la parte trasera, con capacidad para tres personas... subí rumbo a las ruinas.

En la entrada del Parque Arqueológico de *Copán,* muchos indígenas vendían bellas artesanías, figuras de madera, o piedra; trabajos en yute, en piel, en tela, en vidrio; joyería de plata y coloridas curiosidades. Cuando llegué al museo, un guía de turista explicaba que Copan fue descubierto en 1570, con infinidad de esculturas, ahí vivieron 17 gobernantes. Se divide en tres partes: La gran Plaza y La Acrópolis, Los Sepulcros, y Zona Residencial El Bosque. El templo más importante es el de la tumba de Rosa Lilia, o Templo del sol, ahí encontraron dos tumbas, hombre y mujer.

Con mi mapa me dirigí al camino que da a las ruinas, el calor estaba furioso, así que descansé un poco en un área donde había arboles y multicolores guacamayas, el ave nacional de Honduras, luego seguí mi peregrinaje hasta llegar a la Plaza Principal, donde hay unas estelas de gobernantes, muy interesantes por la belleza de los detalles con la que el escultor los diseñó y la altura, se cree que estas esculturas fueron construidas

por órdenes del 18 conejo, XII gobernador que reinó del 695 hasta el 798 d. C. cerca de estas estelas hay altares donde se realizaban sacrificios sangrientos.

En mi opinión los mayas fueron unos de los mejores escultores de la antigüedad... pero a estas esculturas yo no les veo forma humana, quien sabe qué fueron sus gobernantes... permanecí buen rato observándolas, finalmente mi teoría es que el escultor veía todo el mundo de información en energía que nos rodea, y por eso la forma tan extraña... o simplemente eran extraterrestres o demonios, como les quieran llamar, en fin creo que son seres de las potestades de los aires de las que nos advierte el apóstol Pablo en una de su cartas en el Nuevo Testamento. Los arqueólogos creen que el labrado es para dar información sobre el personaje, pero yo creo que más bien es el personaje completo... visto con los ojos del espíritu, y en un intento por plasmarlo en materia. Seguí caminando hacia El Templo Pirámide 26 que fue propiedad el gobernante, *Uaxacalajuun Ubaah Kawiil,* o también conocido como 18 conejo, tiene una interesantísima escalinata jeroglífica que contiene 6 figuras humanas sentados en tronos y los jeroglíficos más importantes de Mesoamérica, cada piedra de los 63 escalones tiene una figura que narra sobre los logros, las batallas y conquistas, es una crónica oficial de 16 gobernantes, o genealogía copaneca fundada por la dinastía *Yax-Kuk-Mo* (Quetzal Guacamaya), la dinastía finalizó con la muerte de *Yax Pac* (primer amanecer).

Al parecer murieron por desnutrición y enfermedades, según restos humanos encontrados en el área, los expertos creen que por posible deforestación y mal uso de los recursos naturales... tal vez sus restos nos den un mensaje... tal vez nos gritan.

De ahí me fui al Campo de Pelota, es parecido al de *Chichén Itzá*, pero más chico. Seguí hacia el interesante Templo del sol, donde están los túneles

de la tumba de Rosa Lila. Al cruzar la puerta e introducirme al túnel de la pirámide, sentí que me trasportaba al pasado, sentía una ciudad bulliciosa arriba de mí. Imaginaba a las mujeres con canastas de maíz moliendo el nixtamal en piedras; niños jugando con algarabía; hombres esculpiendo figuras, o regresando de la selva con la caza del día. Todo un mundo viviente veía en mi imaginación... entré a otro túnel que me llevó fuera de la pirámide, tenía cinco pisos arriba. Volví a entrar, muchos cuartitos había en su interior. En la parte central estaba una piedra donde encontraron los dos cuerpos de los gobernantes, está rodeada por un cristal. El otro templo que permite visitas a los túneles es el del Jaguar, que oculta la tumba de Galindo, además de grifos y relieves de la decoración.

La Acrópolis está dividida en dos secciones la oriental y la occidental, en la Plaza Occidental, está la Zona Residencial. Estaba muy destruida, pero aún se podía ver las divisiones de las vividas de los mayas. Escogí la que sería mi mansión ese día y di gracias a Dios por mis alimentos, le pedí que los bendijera en memoria de Cristo. Él lo pidió antes de morir, fue su última voluntad, y tristemente, no se cumple como debiera. Disfruté de mi almuerzo de jugos, pan, almendras y fruta... meditando y preguntándome sobre la probabilidad de que el Dios de amor que conozco, fuera conocido por este pueblo, en alguna remota etapa de su existencia... o si algunos ángeles les habrán visitado... aunque las estelas no tienen aspecto de ángeles, ni tampoco de humanos.

TEGUCIGALPA HONDURAS

Tomé el autobús para Tegucigalpa Honduras. Recorrí los alrededores en un taxi-tour por la pequeña ciudad. Destaca la plaza central, la Iglesia de los dolores, teatro Nacional Manuel Bonilla, y algunos centros comerciales. Recordé algunas advertencias de la gente sobre el peligro, y me sentí insegura... hice mis oraciones y regresé a dormir.

Al siguiente día tomé otro taxi que me llevó a un centro comercial. Las modas son las mismas, estamos ante un mercado globalizado, ya no hay modas guatemaltecas, nicaragüenses, hondureñas, o mexicanas, sino que seguimos las pautas de las grandes casa de moda, solo los indígenas siguen puros... los protege la selva.

Al regresar observé varias pandillas asechando, me pareció que me seguían sigilosamente como un grupo primitivo, pintados con tatuajes de guerra. No soy la cena de nadie... volví a mi cuarto y me encerré voluntariamente... como todos. Las tinieblas me rodean, y percibo peligro, es tiempo de oración y ayuno. Me esperan las almas de Nicaragua para orar por ellas.

32

Celda urbana

MANAGUA NICARAGUA

El paisaje seguía siendo bello, un mundo verde, selvático y lleno de vida, con árboles chilamates, ceibos, pochotes, genízaros, tigüilotes, palma real, piñuelas, y el madroño, que es el árbol nacional, pero Managua es más peligrosa aún que las otras ciudades, la inseguridad se siente por todos lados, hasta las casas más pobres tienen enrejadas puertas y ventanas, por el temor a los delincuentes; todos los comercios hasta los más pequeños, como tienda de abarrotes, tienen un agente de seguridad en la puerta. Me dio la impresión de que la población entera vivía encarcelada.

Al llegar a la estación de autobuses me sorprendió que tenían un cuarto largo, con camas para los viajeros, para esperar al siguiente día el autobús de conexión a Costa Rica. También había personas ofreciendo cuartos muy económicos, con televisión y cable. Decidí tomar la oferta de un joven que tenía los cuartos a un lado de la estación. Me instalé, y pedí un taxi rumbo al centro comercial donde me distraje un rato viendo los aparadores... me atraen las modas, aunque sé que son las mismas en todas partes, las mismas marcas de renombre, un mercado globalizado, comprendo perfectamente la manipulación, el hipnotismo, la ilusión en la que nos meten... vanidad de vanidades, todo es vanidad.

Di un taxi tour por esa poblada ciudad... algo bello, pero descuidado es la antigua Catedral de Santiago, de estilo neoclásico. Observé dos placitas, y en sus jardines había grupos de hombres conviviendo y compartiendo sus botellas de alcohol. La pobreza se veía por todas partes. Oré a Dios por la desesperanza que a veces lleva a los hombres a intentar escapar de su cruda realidad; intercedí para que el Espíritu Santo de Dios se manifieste en sus vidas, sanando sus heridas, confortándolos, fortaleciéndolos para poder pasar las pruebas de la vida. Por duras que estas sean. Si nos tomamos de su mano pasaremos este trayecto a salvo. Aquí solo es un instante de eternidad, que pronto pasará. Otros lugares bellos son el Teatro Rubén Darío, con el monumento al poeta, y el Palacio de la Cultura con un museo que contiene una huella humana de hace 6000 años.

El siguiente día continué mi ruta en autobús hacia San José Costa Rica. Al pasar por las orillas de Managua, descubrí la pobreza más extrema que he visto en mi vida. Pequeños cuartitos que sirven de viviendas, hechas con cartones y pedazos de madera que recogen de la basura. Dentro viven familias enteras, afuera niños descalzos, sucios, y sin ropa, jugando entre la basura y el lodo... de pronto sentí chocar con los ojos lejanos de un niño, por un momento se me seco el alma, y me inundó lentamente un desaliento quebrado y profundamente pesado en el alma... no hay futuro en la pobreza, solo desesperanza, y esa desesperanza a veces lleva a disfrazarla con alcohol.... o eliminarla llenado nuestros corazones con Dios... deben enterarse, todo esto pasará, la vida aquí es solo un instante de eternidad... elevé una silenciosa oración por esos niños... me duelen, me duele su pobreza... las desigualdades, la injusticia que creó el hombre con su ambición. No puede haber siervos de Dios con cuentas bancarias millonarias, mientas hay tanta pobreza en el mundo, no puede haber creyentes millonarios... no lo son.

Empezó a llover, el día se tornaba más gris y melancólico... el cielo está triste y derrama su lágrimas, pálidas de dolor, esta lloroso y dolido, cruje su corazón con truenos desgarrantes de dolor de parto, por tanta sangre derramada, por tantas vidas borradas, tanta injusticia y desigualdad... cuando quiero llorar no lloro y otras veces lloro sin querer... el eco del dolor del mundo ensordece ya muy seguido mi ser... y a veces me parece que el camino es muy largo, y yo ya dejé de a crecer...pero el viento se lleva nuestra oración al cielo a cada instante desde el amanecer

El trayecto a San José Costa Rica, es todo un espectáculo latiente de verde vida, hay partes donde la selva tropical es tan tupida, que parece que vamos en el autobús por un túnel verde, las ramas de los árboles hasta golpean el techo. El clímax del paisaje fue la puesta del sol, ahí vi claramente la mano artística de Dios, única e incomparable. La ternura de las rosadas y lilas nubes, al lado del cálido naranja dorado del sol y el delicado azul del cielo, en contraste con el verde intenso de la selva tropical, fue bellísimo… ese momento expresivo de la naturaleza, nos habla de Dios, de la verdad de su amor, su existencia y grandeza… y lo hace cada día… esa puesta del sol es la mejor obra de arte que he apreciado… me conmoví intensamente, sentí como si Dios hubiese develado un velo de mis ojos, para que mirara con los ojos del espíritu, sentí que Dios me regalaba ese momento, como si estuviera preparado para ese día y esa hora, para sentir su amor en las obras de sus manos, en su creación, para hacerme suavemente… sonreír.

33

Monstruo domado

SAN JOSÉ COSTA RICA

*L*legué a San José cuando la ciudad dormía ya, las calles solitarias eran las únicas testigos de mi llegada... los faroles iluminándolas mostraban un camino entre las penumbras de la noche... oraba en silencio cuando la voz amable del taxista interrumpió mi dialogo espiritual, intentaba proporcionarme información turística... acordamos que volvería por mí al siguiente día para llevarme al centro de la ciudad.

De día la ciudad cambia totalmente, es cálida, bella, y bulliciosa, con turismo de diferentes partes del mundo, que entusiasmados entran y salen de los edificios coloniales, casinos, bares, restaurantes y diferentes comercios que están sobre sus amplias avenidas peatonales, como la Avenida Central, la descubrí poco a poco, paso a paso, y la ame... cubriéndola de oraciones.

Los taxistas me dijeron que el mejor lugar para comer era el mercado municipal... me bajé en la esquina del viejo edificio y al entrar, deliciosos aromas me invitaban a degustar su platillos, entre personas invitando a pasar a sus establecimientos y músicos tocando la marimba... a mi paso olía a frutas, a sopa de mariscos, a carne asada... casi todos los platillos los acompañan con arroz blanco, frijoles negros, plátano macho, y aguas de frutas tropicales. Comí un aperitivo de "tapado de camarón" (camarón cocido en limón, con salsa negra y verduras) y un platillo principal de "casado" pescado en salsa, con gallo pinto (arroz blanco y frijoles negros) plátano macho y ensalada... disfruté un rato escuchando los músicos y observando a la gente, saludando e interactuando con quien me saludaba... son tan amables y amistosos... muy interesantes son los mercados municipales para conocer la cultura de un pueblo.

Al siguiente día fui al Museo de la ciudad a informarme un poco de su historia, luego tomé un taxi hacia la 2da. Avenida Centenario, me bajé en El Parque Central de San José. Había parejas de enamorados, y familias paseando. Me senté un rato a leer, e hice mis oraciones. Cerca está el Teatro Nacional de Costa Rica, uno de los edificios más bellos, después fui a La Catedral, y regresé al área donde estaba mi hotel, a un centro de artesanías, apreciando la joyería, artículos de vidrio, madera, piel, manta, bordados, pinturas.

En autobús seguí rumbo a Jaco, una playa que está a una hora de San José. Mi compañero de asiento era un joven muy platicador, que me aconsejó y orientó para pasármela bien en esa playa. El joven nunca había conocido a alguien que viajara tanto. Le expliqué que era una misión de Dios, de oración y estudio, cambió su actitud, guardó silencio, y creo que hasta estaba extrañado, al final nos despedimos con buenos deseos...creo que muy pocos logran comprender, que alguien viaje tanto solo por obedecer un llamado de Dios, en una solitaria misión de oración y estudio, menos siendo una mujer.

JACO COSTA RICA

Al llegar al hotel seguí un camino con jardines de flores exóticas, palmeras, cabañas preciosas, hasta llegar a la mía. Dentro toda la decoración era en blanco, con televisión y cocineta. A la puerta tenía la alberca, todo esto por $35.00 dólares. Nadé un rato en la tibieza de las iluminadas aguas de la alberca, después solo floté orando a Dios, mirando su inmensidad, en el cielo... lo sentí vivo en cada estrella, como células celestes de su manto sideral... lo sentí llenándome de una infinita paz y un amor dulce y sublime, un amor eterno, inagotable... un amor sobrenatural.

Había planeado ir temprano a la playa, pero amaneció lloviendo, me fui al restaurant del hotel. Era pequeño pero acogedor, decorado en azul, con acuarios, redes de pescar, adornos con conchas, caracoles, y estrellas del mar. Me atendió un niñito como de 12 años, hijo del dueño, le pregunté por el mejor platillo y me recomendó "mondongo" (estomago de la res, con salsa). No había más gente que atender, así que se sentó a la mesa a conversar sobre todos sus logros como meserito. Tenía ahorrado una pequeña fortuna, con la que pensaba abrir su propio negocio. Le testifiqué sobre mi misión y mis viajes, el niño se entusiasmó y me preguntó curioso: "¿Cuál será mi misión? Le dije: "No lo sé, lo único que sé es que todos tenemos una, tú mismo tienes que descubrir cuál es la tuya, cerrando los ojos en oración a Dios, buscando dentro de tu espíritu, encontraras la respuesta, una vez que la descubras ahí, la empezaras a ver en todas partes, dormido o despierto."

A medio día la lluvia paró, huyeron las nubes, y el sol brilló con esplendor supremo invitándome a bañarme en sus rayos... caminé tranquilamente hacia la playa, nadé por un buen rato, disfrutando la sensación que da el agua. Me tiré un rato en la arena y me dediqué a mi lectura diaria, al terminar atravesé la playa en una caminata tranquila y relajante, haciendo mis oraciones. El murmullo de las olas, y la brisa refrescante acariciando mi rostro, era una comunión... de pronto sentí que me trasportaban a otra dimensión, me sentía muy ligera, libre y suelta, casi flotando en espíritu.

Se acercó a mí una joven americana muy entusiasmada pero con dificultades con el idioma, me dio un folleto con el evangelio de Cristo y una invitación a una presentación que tenían, ahí a orillas de la playa. Me uní a su misión en silenciosa oración... fue una tarde muy bella, se juntó una multitud, el espíritu de Dios se movía con poder, esos jóvenes estaban llenos del amor de Dios, y lo trasmitían como mimos, no necesitaban español.

Al siguiente día volví a la playa, el agua estaba cálida, pero las olas enormes. El meserito me informó que habían anunciado que era peligroso nadar, por la marea. Inexplicablemente para mí, eso lo hacía más emocionante... al mar me lo encuentro por todas partes, pero ese día decidí hacerlo mío. Ese azulado mar me pareció un bello monstruo, gigante, salvaje e indomable... sabiéndome inmortal, me encaminé decidida hacia él, para domarlo con cantos de amor a Dios... acaricié sus olas, me sumergí cantando en espíritu, metiéndole mis alabanzas hasta lo más profundo... sentí que se rindió, que me cargaba cálidamente en sus tibias aguas, arrullándome complaciente… flotaba en la alabanza, sin tiempo, ni espacio ya… al salir brincaba en cada ola y sentía que me elevaba hasta el cielo, y daba gracias a Dios por ese regalo de sensaciones que me envolvían entre lo físico y lo espiritual, un sentimiento de gozo inmenso, inundaba todo mi ser, de mi boca salían cantos nuevos. Salí del agua rendida, pero me sentía en armonía con el mar, con la naturaleza, con la vida. Era como su el mar se hubiera rendido ante el amor de Dios, llevándose mis dudas naufragas. Me recosté ya cansada en la playa, a disfrutar de mi lectura diaria.

En la ruta de Jaco a San José hay acantilados altísimos, se veía hacia abajo la selva tupida, viviente y profunda. El sutil olor a yerbas tropicales y flores exóticas entraba por la ventana del autobús. Al respirar profundamente sentía que me llenaba de ella, de sus partículas llevándome algo de su espíritu dentro de mí, a través de tantas imágenes y recuerdos almacenados en mi mente, y disfrutados con mí ser. Esas experiencias únicas, iban formando un mundo vivo dentro de mí.

Partí al siguiente día en autobús rumbo a Panamá. El bosque de las Montañas del Macizo es grandioso, con árboles gigantescos de pinos, cedros, robles, encinos. Este bosque se levanta sobre 2000 y 3490 m sobre el nivel del mar... por un momento el paisaje me robó la atención de una forma casi hipnotizante… esos árboles pasan uno tras otro por la ventana del autobús, como en una pasarela, modelándome sus bellas hojas, sus fuertes tallos, sus ramas extendidas, como alabando a Dios… yo admirándolos complacida, sintiendo ese bosque vivo y comunicativo, moviéndome el alma, hablándome de su Creador, alabándolo…

Estamos tan alto, que ahora puedo ver las nubes a los lados de la carretera, como una densa bruma, invitándome a soñar, que estoy cerca del cielo, y que duermo en los brazos de mi Padre Dios, que me cuida, que me arrulla, que besa mi frente con amor paternal.

34

Una América unida

CIUDAD DE PANAMÁ

La noche estaba completamente oscura cuando llegamos a la frontera de Paso Canoas. Los agentes de la aduana de Panamá me exigían boleto de regreso a Costa Rica... les expliqué que viajaría hasta donde alcanzara mi dinero y de ahí regresaría en avión a México, no a Costa Rica, pero no entendieron razones. Después de ir de un lado a otro buscando un boleto de regreso, lo conseguí y se lo llevé al agente aduanero. Al verlo, el obeso agente exigió autoritario: "Ahora muéstrame tu tarjeta de turismo." Le dije preocupada: "Solo tengo mi pasaporte." El agente me miró con cierta burla diciendo: "Tienes que ir a la oficina de turismo por una." Busqué la oficina y estaba cerrada, volví preocupada. Para entonces ya se me había acercado el ayudante del chofer del autobús, diciéndome en secreto: "El problema es que quieren dinero."

Finalmente llegamos a Panamá, ya entrada la noche, el chofer me recomendó un hotel que estaba enfrente de la parada de autobús donde llegamos. La vista desde mi cuarto en el décimo piso es panorámica, de un lado el oscuro mar, del otro las luces de los enormes edificios, y las viviendas. Disfruté de unos momentos de quietud, observándola... después percibí las miles de personas dormidas con sus sueños en el aire. Energía mental atravesando dimensiones, muchas creando una energía negativa. Nuestras mentes generan una energía, todos los malos pensamientos, toda la maldad que almacenamos en nuestras mentes, es energía negativa y alimenta a las potestades de los aires.

Percibí al universo lleno de esa energía, también percibí canales de oración moviéndose entre esa energía negativa hasta el infinito... cada vez más lejano... llegará el día que buscaremos el Espíritu de Dios y no lo encontraremos... nuestra maldad nos está alejando de Él. Oré construyendo un nuevo canal hacia Dios, intercedí por todas esas mentes dormidas, para que sea abierto su entendimiento y escuchen la voz de Dios y sean restauradas, liberadas. Me tiré en la enorme cama y dormí en paz y tranquila, sintiendo que toda materia desaparecía de mí alrededor y quedaba suspendida en el aire... en la mano de Dios.

Al despertar, me asomé por la enorme ventana, a lo lejos se veían gruesas y oscuras nubes, moviéndose amenazantes, pero aun así no me desanimé... subí a la terraza y me sumergí en la alberca, nadé en las frías aguas hasta que me dolieron los oídos y la cabeza... salí temblando y chasqueando los dietes, cuando llegué a mi cuarto a cambiarme, noté que ya no tenía ropa limpia... contrariada también noté que no funcionaba la lavandería del hotel. Saqué Balboas de un cajero, y fui a otra lavandería que estaba a dos cuadras de ahí. Era de chinos, toda la cuadra era de ellos, tenían además tintorería, súper, restauran, y apartamentos de renta. Metí la ropa a lavar, y crucé la calle hacia una fondita donde comen los lugareños. Casi todos los platillos los acompañan con arroz, frijoles y plátano macho. Elegí un platillo delicioso de fuerte sabor "ropa vieja" (carne de res deshebrada con salsa de chile y especies) "gallo pinto" (arroz blanco mezclado con fríjol rojo).

Descansé un poco en mi cuarto viendo noticias locales, después tomé un taxi tour que me llevó por entre los rascacielos del centro de la ciudad, al final a una agencia a comprar mi boleto de avión hacia Perú, y de ahí otro a México. Las personas me habían dicho que no debo cruzar en autobús por Colombia, porque hay muchos secuestros, que los guerrilleros de las FARC Fuerza Armada Revolucionaria de Colombia se subían a los autobuses, si veían turistas se los secuestraban... me atraía conocer la vida de los guerrilleros, pero no así, decidí ser prudente.

Después fui a la bahía... frente al mar está un bello monumento con un mundo blanco rodeado de personas tomadas de la mano, sobre él, la estatua de Vasco Núñez de Balboa, quien descubrió oficialmente el "Mar del Sur". Salí del taxi para tomar fotos, pero el cielo se quebraba con rayos agresivos, un viento fuerte me zarandeaba y gotas gruesas golpeaban mi cabeza. Regresé al hotel a revisar mi correo electrónico. Jorge me había escrito, estaba preocupado por mí, ¡Le importo! ¡Me ama!.. ¡Sí!

Al siguiente día salió el sol de nuevo... subí a un taxista rumbo al Canal de Panamá (1914), el chofer me preguntó si no me importaba compartir el taxi con otras tres personas que iban al canal. Era una pareja como de 50 años, y una mujer de 35, así que acepté, eran un panameño y dos peruanas comerciantes que venían por el mercado libre de impuestos. Me inspiraron confianza desde el principio, todo el camino platicamos de nuestros países.

Recorrimos las instalaciones del canal de Panamá, está ubicado en la parte más angosta del istmo de Panamá, entre el Mar Caribe y el Océano

Pacifico... suben y bajan el agua al cruzar los barcos, que esperan su turno en fila... Es interesante la experiencia de ver los dos mares... y en minutos esos barcos pasan de un mar a otro.

Al salir acordamos pagar juntos un taxi tour. Pasamos por la base militar *Fort Kleiton*, donde estaban los americanos, y El Puente de las Américas (1962) que une a Centroamérica con Sudamérica. Sentí que el Espíritu de Dios me guiaba a orar en ese lugar... me aparté de mis amigos y oré por una América unida en el amor de Dios desde Alaska hasta Chile.

De ahí nos fuimos rumbo al otro extremo de la ciudad, pasamos por monumentos, las islas de Nao, Perico, Flamenco, y entramos por La Calzada de Amador, una carretera que une a la isla con tierra firme, en medio de palmeras y el verde mar. Desde ahí salen cruceros con tours a las islas... desde ahí la vista de la ciudad, es buenísima... los edificios se veían grises a lo lejos sobre el oscuro mar, ligeramente cubiertos por un vaho de neblina, en lo alto el cielo era gris también, le daban un aire uniformemente triste, melancólico, mustio y taciturno, pero sereno, sosegado, y libre.

Después fuimos en un rápido tour al peligroso barrio de El Chorrillo, donde está la mafia de Panamá; al área llamada Casco antiguo, a las Iglesias de San Francisco(1673), San José (1671), La Catedral Metropolitana (1688); Museo de Historia de Panamá, antiguo palacio municipal; Las Bóvedas, son nueve, hay galerías de arte y restaurantes; las antiguas ruinas del convento de Santo Domingo (1678); a la casa de Rubén Blades; y al centro de artesanías. El panameño era excelente guía, explicaba la historia de cada monumento.

Regresamos al área del hotel a una plaza, donde disfruté de un delicioso bacalao con papas, arroz blanco con leche de coco, agua de "panela" (bebida de jugo de caña con limón), de postre "cacao panameño" (plátano cocido y bañado en crema de coco) compartimos nuestros alimentos en armonía y después jugamos un poco en un casino; recorrimos algunas tiendas de ropa, y volvimos al hotel ya muy noche, nos despedimos con amor, deseándonos lo mejor... pero mi salud empezaba mermar, subí a mi cuarto y ordené un "sancocho" (sopa de pollo condimentada), me lo recomendaron para el resfriado.

Amaneció lloviendo muy fuerte... solo salí a las tiendas cercanas, todos los artículos son muy económicos porque los acaban de desembarcar, casi no hay cargos de transportación, además no se cobran impuestos, después me fui a un casino, jugué un poco, pero perdí otra vez... ya era hora de seguir mi peregrinaje por nuevas tierras, ya había cumplido en Panamá, ya solo me mantenía el ocio y la comodidad...

Me dirigí al aeropuerto para salir a Bogotá Colombia a las 6:00 PM. Fue un viaje corto de una hora, ahí debía esperar el avión a Perú de las 9:30 PM. Mientras esperaba, recorrí las tiendas del aeropuerto. Las joyerías tienen muy buenos precios en las esmeraldas, me quedé con deseos de comprarme un dije de esmeraldas en forma de cruz, pero ignoraba si me iba a alcanzar el dinero, me faltaba recorrer otros países.

El Espíritu de Dios me impulsaba a descubrir otras tierras, a conocerlas, a amarlas, a orar por ellas, desafiando distancias, retando el peligro y la oposición del enemigo, viviendo por fe, era como si estuviera en un túnel que me trasportaba de país en país, mares, lagos, selvas, montañas, bosques, la belleza de la naturaleza hablándome de su Creador; ruinas arqueológicas monumentos, construcciones hablándome del pasado; gente con diferentes costumbres, comida, ropa, creencias, hablándome de la compleja diversidad del ser humano. Miles de imágenes vivas, se registraban en mi mente, tornando esta aventura en algo casi mágico y sobrenatural.

Viajar libre como el viento, sin barreras, sin fronteras, con el espíritu de Dios guiándome, mostrándome la belleza del mundo, enseñándome a disfrutar de la libertad que me ha dado para andar en todos los confines de su tierra, alabando su nombre en espíritu y en verdad, alabarlo en todas las naciones, en tierra de rebeldes, en lugares sagrados y de idolatría, alabar al Dios vivo, crear canales de oración y alabanza, que lleguen hasta sus faldas, para que fluya su poder con fuerza sobre nuestras vidas, que se aflojen las cadenas, que se caigan los egos, que se rompan la barreras que nos separan, que caigan los muros y las fronteras, que cesen los odios, que se muera el desprecio, que sucumban los miedos e inseguridades, que desaparezca la crueldad y el abuso, que se dispersen las tinieblas y las negruras del alma, que brille el amor de Dios en todos los ojos de los americanos, que irradie la paz de sus almas sometidas a Dios, que doblen rodillas ante nuestro Creador y sean salvos… una América unida, no en una religión, pero en una relación personal, íntima, efectiva y verdadera con Dios… en un culto constante del alma, que cada latido de nuestro ser, sea una melodía de amor a Dios, en un concierto que mueva al mundo llenándolo de la gloria de Dios, inundándolo de su amor.

35

Primer cielo inca

En sandalias panameñas y ropa de algodón llegué al Aeropuerto Internacional Jorge Chávez. Ignoraba que el clima de Lima estaba extremadamente frío cuando en mi tierra es verano. Recogí mi equipaje y me dirigí a la oficina de turismo. Me dieron una lista de precios de hoteles y casas de huéspedes. Tomé un taxi hacia a una posada económica, solo dormiría, al siguiente día viajaría al Cuzco, rumbo a las ruinas arqueológicas de "la ciudad perdida de los Andes" *Machu Pichu* (montaña vieja).

Me dolía todo cuando desperté, me atormentaba un resfriado muy fuerte, creo que me afectó el cambio de clima… en un mercado compré medicina, botanas de camote y de plátano, unos dulces de coco con cajeta en medio, y un chocolate caliente. Me fui a dar una vuelta en taxi, disfrutando mi desayuno, sin exponerme al agresivo clima, pero admirando la ciudad y orando por ella. Es atractiva e interesante, con muchos casinos y edificios coloniales, pero en ese momento estaba más interesada en recuperarme de ese fuerte resfriado, y conocer las ruinas arqueológicas de *Machu Pichu*.

Rumbo al Cuzco, la ruta es única, va por la orilla del mar azul marino, sobre los arenales hay dunas café, amarilla, marrón, todas con su sombra, haciéndolas individuales, aunque pertenecen a un mismo desierto. Desierto y mar, paz y movimiento, sequedad y humedad, contrastes unidos, compartiendo un espacio en armonía, un punto en el universo, entrelazados, dándonos un anuncio… recados celestes, mensajes divinos hay a nuestro alrededor, cuando se contempla la naturaleza con los ojos del alma, se escucha su voz, como un susurro, como un murmullo, como un silbido.

Desde el autobús eran muy pocos los caseríos que se veían de vez en cuando, había espacios largos y solitarios… arena, y más arena, polvo de arena, y arenisca… solo el movimiento del mar en todo el entorno nos encantaba con su meneo, salimos de ese estado, para entrar a otro, al subir las montañas, todo se veía café, ya que las casitas eran de adobe, como si fueran pueblos de barro, masa de la misma tierra.

CUZCO PERÚ

Después de una mala noche llegué a *Cuzco*, "El ombligo del mundo," centro de la cultura inca, según su mitología, ahí se concentraban el mundo del subsuelo, el visible y el superior.

Esa gélida mañana, no calentaba ni el sol, y no llevaba ropa apropiada, ya tenía fiebre, mi cabeza parecía a punto de estallar, no podían con mi humanidad, menos con mi maleta. Había personas ofreciendo cuartos de hotel económicos y tours a las ruinas. Me dejé guiar al más cercano. En cuanto llegué al hotel, me ofrecieron una taza de té de coca que alivió un poco el dolor de cabeza. El guía me llevó a un cajero automático. Le compré el tour a *Machu Pichu* y un boleto a La Paz Bolivia. Después me guió a un mercado de artesanías, donde me compré botines, ponchos (capas), sweater de lana de alpaca, guantes, gorros, bufandas. En el camino el joven guía me instruyó sobre la historia de sus antepasados los incas, también me comentó que él tenía un permiso para ser guía, había un programa para ayudar a los indígenas, recibían clases graduándose en cultura inca.

Ya bien abrigada salí a comer a un restaurant, donde ordené un caldo de gallina, me lo sirvieron con una pierna con muslo y un huevo entero con cáscara entre la sopa. En México solo comemos huevos en el desayuno. Al salir, una fina lluvia me hizo regresar al hotel. Mi salud empeoraba, la tos era tan constante, que casi no podía hablar, el asma amenazaba, tenía fiebre muy alta, sudaba y me dolía todo. Mandé a la joven recamarera a la farmacia. Regresó con la medicina, y una tetera con té de coca. Dijo que con eso me aliviaría del "mal de altura". Lo tomé junto con la medicina, y oración. Amanecí mejor, pero me levanté hasta medio día, mi espíritu estaba fuerte pero mi carne no, así que decidí darle un buen descanso. Realicé mi lectura diaria y algunos ejercicios de estiramiento.

Salí a caminar tranquilamente por las empedradas calles, no hay mucho tráfico. Revisé mi correo electrónico en una cafetería, después me metí a un restaurant de comida típica. Ya tenía 24 horas sin comer por la enfermedad. Escuchando música andina, pedí a Dios que bendijera mis alimentos en memoria de Cristo y comí un "cerdo salteado" (cerdo asado), papa boicaína (papa al horno, con crema y especies), ensalada y pastel de choclo (maíz).

Frente a mi mesa, cruzando la calle, tenía el enorme templo de piedra labrada de *Cori Cancha*, (templo dorado). Narran que en sus orígenes tenía paredes cubiertas de oro, fue centro de culto al dios inca *Inti* (dios sol), ahí se le ofrecía sacrificios de animales y él bebía su sangre al pasar. Sobre sus cimiento los españoles construyeron el convento de S. Domingo, y sobre el cual yo oré en espíritu y en verdad al Dios que conozco personalmente, al Dios Creador, al Dios vivo, espiritual, que no se refleja en materia, al Dios de luz, que no es un sol exactamente, pero sí es un Dios de luz, y en su pecho tiene algo parecido a un sol, por donde entran las almas a un mundo de luz y amor, en su seno.

Seguí mi caminata hasta llegar a Plaza de Armas. Había una procesión. Cuatro indígenas llevaban una escultura sobre una tabla, cargándola sobre sus hombros, paseándola por las calles; otros indígenas los seguían con danzas, cantos y rezos; otros vendían sus productos en la plaza. Compré unos títeres, una llama de juguete, y un disco compacto de música andina, que me acompañaron el resto del viaje.

Enfrente de la plaza está la Catedral Basílica de la virgen de la Asunción. Bello edificio construido con bloques de granito rojo, fachada estilo renacentista. Dentro tiene una figura de un cristo negro, señor de los temblores y patrón de la

Catedral Basílica de la virgen de la Asunción

cuidad. Me acerqué a una guía de turistas, que le explicaba a un grupo, que el cristo fue fabricado con chonta, una madera muy especial, que solo se da en Perú, que esa madera se ennegrece desde adentro, con el tiempo, por eso el cristo se había vuelto negro. Me llamó la atención un cuadro de la cena del Señor, donde en lugar de pan, tienen en la mesa un platillo típico de la zona, *cuilt* (conejo de india), y en lugar de vino, *chicha* (jugo de uva con maíz fermentado) la bebida tradicional de Perú. En esa iglesia yacen los restos del inca Garcilozo de la Vega, hijo del capitán Sebastián Garcilozo y la princesa inca Isabel *Chimpu-ocllo*, nieta del emperador inca *Tupac*. Me senté un rato en la banca, cerré mis ojos, e hice mis oraciones al Dios vivo. Seguí con mi recorrido por El Cuzco, sus museos, iglesias, y edificios históricos hasta que se fue el día.

El clima mejoró, así como mi salud cuando tomé el autobús rumbo a *Machu Pichu* (Montaña vieja). La mayoría de los turistas eran europeos o americanos. El autobús hizo una parada en un mercado de artesanías... cuando arrancó unos jóvenes indígenas lanzaron piedras al autobús y una joven gritaba furiosa: "¡Lárguense de aquí blancos capitalista, tengan!" Y hacía señas obscenas con su dedo. Un niño y un joven americanos también le devolvían la señal obscena del dedo, todos los demás turistas se inquietaron, cerraron sus ventanas asustados... observé a la joven... por un momento nuestras miradas se toparon... deseaba entender su actitud, había odio en su rostro ¿Qué lo generaba? ¿Racismo? ¿Patriotismo? ¿O alguna agresión sufrida? Tal vez resentimiento, o dolor...

Las piedras no lastimaron a nadie, pero el odio que les lanzó, sé que lo sintieron. Sentí pena por los turistas que volteaban a verse algunos compungidos, asustados, preocupados preguntando: "*What she said? What she said?* (¿Que dijo ella? ¿Qué dijo ella?)" No entendían español, pero entendieron la agresión. Vi la oportunidad de practicar un poco mi inglés, me levanté del asiento y les respondí: "*Whites, capitalist, get out of here* (blancos capitalistas, fuera de aquí)." Me miraron ofendidos por unos segundos... inmediatamente les aclaré: "*Is what she said... I'm just mexican tourist*" (es lo que ella dijo...yo solo soy turista mexicana)." Sus rostros se relajaron y sonrieron divertidos. No soy blanca, ni capitalista, ni guerrillera de izquierda, mucho menos me gusta lanzar la primera piedra, soy una guerrera, pero de oración, y mi lucha no es contra carne ni sangre, sino contra potestades de los aires, contra legiones de las tinieblas, contra Satanás y sus siervos. Yo solo soy una sierva de Dios en misión.

El autobús nos llevó a la estación de un tren, trasbordamos y seguimos nuestro ruta. El tren va por un cañón, sigue el trayecto de un río, a los lados verdes y esponjosas montañas. Llegamos a Agua caliente, un pequeño poblado donde descansamos. Disfruté un delicioso conejo en pipían, me

distraje en los puestos de artesanías, luego subí a buscar mi asiento en otro autobús.

MACHU PICHU PERÚ

Finalmente llegué a *Machu Pichu* (Montaña Vieja). Subimos otro largo tramo caminando con un guía. Nos explicaba la historia: La mística ciudad amurallada y

rodeada de acantilados, fue construida entre 1430-1440, con 150 habitaciones, solo hay una puerta por donde se entra, o se sale, contaban con observatorios, calendario, y reloj solar; vivieron entre 600-700 personas que ofrecían sacrificios humanos a *Pachamama* (madre-tierra), sembraban coca como alimento medicinal para soportar las inclemencias del clima, la altura, y para quitar el hambre; durante la guerra civil *Wasca y Otowasca* abandonaron la ciudad. En 1900 se abrió un camino peatonal, y los campesinos lo llamaron *Machu Pichu*. En 1911 un americano, profesor de historia, Hiram Bingham quería conocer *Vilca bamba* y descubre por accidente *Machu Pichu*, dándolo a conocer al mundo. Después de recorrer las ruinas me senté en un tronco viejo a orillas de un acantilado... mariposas amarillas volaban en la tranquilidad del viento... gotas de lluvia temblaban en las hojas de las plantas. Olía a tierra mojada y flores silvestres. Hacia abajo la vista era algo único, e inolvidable. El verde bosque se veía imponente, majestuosamente regio, vivo, e infinito... la altura era tal, que había bruma de nubes a un lado mío... estaba en algo supremo... en el

primer cielo inca.

Abrigué un deseo inmenso de agradecer a Dios por la perfección y belleza de su obra; por haberme elevado a esa vieja montaña, para revelarme lo que veían los incas todos los días; y por despertar mi espíritu para sentir la naturaleza de esa forma, viva,  latiente. Del otro lado tenía una enorme montaña, que tiene forma de halcón, de tigre, y de inca dependiendo de la perspectiva en que se le mire.

Saqué de mi morral inca un pastel de *choclo* (Maíz), una *chicha* (bebida de uva), un dulce de cacahuate, y mi nuevo testamento de bolsillo que me regalaron en Belice. Pedí a Dios que bendijera mis alimentos en memoria de Cristo… alimenté mi cuerpo y espíritu, y me despedí de *Machu Pichu*.

Bajé a tomar el autobús de regreso, y luego al tren, regresa igual, por toda la orilla del río, es la única parte por donde se puede llegar aquí. El agua corre de forma muy voluble, a ratos apacible, tranquila, e inofensiva, a ratos turbulenta, rápida, peligrosa. Siento que me comunica algo, que me inspira a ver esta tierra con los ojos del espíritu… arriba la luna me sonríe luminosamente, mientras el día mengua, se apaga, se extingue… la montaña vieja, más sombría, más oscuras cada vez, se vuelve una sola, se torna uniforme… una inmensa y extraordinaria tierra que abrió su cañón para el paso de su río, que la rosa, la acaricia, y le da vida… tal vez no la abrió para nosotros, tal vez somos intrusos, fisgones indiscretos, ambiciosos husmeadores, que deseamos descubrir sus tesoros, mientras ella los oculta por un tiempo en la oscuridad de la noche, y molesta se declara inhabitada, aunque nosotros nos aferramos en habitarla. La noble luna me sonríe, entre las discretas y prudentes estrellas, que se asoman cautelosas por entre las nubes, que débilmente coronan la montaña vieja… o tal vez no es corona, tal vez es un velo de finas nubes, delicadas y ondulantes, que la envuelven, que la cubren porque va a dormir.

36

Protesta silenciosa

LAGO TITICACA PERÚ-BOLIVIA

Era un día deslucido y lluvioso cuando salí del Cuzco rumbo a La Paz Bolivia. Llegamos a descansar al área de Puno, donde está el lago transitable más alto del mundo, El *Titicaca*. Di una pequeña caminata por las frías orillas del pálido lago. Los patos graznaban exigentes, acostumbrados a ser alimentados... meditaba en la leyenda inca que dio a conocer Garcilazo de la Vega. Dice que Inti (dios sol) se apiadó de los hombres incivilizados y mandó a sus hijos *Manco Capac* y *Mama Ocllo*, que salieron a través de este lago, a buscar la ciudad donde se establecerían para enseñar a los hombres sobre agricultura, ganadería, tejido. Fue El Cuzco la ciudad elegida, por una vara de oro que les indicó el lugar.

Muchas tribus han adorado al sol, me intriga esto, tanto en las leyendas de los mayas, aztecas, así como en las de los incas, encuentro similitudes con textos bíblicos. En la visión que experimenté el pecho de Dios brilló como el sol... sigo pensando que a lo mejor ellos solo vieron el pecho de Dios, por eso pensaron que es el sol. No lo sé con certeza, solo se lo que vi, pero sigo prensando que en un principio, todas estas tribus conocieron a Dios. De alguna forma se manifestó a ellos, así como lo hizo con los hebreos de La Biblia. Ellos conocieron a Dios primero, después buscaron ídolos para adorar, igual que estas tribus.

COPACABANA BOLIVIA

Bajé del autobús para pasar la aduana hacia Copacabana Bolivia. El pueblo era pequeño, pero bullicioso, lleno de puestos ambulantes. A los lados de la calle había indígenas (cholas) sentadas en el suelo, vestidas con botitas negras, faldas largas, y sombreros muy curiosos, de ala corta. Vendían sus artesanías de lana, alpaca, y piel, en coloridos gorros, guantes, ponchos, capas, sombreros, mocasines, morrales, además de joyería de plata y piedras semipreciosas.

Me compré un poncho, una capa, sombrero y guantes, los encimé sobre mi ropa, y me fui ya bien abrigada a un puesto de comida donde tenían grandes ollas humeantes de sabroso aroma. El enorme hombre me sirvió un plato con sopa, zanahorias, chuyos (papitas negras deshidratadas) y un pedazo de quijada con dientes manchados. Me sorprendí al principio, nunca había visto algo parecido, tuve deseos de retirar el plato, asqueada, pero temí ofender al hombre, lo tenía frente a mí, muy platicador y amable, preguntándome sobre mi país... comí toda la sopa, los vegetales, y la carne suelta, tratando de concentrarme en la plática del hombre para no mirar la quijada. Para mi sorpresa, el platillo tenía un sabor fuerte y delicioso.

Subí al autobús... el trayecto es agotante, pero deseaba conocer la gente y ver sus caseríos de adobe, solo que aquí es rojizo, todas las viviendas son del mismo color que la tierra, se ve uniforme, como si hubieran brotado, emergido de ella, es muy interesante. Si viajara en avión no los vería.

LA PAZ BOLIVIA

El taxista me llevó a un hotel muy grande y económico desde donde veía esa enorme y poblada ciudad desde lo alto. Venía congelándome... tomé un baño de agua caliente y me metí en la cama por un rato, luego me fui a recorrer los edificios coloniales del centro de la ciudad... como siempre, en las tiendas las modas son las mismas. Observé, que hay muchos indigentes, sentados en el suelo de las calles.

Al cometer un error, el cajero automático se tragó mi tarjeta. Me asusté, estaba en un país lejano, distante y desconocido, sola y sin dinero. Me dirigí a un banco. Después de muchas llamadas telefónicas, me dijeron que regresara al siguiente día. Regresé al hotel preocupada, además la altura me estaba afectando, tenía un dolor de cabeza terrible "mal de altura," recomiendan mate de coca. Para agravar mi situación, el asma empezó a amenazarme, respiraba con mucha dificultad. Me concentré en oración a Dios. Mi espíritu estaba confiado, pero mi cuerpo enfermo otra vez, me atormentaba. No tenía hambre, pero ordené mi cena. Me llevaron té de coca, y "pique macho" (trozos de carne y bolonia, con papa, tomate, chile y cebolla muy finamente picados). Comí viendo las noticias locales... lo mismo. Me recosté platicando con Dios sobre mis necesidades humanas, dejé todo en sus manos... mi respiración mejoró y dormí.

Desperté temprano, ya adaptada y en perfectas condiciones, me fui caminando hacia abajo por la calle empedrada. Llegué al Museo de Etnografía y Folclore en la casa del Marqués de Villa Verde. Entre otras cosas, había una exposición de vestimentas desde la época de la colonia hasta nuestra era. La moda ha cambiado mucho desde entonces, pero antes las modas duraban años sin cambiar, ahora se ha vuelto más tirana, en cada cambio de estación, nuevas modas, obligándonos así a comprar y comprar.

Me aventuré entre los muchos callejones que siguen

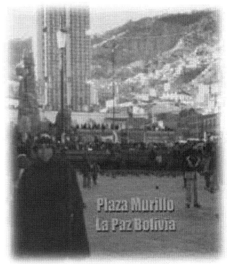

hacia abajo, como si fuera mi barrio. Llegué a Plaza Murillo, dedicada a Pedro Domínguez Murillo, quien lideró la revolución en 1809. En el centro está su monumento, a los lados está El Palacio Presidencial, y La Sede del Congreso de la República. Había una manifestación del pueblo... lo de siempre, la gente expresaba molesta su inconformidad con los manejos del gobierno. Protesté un rato con ellos en espíritu y presencia. Orando por misericordia y salvación para sus almas. Al otro lado de la plaza está la Catedral de Nuestra Señora de La Paz. De estilo neoclásico, construida en

1831. Me senté en un escalón a conversar con algunas señoras. Se quejaban y se quejaba de su gobierno y la pobreza en la que los tenían sumidos. Oré en silencio y me despedí. Seguí caminando por entre los muchos puestos ambulantes que hay a la orilla de la calle, hasta llegar a la Plaza de los Obeliscos. Ahí descansé un poco tomándome un café, observando, tratando de impregnarme de su cultura para comprenderlos, para amarlos, e interceder sinceramente por ellos.

Entré a una agencia de viajes a preguntar sobre unas dudas que tenía sobre mi boleto de regreso a México. Los noticieros anunciaron que había problemas con las aerolíneas y habían cancelado todos los vuelos. Me dijeron que regresara el siguiente día para confirmarme si mi boleto estaba vigente. De ahí me fui al banco. Dijeron que al siguiente día me regresarían mi tarjeta.

En un pequeño restaurant típico, me sirvieron de entrada "chairo," (sopa de papa deshidratada, con carne seca y zanahoria) de platillo fuerte "pancho mambo" (carne molida compacta, sobre una cama de arroz, encima un huevo estrellado, espolvoreado con tomate, cebolla, y chile verde finamente picado), de postre gelatina, y de beber una jarra de agua de horchata (harina de arroz y canela). Todo esto por tres dólares.

Al regresar al hotel le expliqué al gerente que no había arreglado el problema de mi tarjeta y no podía pagarle hasta el siguiente día. El hombre fue muy amable y comprensivo, me dijo que no había problema y que también podía ordenar lo que necesitara del restaurant del hotel, hasta resolver mi problema.

En el banco no me devolvieron mi tarjeta, sino que me hicieron retirar todo mi dinero, dijeron que era la única forma de que tuviera efectivo. De mi cuenta hicieron el cambio de pesos mexicanos a dólares para poderlo retirar ellos, luego a soles, su moneda, para podérmelo entregar, finalmente otra vez a dólares, porque yo no necesitaba tantos soles.

El Mercado de las Brujas es el más grande de la ciudad, con puestos de artesanías, artículos de diferentes pieles, de lana, de alpaca; joyería autóctona, figuras en piedra y cuarzos; tiendas de inciensos y yerbas medicinales; puestos de frutas, vegetales, flores; otros con canastos, y barriles de arroz, fríjol, maíz de diferentes colores, chiles en gran variedad; otros más impresionantes con pollos y chivos colgados, cabezas enteras de cerdo, de res, y de cabra en las mesas, en otra área más agradable había puestos de música andina, instrumentos musicales, trabajos en cerámicas, pinturas, juguetes.

Al sentir el cansancio y el aroma de comida condimentada, me senté en un banco de un pequeño puesto de comida, donde disfruté "lomito" (filete de res con especies). Meditaba en su cultura, todos mis sentidos estaban llenos de Bolivia, de su colorido folclor y misticismo. Me recordó el mercado de "Tepito," en México. Siento que Dios me muestra la belleza de su compleja creación. Somos tan diferentes y a la vez tan parecidos en todos los países y culturas. En cierta forma el allá es el aquí.

TIWANAKU BOLIVIA

En autobús público, platicando con una indígena anciana sobre la historia de *Tiwuanaku* y sus misterios sin resolver, llegué a sus ruinas arqueológicas.

Se encuentran a 72 km de La Paz. Algunos dicen que los *tahuanacotas* existieron entre 1500 a.C. y 1200 d.C. siendo una de las ciudades más antigua del mundo, y los primeros en habitar Los Andes.

El autobús me dejó a un lado del museo Regional de *Tiwanaku*, a unos pasos de las ruinas de lo que fue una mística ciudad amurallada. Dentro está el Templo de *Kalassasaya* (piedras paradas) donde están dos monolitos "El fraile" y "Ponce," La Puerta del Sol, y La Puerta de la Luna; saliendo a unos pasos está lo que queda de la Pirámide *Ahkapana*, fue probablemente centro religioso, está enterrada, se puede ver en la cima un templo, igual al de otras estructuras mesoamericanas; más adelante está La Pirámide del Puma *Punku* (puerta del puma) de características astronómicas. Lo más interesante en mi opinión, está en el Templete Semisubterráneo, o de los Rostros, hay 175 extraños rostros incrustados en los muros, parecen de diferentes razas o mundos.

Después de recorrer las ruinas, regresé al área donde está el museo. Anduve observando los objetos de cerámica, metal, madera, piedra. Lo que me llamó más la atención fueron una cabecitas humanas de adultos del tamaño de un puño; unos cráneos deformados; y una momia de una niña en una bolsa de yute. Momificaban a sus seres queridos, no los enterraban. Antes de regresar a La Paz, busqué un restaurant típico donde disfruté de la carne de llama. Es muy suavecita, con fuerte sabor, lo más exquisito de la comidas extrañas que he degustado.

SANTA CRUZ BOLIVIA

Creí comprar un viaje directo a Buenos Aires Argentina en autobús de lujo con coche cama, televisión y comida a la carta, pero al subir al autobús, sí era coche cama, pero no tenía televisión, ni daban comida. Pregunté al chofer, me dijo que en Santa Cruz cambiaríamos de autobús. Mi compañera de asiento era una joven de carácter abierto, residente de La Paz, trabajaba en la universidad como auxiliar contable, venía a visitar a su esposo, viajaba una vez al mes, ya tenía un año así. Cuando llegamos a Santa Cruz me invitó a comer, necesitaba hablar con alguien, yo también. De ahí me llevó al zoológico, anduvimos comiendo golosinas, observando a los animales, los monos, osos hormigueros, tigres, llamas, etc. De regreso fuimos por otra ruta, con el propósito de que conociera toda la ciudad, me explicaba la forma de vivir de las personas, sus creencias y costumbres. Al llegar a la estación nos despedimos deseándonos las mejores bendiciones de Dios.

El autobús de dos pisos que me llevaría a Pocitos, frontera de Argentina con Perú, llegó retrasado. No era de lujo como me habían dicho en la agencia, no había coche cama, ni televisión, ni servía el baño, ni daban comida, eso sí una vista panorámica. Me tocó estar en el asiento de enfrente, en el segundo piso. Disfruté de la vista solo un rato, me sentía insegura. El chofer iba a exceso de velocidad, y rebasando. No pude dormir, en las curvas me salía de mi lugar, y mi compañero de asiento insistía en conversar de los problemas de su país y la corrupción del gobierno. Se quejaba con tanta intensidad, como quien espera soluciones, solo podía orar, Dios es quién las tiene.

YACUIBA FRONTERA DE BOLIVIA-ARGENTINA

De madrugada pisé tierra de Yacuiba, un pequeño poblado, frontera de Bolivia con Argentina, todo estaba cerrado, en silenciosas penumbras… me enteré que el siguiente autobús lo tomaría cruzando la frontera… ni siquiera sabía dónde estaba la garita. Esperé en la puerta de la pequeña agencia que me indicó el chofer. El autobús se fue, y quedé sola… solo el ruido de los grillos y penumbras a mi alrededor… saqué mi nuevo testamento de bolsillo y me senté sobre mi maleta al lado de la débil luz del establecimiento… luego llegaron unos ingleses, perdidos también al no encontrar la garita… al llegar el encargado, le informé que en el autobús no había nada de lo que me habían vendido. El robusto hombre solo me escuchaba y con una mueca burlona me decía: "Cálmate, cálmate, ya llegaste a lo bueno." Era todo lo que repetía ante mis quejas, luego llamó un taxi que nos llevó a la garita.

Ese día no fue de mis favoritos. Después de la garita de Bolivia, crucé el puente a la garita de Argentina. Duré dos horas en fila cayéndome de sueño. Cuando abrieron la caseta de migración, me pasaron a segunda revisión. Unos guapos agentes me invitaron a probar "mate gaucho," en un recipiente de metal con popote. Es una bebida caliente, con yerbas de sabor fuerte y margo. Hasta ahí todo bien…

Al subir al viejo autobús, terminaron mis ilusiones… los asientos estaban viejos, sucios y rotos; la ventana estaba atorada, no se podía cerrar, en pocos minutos ya traía cabello, piel, ojos, y dientes llenos de tierra, por la carretera rural. Pensé que eso era lo peor que me podía pasar, pero ya en el autobús en movimiento, necesité usar el baño y no había… en cada brinco que daba el autobús yo sentía que mis intestinos iban a estallar… fue una pesadilla ese viaje…el no sacar correctamente la suciedad que llevamos dentro es muy doloroso difinitivamente… ser estafado también ¿Sería ese el aprendizaje del día? No, no es tan fácil ser trotamundos… en cada brinco del autobús yo repetía en mi mete: "Este momento pasará, este momento pasará, todo va a salir bien, todo va a salir bien… y en su momento."

37

Europita

POCITOS ARGENTINA

inalmente llegué en ese destartalado camión a un pequeño poblado, de donde saldría la conexión a Buenos Aires, supuestamente era en dos horas, pero se retrasó. Salí a conocer los alrededores, pero no había mucho que ver... entré a comer a una posada, una milanesa quemada, y arroz blanco. Al pagar me cobraron casi el doble de los que decía el letrero. Cuando reclamé la oferta anunciada, me dijeron que por el horario en que estaba comiendo, cambiaba el precio.

El autobús llegó de ahí a las 4:00PM, no era de lujo, ni tenía coche cama, ni aire acondicionado, ni baño. Me quejé con el maletero. Ante su actitud indiferente, decidí hablar con el chofer, me acerqué explicándole mi situación. Tenía unos segundos hablando, cuando el enorme hombre me interrumpió, alzando la voz, me dijo muy directo: "¿Me dejaras hablar? Mira, esto es circunstancial, tuvimos un problema con el otro coche cama, por eso estamos usando este, pero en el poblado de Jujuy trasbordaremos a un coche-cama." Cuando terminó le pregunté molesta: "¿Me dejaras hablar? Tratando de imitar su actitud prepotente, y mirándolo fijamente a los ojos con toda la agudeza que Dios me dio, le expliqué: "En la ciudad de La Paz me vendieron un viaje directo a Buenos Aires, en autobús de lujo, coche cama, comida a la carta, televisión y baño. No he recibido comida, este es el cuarto autobús que trasbordo, y el tercero sin coche cama, ni baño, ni televisión, esperé siete horas en Santa cruz, y aquí ocho ¿Quién me va a rembolsar mi dinero y mi tiempo? A mí no me explicaron lo circunstancial de su servicio cuando compré mi boleto, esto es un fraude." Con indiferencia el chofer se limitó a decirme: "Exageraron para venderte el boleto, eso pasa en todas partes." Se dio la vuelta y se dirigió a darle instrucciones al maletero, me di completa cuenta de la estafa que había sufrido. Deseaba llegar a Buenos Aires, así que me subí al autobús, con una sensación de impotencia... el autobús arrancó repleto, hasta con personas paradas.

SANTA FE ARGENTINA

En un pequeño poblado bajamos para comer en un parador. Al rato el chofer anunció que había un retén, y algunos de nosotros tendríamos que quedarnos a dormirá ahí para salir al siguiente día, que la empresa pagaría el hospedaje y la comida. Al principio nadie quería, todos decían tener asuntos urgentes.

Los ingleses que venían conmigo desde La Paz, me pidieron que les explicara, no entendían español... al enterarse, le pareció atractiva la idea de conocer otra ciudad con los gastos pagados... los llevé con el chofer, le expliqué que yo debería tener asegurado mi lugar, ya que ellos me lo estaban cediendo. Temí que pretendiera sacarme a mí, por haber protestado y discutido con él. Sorteó a los que faltaban excluyéndome.

Cuando por fin llegó el autobús coche cama, la gente se amontonaba, empujándose para tener buen lugar, pero se estacionó más adelante, con la puerta justo frente a mí... fui la primera en subir y escoger mí anhelado coche-cama. Al siguiente día desperté aún en el autobús, recargada en el hombro de mi compañero de asiento... apenada me disculpé, y disfruté el paisaje de verdes laderas, ranchitos, y pequeños poblados. Por esa ruta las carreteras son rectas, es un valle abierto y luminoso, casi no hay árboles, puros pastizales, el cielo azul, sin nubes, se veía más extenso y prolongado.

BUENOS AIRES ARGENTINA

El sol se ocultaba y las luces de los faroles se prendían cuando llegué a la gran ciudad. Tiene tres estaciones, no lo sabía, y me bajé en la primera a la que llegamos. Mi compañero de asiento, un joven muy guapo y amable, al despertar, se bajó y me dijo tomado mi maleta: "Aquí no es, súbete, tú vas a la estación de El Retiro, al centro de la ciudad." Subí agradecida con ese joven tan atento y platicador que me habló de la vida en Argentina, se quejaba de que el mal gobierno había empobreciendo al país, que ya no había crédito, ni trabajo, que tenían que emigrar, ya que la mayoría de ellos eran de origen europeo y les gustaba vivir bien. Al llegar a la estación El Retiro, nos despedimos deseándonos lo mejor.

Un taxista me recomendó un hotel muy elegante y económico en el centro de la ciudad. La ubicación era perfecta... desde un quinto piso, dos cuadras hacia atrás tengo la calle Florida, la más importante del centro. Salí a recorrer las calles sin rumbo fijo, alabando a Dios en espíritu y en verdad, con cada latido de mí ser. Llegué a un restaurante, buscando descubrir los tesoros culinarios de su cultura. Saboree unas enormes y jugosas albóndigas entomatadas, con puré de papa y ensalada. Me cercioré que las modas son las mismas recorriendo los centros comerciales... estaba muy cansada para tolerar miradas curiosas... pero me redescubrí en un espejo, notando que mi apariencia no era muy buena...después de toda mi odisea, me sentía una sobreviviente de los andes... y se me notaba.

Mi cuarto estaba decorado estilo clásico, con colores sobrios y muebles de caoba. Preparé un baño de tina con sales y agua caliente...con la puerta abierta del baño, desde ahí vi una novela mexicana... extrañaba mi país cuando estaba cansada... traía la piel y el cabello muy maltratados por el sol y el polvo. Me apliqué un tratamiento de aceites en el cabello, corté las puntas secas, exfolié cara y cuerpo, me apliqué un tonificador, una loción humectante, me perfumé, estrené una batita de encajes que me compré en Panamá y dormí sintiéndome una princesa consentida, dándole gracias a Dios por lo que había hecho en mi vida, lo que hacía, y lo que haría, porque me había librado, me libraba, y me libraría.

Amaneció frío pero bellamente soleado. Fui a recorrer El Puerto Madero, por ahí llegaron muchos pasajeros durante la época de oro de inmigración. Hoy en nuestros días ya casi no emigra nadie a este país. Había muchos veleros y pequeños yates privados, dos eran del siglo XVIII, uno de ellos es museo. Caminé hasta la amplia Avenida 9 de Julio por La Plaza de la República, donde aprecié El Obelisco de 67 m de alto, orgullo de la ciudad. Subí en un autobús colectivo y me bajé en la estación para comprar mi boleto a Chile.

Recorrí algunos monumentos. Los argentinos tienen una gran variedad, desde La Fuente de las Nereidas, representación del nacimiento de Venus, hasta el Monumento a Caperucita Roja, personaje infantil. Llegué hasta al paseo Florida, el área comercial más importante de la ciudad, donde hay cafeterías, restaurantes, galerías de arte, y todo tipo de comercios, cuenta con áreas peatonales, por donde me distraje un rato en los aparadores, luego almorcé unas empanaditas de carne, con una salsa *chimichurri*, (perejil, aceite de oliva, y ajo) y un *puchero*, (cocido de res, pollo, cerdo, chorizo con vegetales y laurel).

Me subí en otro autobús colectivo y me bajé cerca de una plaza donde está la Pirámide de Mayo. Solo es una columna delgada, no le vi forma de pirámide. Al frente está La Casa Rosa (1886), sede del gobierno. En sus inicios fue residencia de gobernadores y virreyes. La hacienda era más pequeña, después se le unió con un arco, al edificio contiguo de correos. Dentro está el Museo de la Casa Rosa con visitas guiadas a la bóveda, a las caballerizas, al patio de las palmas, y a sus salones.

Salí y al cruzar la Plaza de Mayo entré a hacer mis oraciones a la Catedral Metropolitana de Buenos Aires, luego entré al Cabildo ahí me enteré que la ciudad fue fundada en 1536 por el español Pedro de Mendoza bajo el nombre de Nuestra Señora del Buen Ayre. Al salir pasé un mal rato ya que me perdí... sentí que volví a la misma calle, creo que caminaba en círculo. Creía que eso solo pasaba en el bosque. Al final terminé en la Avenida Nueve, que llevan al Obelisco.

Ante mí, las luces se prendieron, dando inicio a una nueva función de la melancólica Argentina... se me mostraba embellecida con sus luces, engalanada con sus monumentos casi vivos, resplandecientes, realzada con sus edificios coloniales, se veían más antiguos, más nostálgicos... hay artistas urbanos transmitiéndome el espíritu de la ciudad... una pareja baila tango con una triste, trágica, y apasionada melodía de Gardel... mientras recorro la ciudad... la aprendo, la disfruto, y la encomiendo a Dios en oración.

Cuando subí al autobús que me llevaría a Chile, me sorprendí, ese sí era de lujo, tenía coche cama, audífonos para escuchar música, o la televisión, comida a la carta con champaña, azafatas uniformadas, muy amables, que nos cubrían con cobijas, además disfrutaba de una vista panorámica, en el segundo piso, en el asiento de enfrente... luego llegó la azafata con una deliciosa pechuga de pollo con crema, sobre una cama de espinacas, arroz a la jardinera, ensalada César, una copa de champaña, y de postre un pastelito de chocolate. Me sentí muy consentida y agradecida con Dios. Todo eso era un regalo de Él, estaba convencida, me compensó por la estafa sufrida.

MENDOZA ARGENTINA

Todo estaba iluminado por blanquísima nieve hasta donde alcanzaba mi vista... a lo lejos se veía la bella ciudad, rodeada de blancas montañas. Ahí trasbordaría. Salí a caminar un poco por las tiendas de artesanías, hay infinidad de artículos de piel, lana y alpaca. Entré a un restaurant donde desayuné un delicioso chorizo. Cuando llegó la hora, busqué el otro autobús de un piso donde continuaría mi trayecto hacia Chile. Subiríamos por La Cordillera de los Andes, una de las cadenas montañosas más altas del mundo, con peligrosas curvas.

La ruta es maravillosa... montañas y más montañas, un mundo de montañas, compitiendo en belleza, perfección, forma y altura, ante mi apreciación... algunas blancas, otras multicolores, verde, rojo, gris, café...es sorprendente como la naturaleza las matiza con franjas tan artísticas, e interesantes... el agua y el viento que no tienen forma, ni color, son los artistas, que le dieron forma a esos ríos y montañas.

Por gran parte del camino, hay una meseta natural, abajo corre un río verde turquesa luminoso. De pronto entramos a un túnel... me sorprendió de repente tanta oscuridad, después de tanta maravilla natural, fue como una pausa... también así, repentinamente, llega la muerte, y el mundo de tinieblas.

Pasamos Gendarmería Nacional Punta de Vaca. Es un conjunto de casas largas y blancas con techos rojos de dos aguas donde viven los soldados; luego pasamos el Museo Internacional Vivencial; después entramos en el túnel Cristo Redentor... se hizo un largo silencio... al salir todo volvió a la normalidad... ya todo era completamente blanco, montañas monumentales cubierta en su totalidad de blanquísima nieve. El túnel y esa blancura al final me recordaron un sueño, en ese momento comprendí algo que no se me había revelado antes... creo que Dios tiene sus tiempos...creo que estoy a tiempo de Dios.

38

Alas escondidas

LOS ANDES CHILE

L legé a Los libertadores, la aduana de Chile. Revisaron documentos, y subimos al autobús que se adentró en una carretera llamada "Caracol," por sus muchas curvas hacia abajo. Pasamos por el campo de esquí Portillo, a lo lejos se ven diminutas personas, como puntos negros deslizándose en la blanca nieve de las majestuosas montañas. Luego pasamos por otra área donde hay niños más cerca, deslizándose en tablas. Corre un riachuelo al lado de la carretera, lo seguía con la vista, de pronto pasamos por otro túnel largo… al salir seguimos por las montañas hasta llegar a terreno plano.

Nuestra primera parada fue en Los Andes, un pueblo pequeño con su iglesia, su placita y rodeado de sembradíos frutales. Algunas personas bajaron ahí, luego el autobús siguió su ruta hacia Santiago, pasando por rancherías, y uniformes viñedos.

SANTIAGO DE CHILE

Después de hora y media llegué a Santiago, la ciudad más importante de Chile. En la estación pregunté sobre hoteles económicos a un taxista y me llevó a uno cercano, diciéndome: "Te pude llevar a uno

muy lejano para cobrarte más, pero no puedo ser así, no sé por qué." El hotel era elegante con cortinaje, alfombras, candelabros, y muebles coloniales en colores serios. Me tiré sobre la amplia cama, prendí la televisión para ver las noticias locales, y ordené un ceviche chileno (pescado y camarón cocidos en limón, con salsa), una delicia, que disfruté en la elegante mesita frente a la ventana, viendo hacia la calle. Había movimiento de gente entre puestos ambulantes.

Me dirigí a la Central Ferroviaria, donde tomé el metro a La Casa de la Moneda (1805), llamada así porque antiguamente se acuñaban monedas ahí, hoy es El Palacio Municipal. Edificio colonial, con una amplia explanada con banderas, al centro está la estatua de Salvador Allende, al rededor césped, árboles, y jardines. Recorrí tranquila y serena la amplia Alameda del Libertador, la avenida principal de Santiago... las luces iluminaron la avenida rompiendo el hechizo del día, era hora de regresar al barrio de la Estación, al área del hotel.

Desayuné viendo las noticias locales en el pequeño pero elegante restaurant del hotel... casi en todas partes pasa lo mismo, en menor o mayor cantidad, accidentes automovilísticos, delincuencia, problemas políticos, sociales. Me dirigí al metro rumbo al centro de la ciudad. Caminé por entre los comercios, observando a los chilenos... decidida a atrapar a Santiago en mi mente; llenar todos mis sentidos de él, almacenarlo en mi memoria, inhalar las partículas de su esencia, sentirlo dentro de mí, abrigarlo, amarlo, hacerlo mío... para interceder sinceramente por él en oración a Dios.

Llegué a un área donde está La Catedral Metropolitana, y Museo de Arte Sagrado. Regio edificio clásico-barroco (1748). Pasé al interior de la lúgubre iglesia, donde solo algunos candelabros en lo alto de las paredes, iluminaban la pintura de un cielo nublado con querubines en el techo cóncavo... era bello y admirable el trabajo del artista, pero sentí penumbras a mi alrededor... al terminar mis oraciones, salí.

Frente a la catedral, en La Plaza de Armas, había un concurso de ajedrez. Personas de todas las edades, compitiendo concentradamente, a pesar de nuestras curiosas miradas. También había músicos urbanos, payasos, mimos, vendedores ambulantes, y yo entre la muchedumbre, participando de sus diversiones, riendo con ellos, siendo parte de ellos, y metiéndolos en mí historia. Crucé la calle hacia el correo, un edificio muy elegante, antigua vivienda de Pedro de Valdivia, donde mandé algunas postales a mis familiares, de ahí me fui al Museo de Historia (1911). Pasé buen rato impregnándome de los chilenos a través de las piezas que contiene el museo, pinturas, maquetas, ropajes, armas, documentos antiguos, muebles. En el Centro Histórico, hay varios monumentos, como la réplica de la obesa escultura "Caballo" del colombiano Fernando Botero, donde me senté a escribir un rato, a unos pasos está el Museo de Arte Contemporáneo. Ya impregnada de algo de su pasado, busqué el mensaje presente, recorrí la planta baja, después subí al segundo piso, observando las diferentes formas de expresión, tratando de captar el mensaje, de entrar a esas ventanas y percibir su presente en el arte contemporáneo. Al salir caminé alrededor, hasta llegar al imponente Museo Nacional de Bellas Artes (1880). Frente a mí está En el Parque Forestal, con palmeras, diversos árboles, y parejas de enamorados, a un lado el río *Mapocho* que traviesa la ciudad. De ahí me fui al Parque Metropolitano, donde está el cerro de San Cristóbal con un observatorio a los pies de una escultura de la "virgen." Seguí mi recorrido por las calles de Santiago hasta llegar al Paseo Ahumada, área peatonal donde hay tiendas de prestigio, cafés de moda, restaurantes. Después de comerme un "churrasco" (carne asada con queso fundido, entre dos panes), recorrí el área disfrutando de los artistas urbanos, había un grupo muy bueno de música andina, donde el músico central tocó 20 instrumentos de aire... las notas musicales de la melodía, revoloteaban dentro de mí, balanceando mi ser, con un sentimiento antiguo y permanente... mensajes del pasado que traemos en las sangre tal vez...

Al llegar al hotel, revisé mi correo electrónico, esperaba una información. Ya me estaba quedado sin fondos, con el cambio que me hicieron en Bolivia, se descontroló mi presupuesto. Recibí una bendición económica, gracias a Dios, y al hermano John. Al siguiente día me fui a la estación a tomar mi autobús hacia Lima Perú. Mi compañera de asiento era una peruana de nombre Samanta, se quejaba de racismo por parte de los argentinos y chilenos. A mí me trataron muy bien, sin comentarios negativos hacia ellos, pero me duele que en estos tiempos todavía exista racismo. Todos tenemos sangre roja, somos estructuralmente iguales, las mismas moléculas... una línea en un mapa no cambia nuestra humanidad. Si todos los nacidos en el continente americanos nos viéramos como hermanos, sería otra América...

oré por una América unida desde Chile hasta Alaska, sin importar color, religión, nivel socioeconómico, o cultural, una América hermana. Después me dediqué a admirar la cola de La Cordillera de Los Andes, mientras nos alejábamos de Santiago.

El autobús se fue por toda la orilla del mar azul marino, rugiente e estrepitoso golpeaba sus olas contra las negras rocas de formas caprichosas, dejando una espuma blanca, mientras las gaviotas surcaban el cielo gris, que por entre sus gruesas nubes dejaban pasar los definidos rayos del sol, brillando maravillosamente sobre el mar y dándole vida. Agradecí a Dios por tanta libertad otorgada a través de Cristo. Me sentí como esas gaviotas que viajan libres cruzando fronteras, sin reglas ni restricciones, disfrutando de los tesoros naturales reservados solo para aquellos que saben contemplarla, y traen sus alas de gaviota escondidas en su espíritu.

Soñé que al despertar, extendía mis alas, estirándome placentera y deliciosamente, para después alzar el vuelo por la ventana, para volar a orillas del mar, a un lado del autobús y las gaviotas… movía mis alas al compás de una sublime y divina música celestial. En cada inhalación de aire extendía mis alas y las contraía al exhalarlo… el aire lo sentía en todo mi ser, dentro y fuera, como un agua tibia, extremadamente placentera y deliciosa… así volé, por un momento sin tiempo. Samanta ya se había calmado. Guardé mis alas y desperté. Platicamos de historia, de arte, de política, de Dios, de nuestra vida sentimental... allí nos alargamos... yo hablé, y hablé de mi amor por Jorge, ella habló, y habló de su sobrepeso y la mala suerte que tenía con los hombres, aunque era bonita... nos aconsejamos como grandes amigas.

VIÑA DEL MAR CHILE

Viña del Mar, fue antigua residencia de Pablo Neruda y Rubén Darío, tal vez la belleza de esta ciudad los inspiraba. Grandes montañas a su espalda, al frente el azul mar del Océano Pacifico. Infinidad de veleros y enormes barcos anclados ahí, adornan El Muelle Prat. Viña del mar tiene bellos jardines también y un enorme reloj de flores cerca de Playa Caleta Abarca. Hay 13 playas ideales para dar una tranquila caminata llenando el espíritu de mar, de imágenes vivas. El autobús se detuvo de pronto en un pequeño restaurant donde bajaron algunos pasajeros que llegaban su destino... Samanta me recomendó una condimentada "sopa chilena de mariscos" (sopa espesa de mariscos con chorizo y especies), luego estiramos un poco las piernas, por esa importante ciudad, comentado sobre el festival que año, con año, recibe a una multitud, y artistas internacionales.

DESIERTO DE ATACAMA CHILE

Arena y rocas, y más, arena y rocas... el desierto de Atacama es el más árido del mundo, casi no hay vida, ni cactus, ni animales, solo rojizas áreas rocosas y dunas de arena café, beige, rojiza. Es un largo trayecto de puro desierto... solo silencio y calor en medio de la nada... sin embargo, percibí una energía, algo desconocido encierra ese desierto... oré a Dios, El sí me es bien conocido.

Atacama tiene geo glifos, figuras de rocas que solo se pueden apreciar desde el aire, una de ellas es "el gigante de Atacama." Esa área ha sido habitada por los Atacameños, el primer pueblo sedentario de Chile. Sus creencias eran similares a las de otros pueblos, sobre la vida después de la muerte, enterraban a sus seres queridos con sus ropas y alimentos. Eran creyentes de las fuerzas de la naturaleza, aunque no se han encontrado templos ni lugares de adoración... pero los geo glifos más interesantes están en Nazca, mi siguiente punto de atención eran sus misteriosas líneas, donde permanece uno de los enigmas más grandes de nuestro tiempo.

39

El llanto de los inocentes

LÍNEAS DE NAZCA PERÚ

esde Chile veía la orilla del mar, su constante latigueo a las negras rocas me hipnotizaba, cansada y ya sin noción del tiempo, sentí que el autobús no avanzaba, que después de dos días estábamos en el mismo lugar, el mismo océano, las mismas olas, las mismas rocas... luego se adentró en Las Pampas de Jumana, en el desierto de Nazca, al área donde están las Líneas de Nazca, trazadas por esta cultura que habitó 200 a.C. y 700 d.C. Son figuras geométricas muy extrañas, a veces con formas de animales o flores.

La perfección de los 1600Km de líneas es asombrosa, lo que evidencia que sus creadores tenían un gran conocimiento de geometría... además fueron dibujadas en una línea continua. Se cree que esas formas tienen un significado astronómico, algunos piensan que fueron pistas de extraterrestres, o que fueron dibujados como una ofrenda a sus dioses del firmamento, para caminar sobre ellas en un ritual, donde las líneas se convertían en un icono vivo. Desde el autobús solo se veía el lugar, y piedras a lo lejos, las líneas solo se pueden ver bien desde un helicóptero ¿Para quién dibujaron estas formas? Si en ese tiempo todavía no habíamos inventado el avión, fueron hechas aproximadamente 300 años d.C.

LIMA PERÚ

En la estación de autobuses estaba la familia de Samanta, mi compañera de asiento, felices corrieron a abrazarla llorando. Sentí nostalgia y satisfacción por su felicidad, por el amor de familia que disfrutaban. El padre de Samanta era taxista, llamó a un amigo de confianza para que me llevara a hospedarme a un buen lugar. Samanta se despidió muy contenta, llevándose a su casa, a un norteamericano perdido que conoció en el autobús.

El taxista me llevó a un apar-hotel, uno de los mejores lugares donde me he hospedado, con moderna decoración en colores neutros. Lo primero que hice fue ir a la cocina y calentar agua para un té… disfruté de una ducha caliente, y me senté en el amplio sillón de la sala, disfrutando de mi té y haciendo mis oraciones por el pueblo peruano, me acerqué a la ventana, desde un décimo piso visualizaba un mar de almas dormidas espiritualmente también, deben ser despertadas porque el tiempo está cerca… busqué dentro de mí, ese amor que me inspiran sus pobladores, para interceder con sinceridad, en oración ante Dios.

Tomé un taxi hacia el Centro de Artesanías, donde aprecié bellísimas piezas de plata, de oro, y piedras preciosas y semipreciosas con precios increíbles… di una vuelta por los casinos, pero no tengo suerte en el juego, por los tanto no juego mucho…saliendo de ahí entré a un restaurant que anunciaban comida mexicana, donde comí los peores "tacos" que he comido en mi vida. Salí y le pregunté a un policía por una casa de cambio… el mismo me acompañó muy amable, pero estaba cerrada, conversamos sobre nuestros países, llamó a un taxista, y en un gesto de amabilidad, le dijo que me cobrara solo seis soles.

Al siguiente día salí a caminar por el área. Busqué un taxi para que me llevara a una casa de cambio. El chofer ofreció cambiar los dólares, agradecí confiada, así me ahorraría tiempo llevándome directamente al centro de la ciudad. Recorrí tranquilamente algunos edificios coloniales hasta llegar a La Plaza de Armas. Antiguamente se ejecutaban ahí a los condenados por la "santa" inquisición… sangre inocente fue derramada en este lugar, en el nombre de Dios, la iglesia católica se emborrachó con la sangre de esos inocentes… acá hasta hay un museo de la santa inquisición, con exposiciones de las sádicas torturas a las que eran sometidos estos inocentes condenados, en manos de los sádicos sacerdotes, que poseídos inventaban instrumentos de tortura que solo una mente enferma podía concebir… ese sadismo y el abuso de inocentes, lo siguen practicando, es un vicio retorcido y perverso, desgraciadamente ahora lo descargan con niños… y ni aun así la gente quiere despertar de esa ilusión en la que los meten… siguen besándole la mano al enemigo, tragándose sus mentiras, alabando sus yesos, sus maderas, sus papeles y metales vanos ¿Cuándo despertará este pueblo dormido? Y ahí fue, en esa plaza, donde se proclamó el acta de la independencia de Perú en 1821... ¿Pero de que se independizaron? Hasta la fecha quien reina es la iglesia Romana... y esto es en casi toda Latinoamérica. Al lado de la plaza están el Palacio de Gobierno, la Catedral, el Palacio Arzobispal, y La Municipalidad de Lima.

Me dirigí a La Catedral, hermosa construcción de dos campanarios, es una de las más antiguas, construida por órdenes de Francisco Pizarro en 1540... en su interior están sus restos. Me uní a un grupo de turistas con un guía que nos explicaba la historia, llegamos a una sala donde había una colección de diferentes figurillas de nacimientos que le pertenecieron a sacerdotes; después entramos a una sala donde había ropajes bordados en hilos de oro y plata, así como asientos en finas pieles hechos a sus medidas; luego a un área donde había pinturas y trabajos en madera, de santos y vírgenes.

Lo más impactante del recorrido, fue cuando llegamos a las catacumbas, donde están las tumbas de 2 reyes, sacerdotes, y 40 niños sin nombre, sus huesos están a exhibición. Según el guía fue producto de las relaciones entre monjas y sacerdotes, o de niños extraviados. Cuando dijo eso, sentí un impacto en el corazón, la atmósfera se llenó de tragedia, sentí un aire frío turbando mi espíritu... había algo en el ambiente, percibí su tormento... casi pude oír el doloroso llanto de los inocentes al ser asesinados, estrujándome el alma. Salí apresurada, no había nada del Dios que yo conozco en ese lugar. Crucé la enorme plaza en oración... devuelve la paz.

A la hora de cenar entre a un restaurant donde vi movimiento... ordené una sopa chilena (sopa blanca, con queso, y vegetales), lengua de res en salsa verde, papa *huancaína* (con crema de especies), y de bebida una *chicha*. Quedé satisfecha, pero al pedir la cuenta y pagar, el mesero regresó con el gerente. Me dijeron que mi billete era falso, me mostraron uno original explicándome la diferencia del brillo de un sellito. Por mi mente pasaron mil ideas en ese instante. Estaba en un país lejano, donde no conocía sus leyes, me meterían a la cárcel por años, por un delito que no cometí... levanté la voz sin darme cuenta diciendo: "¡Soy inocente!" Todos voltearon a verme. Mientras explicaba lo sucedido con el taxista.

El gerente con actitud paternal trataba de calmarme diciendo: "Cálmese, cálmese, no hay cargos contra usted, la falsificación de billetes es un problema muy difícil en nuestro país, afecta principalmente a los turistas, por eso no les hacemos cargos, sabemos que son las víctimas." Me dejaron salir a cambiar a una casetita que había en la calle, donde dan un papel sellado del cambio efectuado. Les pagué y me fui a consentirme comprándome instrumentos musicales autóctonos, y algunos regalitos para mis amiguitos del lago, y regresé a descansar.

Cuando se va a Lima no se puede dejar de visitar el Museo del Oro, contiene una inmensa colección de piezas de oro precolombinas, algunas con más de 3000 años de antigüedad, además de armas, escudos, ropajes, e infinidad de artículos de la época de la conquista. Hay un área donde tienen en exhibición antiguas joyas que les pertenecieron a reyes y princesas incas en oro puro, plata, en piedras de turquesa, amatista, cuarzos, etc. también tienen maniquís con ropa de aquellos tiempos. Casi los pude imaginar corriendo en relevo de *Machu Pichu* al Cuzco, o en sus rituales, sacrificando vírgenes, adorando a Inti (dios sol) o *Pachamama* (madre tierra).

Al tomar un taxi hacia el hotel, le comenté al chofer lo acontecido el día anterior con el otro taxista, y me dijo que me compraba el dinero falso, al 30%, o que me lo cambiaba por unas artesanías que traía... cuando dijo eso, observé su rostro con detenimiento... creo que era el mismo taxista que me estafó.

40

Bombazos de oración

❧❧☙❧❧☙❧❧☙❧❧☙❧❧☙❧❧☙❧❧☙

BOGOTÁ COLOMBIA

*P*ensando en lo que podría hacer en ocho horas que tardaría mi conexión, admiraba la ciudad de Bogotá, desde lo alto del avión. Al llegar al aeropuerto el Dorado, decidí salir a conocerla a tiempo record, y aventarle unos bombazos de oración al enemigo, creo que tiene secuestrados a los guerrilleros de las FARC, al ejército, y a los políticos en una guerra de emociones enfermas, distorsionando su concepto de justicia y privándolos de la libertad y de la paz. Me subí en el primer autobús que pasó, todos iban a la ciudad. Me llevó a las orillas, donde había muchas casitas pequeñas, de ahí tomé otro que me llevó al centro de la ciudad.

Bogotá fue fundada por Gonzalo Jiménez de Quesada en 1538. En ese tiempo solo había 12 chozas, en ese mismo día se colocaron las primeras piedras de La Catedral Primada de Colombia, hoy Catedral Basílica de la Inmaculada Concepción. Me senté en la larga banca, cerré mis ojos, tomé aire, debía orar con toda mi artillería espiritual, para debilitar la telaraña de maldad que el enemigo sigue tejiendo alrededor de los sufridos.

Oré al Dios vivo que no se refleja en materia, pidiendo sabiduría para los dirigentes del gobierno y los guerrilleros, para que resuelvan sus diferencias sin violencia. Por una paz permanente, sin más pérdidas de vidas inocentes. Sé que suena imposible, pero Dios siempre contesta las oraciones, con un sí, no, o después. Tengo posibilidades. Y si no, por lo menos el rescate de las almas pido.

Allí frente de la catedral, está la Plaza Bolívar, en medio el monumento del héroe nacional, frente al Capitolio Nacional, sede del Congreso de la República. Había una manifestación del pueblo, protesté con ellos, guerreando en silenciosa oración. Crucé la calle hacia El Museo de la independencia/casa del florero. Antigua construcción que data del siglo XVI, de estilo árabe andaluz. Fue casa de Simón Bolívar, ahí se dio el grito de independencia en 1810. Me dediqué un rato a observar documentos y objetos. Es increíble pero dicen que un florero inició la guerra de independencia. Había una exposición de vestidos folclóricos de Colombia bordados a mano. En medio de la casa hay un patio con una fuente, donde seguramente Simón Bolívar tomaba el sol con su esposa, o sus niños corrían jugando.

Seguí mi recorrido hasta llegar a la universidad. Al salir un poderoso aroma a café me llevó a cruzar la calle, donde probé el famoso café colombiano. Al terminar de comer oré por los estudiantes. Cerca de ahí está el museo de arte con obras del pintor y escultor Fernando Botero, denunciando la violencia que se vive en su país. Me fui al Museo Militar y luego al Nacional, donde observé uniformes, armas, pintura, documentos, esculturas, objetos, hablándome de su pasado.

Llegué a una iglesia donde leí la historia de una monja que decía que Jesucristo le había arrancado el corazón, y le había puesto el de Él. Me impresionó su historia. Regresé al aeropuerto, y el resto del camino venía meditando sobre esa monja que dijo recibir el corazón de Cristo... yo no era la única.

Cavilaba en mi mente, pensando ¿Por qué a ella sí le creyeron sus superiores, y a mí no? ¿Qué diferencia había entre ella y yo? Solo el manto, la apariencia a mi parecer. También me preparé para su servicio, obtuve el promedio más alto en el seminario; permanecí en celibato durante años; trabajaba hasta 16 horas para Dios, ¿Por qué a mí no me había creído mi pastor? O si creyó en mi testimonio ¿Porque no había hecho nada para apoyarme? No invirtieron ni un centavo en mi preparación, ni me encontraron trabajo en ninguna misión ¿Acaso porque era mujer? ¿Por qué cuando Dios me dio una misión, no la comprendieron? ¿Por prejuicios? ¿Sería acaso que ante los ojos del pastor yo no era digna de Dios por trabajar de bailarina? ¿No creía en mí? ¿Me menospreció? O ¿No sabía qué posición tomar? Si me toleraba probablemente tendría problemas con los religiosos de la iglesia, o ¿Sería que Dios cerró sus oídos? ¿Por qué no eran sus tiempos? ¿Porque ya tenía un propósito planeado para mí? ¿Será que Dios quería que las cosas sucedieran como han sucedido?¿Será que Dios decidió librarme de la iglesia de esa forma?

Algunas dudas quedan dentro de mí ser, pero lo que sé, es que Dios me usa para proclamar que Jesucristo es la resurrección y la vida, y como creí en Él, aunque estuve muerta, resucité. Volví de ese mundo de tinieblas para ser testigo del poder que tiene el nombre de Jesucristo para resurrección; volví para testificar que ese mundo existe, donde vi las almas perdidas, trasmitiéndome un gran dolor en el alma, un intenso dolor que no es de este mundo; Dios me usa para proclamar también, que he visto su rostro, trasmitiéndome un inmenso amor y felicidad, un mundo de luz hay dentro de Él, a donde iremos todos los que le conocemos y amamos. Me costó la vida de mi único hijo verlo. También Dios sacó mi corazón y me puso uno nuevo, lleno de amor para interceder por el sufrimiento de los inocentes, la salvación del mundo y amarlo a Él, Dios único, que no se refleja en materia, el Dios Creador de los cielos y la tierra y de todo lo que hay en ella, el Dios que nos amó tanto, que envió a su Hijo Jesucristo a morir por nuestros pecados, en un nuevo pacto, para darnos salvación y vida eterna. Ese Dios lleno de amor, me llamó para amarlo a Él, en tierra de rebeldes, en iglesias, templos, lugares sagrados, y de idolatría, en bosques, montañas, mares y donde ponga mis pies, alabarlo, con las fuerzas de mi mente, mi corazón y mi espíritu, adorarlo, y depender de Él en absoluta y placentera sumisión.

Hay una guerra espiritual y Dios me llamó también a ser una guerrera de oración, e interceder por la salvación de las almas secuestradas por el enemigo, liberarlas, para que atraviesen el trayecto final a salvo. Dios mandó que cubriera el mundo cristiano con oraciones, antes de salir del el, y que deje mi testimonio, escrito y firmado. Todo esto lo sé ahora, con plena certeza, para eso nací, morí, y resucité. El amor de Jesucristo arde dentro de mí al escribir esto.

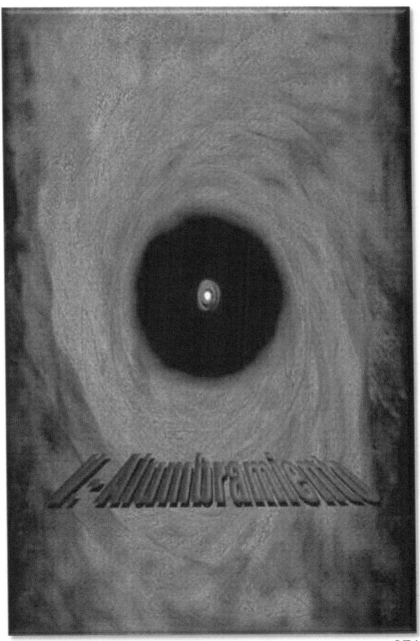

V.- Alumbramiento

41

Pausa escrita

E l viaje de Bogotá a México DF fue agotante, además mi conexión al vuelo de Tijuana salía hasta el día siguiente. Llegué a mi ciudad muy cansada, tome un taxi a playas de Tijuana, recogí mi auto del parqueadero de Jorge, y me dirigí a la casita del lago... después de descansar llamé a mi amado... nos reconciliamos y prometí no volver a dejarlo, él me prometió llevarme a viajar en el camión de carga por todo Estados Unidos, así continuaría con mi misión de oración y estudio.

Conocí el paradero de mi madre y mi hermana, solo para enterrarlas, primero a mi madre María, después a mi hermanita Berenice. Había enojo dentro de mí, me desahogaba con el ejercicio, hasta que me lesioné una rodilla durante una clase de karate. Me refugié en el amor que Dios me daba a través de Jorge, en el estudio, y en el trabajo. Para esos tiempos estudiaba en la Facultad de Idiomas de la Universidad Autónoma de Baja California, y trabajaba en una empresa en el departamento de ventas recibiendo llamadas en inglés, para mejorarlo, por los planes de viajar por Estados Unidos en cuanto obtuviera mi visa. Hubo una pausa en mi vida de misionera, como si Dios me dejara descansar, meditar, vivir mis duelos, y echar raíces con el amor de mi vida.

Seguía pensando en las monjas que dijeron recibir el corazón de Cristo... no soy ni mejor, ni peor que ellas, la misma condición humana nos rige ¿Por qué para algunos es tan difícil comprender eso? Se rigen por apariencias. Meditaba sobre un mandato divino, sabía que debía unir los borradores y escribir el libro que Dios me encomendó, pero todavía había cosas que no comprendía. Analizaba mi vida, Dios me dio una misión que yo habría de cumplir, Satanás lo sabía, e intentó destruirme desde mi llegada a este mundo de diversas formas, y a través de sus siervos, por medio del abuso. Él sabe que esa es la mejor forma de destruir al ser humano, de convencerlo de su impotencia… pero de cada ataque que sufría, Dios me levantaba y fortalecía.

Ni estrangulándome pudo Satanás callar mi clamor a Jesucristo, mi Guía y Maestro, quien me enseñó el poder que tiene su nombre sobre la muerte; que me enseñó que aunque la vida en ciertos momentos se tuerce y es injusta, brusca, violenta, cruel, e incomprensible, no tengo porqué quedarme ahí; y cuando mi corazón estaba moribundo de tanto sufrir, me renovó dándome uno nuevo, fuerte, lleno del amor y del poder de su Espíritu Santo, quien me guió a encontrar respuestas a lo incomprensible. Cuando el enemigo me cerraba una puerta, Dios me habría otra, más grande cada vez, y aunque tuve que luchar y cruzar fronteras, subir montañas, atravesar desiertos y océanos, cumplí con su voluntad. Ya llegué al tiempo en el que se comprenden y revelan verdades. Con este libro cumplo la misión que Dios me encomendó, para la cual nací, morí, y resucité. Me lo anunció de diversas formas, me veía con un libro sobre mi cabeza o me veía escribiendo mi vida, pero eso me parecía muy difícil y lejano…ahora veo que todo lo puedo en Cristo que me fortalece.

Por un tiempo no creí en los servidores de Dios a los que les testifiqué, dudé que estuvieran dirigidos por Dios, no creían en mí ¿Por qué habría yo de creer en ellos? Al parecer ellos solo conocían a Dios por las escrituras, yo además lo conocí por fe, y luego cara a cara. Estaba dispuesta a dar mi testimonio completo, por obediencia a Dios, sin importarme si creían o no, pero ahora que estaba dispuesta, parecía que los pastores no querían escucharme. Terminé por comprender que no era esa la forma de dar el mensaje, tenía que estar por escrito y firmado primero, debía decirlo como Dios tenía años diciéndomelo, a través de un libro, la forma más difícil, así probablemente alguien lo lea algún día, lo tome en serio, y le ayude atravesar este trayecto a salvo. Porque ese es el propósito de mi misión, sin tratar de imponer una religión, sino una relación personal con Dios, en este libro testifico de su poder, trasmito mi fe, mi amor a Dios y a su hijo Jesucristo, que se manifiesta a través de su Espíritu Santo en mí, y en cualquiera que lo invite a entrar en su vida… la clave es la comunión, en espíritu y en verdad.

A un libro a veces se le respeta más que a una persona, porque a las personas se les respeta muchas veces, solo si llenan ciertas escalas particulares de valor. Sabía que debía escribirlo pero no había sido el tiempo de Dios, ahora lo era, tenía la plena certeza que ya era el tiempo, ya había comprendido por qué se me quiso destruir con el abuso desde mi nacimiento, lo incomprensible de mi experiencia con ese mundo de tinieblas que vi cuando fui asesinada, y el mundo de luz que vi dentro de Dios cuando me llamó y me pidió a mi niñito.

Cuando estudié psicología descubrí que las visiones no fueron producto de mi mente, ni alucinaciones, estoy en pleno uso de mis facultades mentales. Además en mi asesinato, no solo yo me vi muerta, hubo testigos que me vieron muerta y otros que me vieron las marcas del cuello y rostro; sobre la visión del libro, la vi junto con mi amigo David, la visión de Dios llamándome y pidiéndome a mi hijo, no lo vi sola, mi hijo también lo vio y anunció: "El Reino de Dios se ha acercado." Lo anunció hasta que murió, horas después.

Ya había comprendido, ya era el tiempo, ya había obedecido al llamado de Dios, trabajando años para la iglesia y de misionera trotamundos, durante los cuales cubrí de oraciones y deje mis huellas en 2 continentes, medio mundo he cubierto con oraciones para la gloria de Dios, alabándolo en la mayoría de los templos, en los lugares altos, sagrados y de idolatría, alabando al Dios vivo.

En mi vida personal, Dios ya me había mandado el príncipe azul que le había pedido, y estaba plena y en paz con el mundo; ya era el tiempo de concluir mi misión, escribiendo este libro. Tenía la certeza de que ya estaba en el punto exacto de la historia, para escribir la mía.

Junté mis borradores y volví a escribir después de leer un libro donde se llevaba a juicio la existencia, muerte, y resurrección de Jesucristo y donde el Señor salía vencedor, después de que el autor presentaba muchas pruebas. Soy otra prueba viviente y hablante de que Jesucristo tiene poder sobre la muerte, si tuvo poder para resucitarme a mí, que soy una simple pecadora redimida ¿Por qué no habría de resucitarse a sí mismo?

42

Millas de oración

*D*ios escuchó mi oración y concedió los deseos de mi corazón, me guió a mi príncipe azul, quién me dio una boda de princesa. Nos casamos por el civil en Tijuana, y la boda religiosa y celebración fue en Las Vegas, "la ciudad del pecado," porque en tierra de rebeldes, alabo y exalto a Dios.

Todo fue como lo había soñado, con un vestido blanco, en una bella ceremonia, limusina blanca, rodeados de nuestros seres queridos, el banquete fue en el Hotel La Estratosfera, donde disfrutamos un espectáculo musical; después

paseamos todos en la limosina excursion, escuchando rock cristiano, alabando a Dios por todo El *Strip*, la calle principal donde están las atracciones de Las Vegas. El brindis y el pastel fueron en una suite del Balagio, sentados frente a la ventana, disfrutamos de las fuentes danzantes, moviéndose al ritmo de Bach, en una bellísima coreografía. Me pareció que las estrellas del cielo también palpitaban a ese ritmo y al de nuestros corazones, engalanadas, uniéndose a nuestra celebración, en un himno universal… mi Padre Dios bendecía complacido nuestra unión ante los hombres.

Casada con mi príncipe azul, disfrutamos de en una larga luna de miel, solo que en lugar de castillo, viví en un tráiler de carga, viajamos por todo Estados Unidos, mi príncipe trasportando productos en el tráiler, yo seguí trabajando para Dios, escribiendo y construyendo canales de oración, y de la mano de mi bello príncipe, explorando las ciudades de San Francisco, Los Ángeles, Las Vegas, Reno, Salt Lake City, Portland, Seattle, Chicago, San Luís, Washington D.C, New York, Indianápolis, Phoenix, Milwaukee,

Orlado, y muchas más, 40 estados hemos recorrido.

Mi felicidad no me hace indiferente al clamor de mis hermanos, he tapizado de millas de oración este país, Dios tenga misericordia de mi gente, y pare tanta injusticia disfrazada de ley; para que derrumbe ese muro de corazones duros, y de libertad a mi pueblo, por tanto tiempo azotado, en su tierra prometida, en su sueño americano.

Ruego con todas las fuerzas de mi corazón, mi mente y mi espíritu, por misericordia y no juicio para mi pueblo, inocente, hambriento y desamparado. Ruego a Dios que ablande los corazones de esta nación de emigrantes, que dice confiar en Él, pero le ha olvidado, y prohíbe que se hable de Él, porque no quiere recordarlo. Aquí, en este país, donde todos tienen libertad de expresión menos Dios, yo expreso esta oración, desde lo más profundo de mi ser, y tapizo con ella todo Estados Unidos, con millas de oración, creando desde aquí canales al infinito… y espero con fe, en un Dios misericordioso y justo, al cual no he visto personalmente desde hace años, pero siempre está conmigo, y escucha las oraciones y responde.

43

Segunda llamada

ios me usa para anunciarle a las iglesias que juzgará la frialdad e indiferencia de aquellas que menosprecian a los desamparados, al huérfano, a la viuda, al emigrante; a las iglesias que se enriquecen en lugar de invertir en las misiones, que abusan de su poder, y de la ignorancia de la gente implantando sus propias leyes, tergiversando el mensaje de las escrituras para dominar y destruir a las ovejas; a las iglesias que se han vendido practicando la idolatría, desviando la fe de las almas a las imágenes materiales y a humanos; a las que juzgan al caído y le cierran sus puertas. Dios juzgará a todas aquellas que se han convertido en sepulcros blanqueados, llenos de carroña, clubes sociales que viven de apariencias ¡Arrepiéntanse!

A las iglesias llenas de amor y misericordia, que luchan cada día renovándose con el Espíritu Santo de Dios, que se esfuerzan por seguir el ejemplo de Cristo y sus enseñanzas, que van tomadas de su mano en absoluta y placentera comunión, trabajando para llenar al mundo con su verdad, construyendo canales de oración para que fluya el poder de Dios con fuerza y potencia, esas iglesias que le adoran en espíritu y en verdad, ¡Permanezcan en la fe!

Aquellas iglesias que conociendo la voluntad de Dios, están enfermas, lesionadas de apatía y pereza, Dios me mueve a intentar reformarlas con una renovación, basada en la oración diaria en espíritu y en verdad, ejercitándose espiritualmente, diariamente para sanar. A medida que pasamos más tiempo con Dios en oración, aumenta el deseo de servirlo, y leer su palabra, es un ejercicio, nuestra fe y amor aumentan como un músculo espiritual, cada día, nuestro ser se agudiza para escucharlo, para percibirlo, nuestro espíritu crece y se vuelve poderoso, hasta llegar a un nivel espiritual, donde sanan nuestras lesiones, y nos convertimos en renovados guerreros de Dios. Si permanecemos, nada, ni nadie puede enfriar nuestra fe. Ya reconstruido el canal de oración hasta las faldas de Dios, su poder fluye con fuerza sobrenatural, y se hace su voluntad en nosotros, trasformando nuestra realidad individual, nuestra forma de ver, sentir, de vivir se ilumina…salimos de la ilusión material, para empezar a vivir en espíritu, conectados y guiados por el Espíritu de Dios como una extensión de su grandeza hacia nosotros.

Estamos en los últimos tiempos, se acerca la batalla final, preparémonos fortaleciéndonos con el ejercicio espiritual de la oración, en todo lugar, alimentémonos, y alimentemos a otros con la verdad de su palabra, que nos llena de fe y nos hace invencibles… serenos, esta guerra espiritual ya está ganada por nuestro Señor Jesucristo, solo necesitamos tener fe y pelear las batallas; dominemos el temor ante las fuerzas desconocidas, las fuerzas del mal, a Satanás y sus ángeles, porque el temor los fortalece; confiemos en el conocimiento de la palabra de Dios, así nos podremos burlar de sus nulos esfuerzos, recordándoles que somos inmortales, que Jesucristo nos dio vida eterna, que nos espera la corona de victoria, y a ellos… las cadenas en el lago de fuego, eternamente y para siempre ¡Amen!

Es importante estar conscientes de cuáles son las armas más letales del enemigo, en los últimos tiempos ha intensificado su trabajo, perfeccionando su letal arma, la mentira, con la que llena los medios de comunicación, mentiras sobre Jesucristo y la eternidad, contaminando las mentes con mensajes distorcionados.

Una de esas armas malignas es la mentira de que: "Jesucristo no resucitó." Si tuvo poder para resucitarme a mí, que no soy nadie, con más razón así mismo. Soy una prueba viviente y hablante de que Jesucristo tiene poder sobre la muerte para resurrección. Otra arma poderosa del enemigo es la mentira que dice: "Todos los caminos llevan a Dios." Mentira, "Porque no ha sido dado otro nombre bajo el cielo a través del cual podamos ser salvos" Ni Buda, ni Mahoma, ni María, ni los santos, ni ninguna figura de materia, ni ningún espíritu de las potestades de los aires, nadie puede abogar por nosotros ante Dios, porque solo Jesucristo murió por nuestros pecados, y su presencia en este mundo es a través de su Espíritu Santo, que no se refleja en materia, ni se concentra en religión determinada, ni hombre determinado, sino que está al acceso de todos.

Es necesario respetar todo credo, pero sin dejar de orar y testificarle a toda criatura, advirtiéndoles del peligro que hay de morir engañados…

recorarles una y otra vez, que el nombre de Jesucristo es el que tiene poder sobre la muerte.

Satanás se lleva muchas almas al mundo de tinieblas con la potente arma que dice: "No hay cielo, ni infierno ¿Quién lo ha visto?" Mentira, sí existen, vi el mundo de tinieblas cuando fui asesinada y a las almas engañadas sufrir con un dolor que no es de este mundo; también vi el cielo, está adentro de Dios, se entra por su pecho, vi a mi niño haciéndolo cuando Dios me lo pidió en la visión, lo vi dentro de Él, lleno de un gozo indescriptible, que no es de este mundo tampoco.

Soy testigo, he visto a Dios y un mundo de luz dentro de Él, he visto tambien el mundo de tinieblas ... me costó un gran sufrimiento verlos para traerte este mensaje por voluntad divina, resucité y estoy en este mundo como prueba viviente y hablante de que el nombre de nuestro Señor Jesucristo tiene poder, y el que cree en Él, aunque estré muerto vivirá. Con mi mano sobre la Biblia puedo testificar sobre esta realidad. Las señales han sido dadas y el tiempo se acaba. Esta es, segunda llamada...

EXPRESIONES DE UN ALMA

Padre nuestro

Padre nuestro que estás en los cielos.
santificado sea tu nombre,
vénganos tu reino,
hágase tu voluntad, en la tierra como en el cielo,
el pan nuestro de cada día,
dánoslo hoy,
y perdona nuestras ofensas
así como nosotros perdonamos a los que nos ofenden,
no nos dejes caer en tentación,
más líbranos del maligno.
Porque y tuyo es el reino, el poder, y la gloria,
Por todos los siglos. Amen.

Bendice alma mía al Señor

Bendice alma mía al Señor,
y bendiga mi ser, su santo nombre,
bendice alma mía al Señor,
y no olvides ninguno de sus beneficios,
Él es quien perdona tus iniquidades,
el que sana todas tus dolencias,
el que corona de oro tu vida,
y el que te llena de misericordia,
bendice alma mía al Señor
y bendiga mi ser su Santo nombre

Elia Carmina Reyes   283

//bendícelo, bendícelo,
alma mía bendícelo//

Bendice alma mía la Señor,
y bendiga mi ser su santo nombre
no olvides ninguno de sus beneficios,
Él alejó nuestras rebeliones,
perdonó nuestras iniquidades,
como el águila nos rejuvenece,
es lento para la ira
y grande en misericordia,
bendice alma mía al Señor,
y bendiga mi ser su santo nombre
ángeles, ejércitos, ministros y toda obra suya

////bendícelo////

Y volví del más allá
Fue en una noche marzo,
cuando morí asesinada
me desprendí de mi cuerpo
y viajé… al más allá

//fue un momento sin tiempo
fue un instante eterno//
y llegué… al más allá

No hay luces, ni colores
solo diferentes tonos de tinieblas,
no hay sonidos, ni hay voces
solo en mi mente pude gritar,
solo en mi mente pude clamar,

////Sácame de aquí, Señor Jesucristo//////
//fue un momento sin tiempo

Elia Carmina Reyes 284

fue un instante eterno//

Allá hay un dolor,
que no es de este mundo,
es un dolor en el alma,
una tristeza profunda,
un desaliento, atormentador,
pues te has separado,
de tu Creador.

//fue un momento sin tiempo
fue un instante eterno//

Y volví…vine a traerte un mensaje,
vine a contarte mi historia
hay un más allá…tú ya… lo veras

Jesús la luz del mundo
En el principio era el verbo,
y el verbo era con Dios,
y el verbo era Dios,
todas las cosas por El fueron hechas,
y sin Él, nada de lo que ha sido hecho, fue hecho,
en Él estaba la vida, y la vida
era la luz de los hombres,
la luz, en la tinieblas resplandece,
y las tinieblas no prevalecieron a la luz,
esa luz vino a este mundo, y vimos su gloria
como del unigénito hijo de Dios,
lleno de gracia de vedad,
en el mundo estaba, y el mundo por Él fue hecho,
pero el mundo no le conoció, a los suyos vino,
pero los suyos, no le recibieron,
más a todos aquellos, a los que le recibieron,
les dio potestad de ser hechos

//hijos de Dios//
Porque de tal manera amó Dios al mundo,
que dio a su hijo unigénito,
para que todo aquel que en Él crea,
no se pierda, más tenga vida eterna,
porque no envió Dios a su hijo al mundo
para condenar al mundo,
sino para que el mundo, sea salvo por Él,
y el que cree en Él no será condenado,
pero el que no cree, ya ha sido condenado,
porque no ha creído en el nombre del unigénito hijo de Dios,
y esta es la condenación, que la luz vino al mundo,
pero los hombres amaron más las tinieblas que la luz,
porque sus obras eran malas,
porque el que hace lo malo,
aborrece la luz, y no viene a la luz,
para que sus obras no sean reprendidas,
pero el que practica la verdad,
ama la luz, y viene la luz,
para que sea manifiesto que su obras
son hechas en Dios… esa luz viene a este mundo

Salmo 23
Jehová es mi Pastor,
nada me faltará,
en delicado pastos me hará descansar,
junto a aguas de reposo me pastoreará,
confortará mi alma,
aunque ande en valle de sombras de muerte
no temeré mal alguno,
porque tú estará conmigo
tu vara y tu cayado me infundirán aliento,
aderezas mesas delante de mí,
en presencia de mis angustiadores,
unges mi cabeza con aceite

Elia Carmina Reyes

Resucitada

mi copa está rebosando,
ciertamente el bien y la misericordia,
me seguirán todos los días de mi vida,
y en la casa de Jehová moraré por largos días.

En cada latido Cristo quiere entrar
No estés triste amigo, deja de llorar,
hay una noticia, que te alegrara,
hay alguien que te ama con intensidad,
te busca y te busca, te quiere invitar,
a un mundo de luz de amor y bondad,
la cena esta lista, vamos al fiestón

Y en cada latido,
Cristo quiere entrar,
te toca a la puerta, te quiere invitar,
es hora de que abras, ese corazón,
antes de que deje Cristo de tocar

Y en cada latido,
Cristo quiere entrar,
te toca a la puerta, te va a preparar
hay un mundo inmenso, de luz y de amor,
te invita el Padre, en el a morar,
//deja entrara al hijo, trae la invitación,
la cena esta lista, ¡Vamos al festón!//

Y sigo aquí con mi pluma y mi papel
Desde hace días me dijo un pensamiento
que escribiera una canción,
que fuera una partícula
de mi alma hacia Dios…

Pero qué decir, qué contar,
qué interés, pueda haber...

Elia Carmina Reyes

287

Resucitada

//Y sigo aquí,
con mi pluma y mi papel //

Ayer me dijo un latido
de mi loco corazón,
que escribiera lo que salga,
en forma de oración…

Pero qué decir, qué contar,
qué interés, pueda haber…
//Y sigo aquí,
con mi pluma y mi papel//
////////Gracias Dios////////

¿Quién soy yo Señor?
Quién soy yo Señor, qué hago aquí,
qué hay en mí, especial.

Soy poco menos que un ángel,
soy casi una estrella fugaz,
soy solo una en millares,
en tu universo sideral,
soy solo un soplo en el aire,
cantando en tu inmensidad,
soy solo latido viviente
en toda la eternidad.

//Quién soy yo Señor,
para que tengas memoria de mi//

Soy poco menos que un ángel,
soy casi una estrella fugaz,
soy solo una en millares,
en tu universo sideral,
soy solo un soplo en el aire,

Elia Carmina Reyes   288

cantando en tu inmensidad,
soy solo latido viviente
en toda la eternidad.

Quién soy yo Señor,
para que pongas tus ojos en mí,
quién soy yo Señor,
para que tengas memoria de mí.

Gracias Dios

Gracias Dios…
por este instante existencial,
por descubrir que acada instante
te puedo hablar,
porque no existen distancias
ni tiempo, ni barreras ya,
porque llego hasta tus faldas
con toda mi humanidad,
gracias a Jesucristo
quien a murió por mi mal…

Gracias Dios…
por enviar a tu hijo,
a morir por mí mal
para llenarme de luz
para darme libertad,
por hacerme eterna
y darme armas contra el mal,
por volverme invencible
sobre mi humanidad,
por tu Espíritu en mí
latiendo por la verdad…

Gracias Dios…
por lo que hace en mi vida

lo que has hecho,
y lo que harás
porque me has librado,
me libras, y me librarás,
porque estás aquí…
gracias Dios.

Second Call

I got a message for you my friend,
there is a war fighting for your soul,
shadow against light,
lie against true,
death against life,
The kingdom of God is near.

We are the last generation,
we will see the destruction,
just takes your bible and fight
the final battle,
with power and faith.

////Second call, the time is over
second call,the time is over////

Don't be afraid my friend…
Jesus Christ won this war,
the enemy was condemned,
just close your eyes and pray for
the final battle, with power and faith,

////Second call, the time is over ////

La gloria es para Dios

Made in the USA
Middletown, DE
02 May 2021